2012年全球就业趋势

——防止深层次的就业危机

国际劳工组织 著
中国财政经济出版社 组织翻译

中国财政经济出版社

本书英文原版由国际劳工局（日内瓦）出版，书名为：Global Employment Trends 2012：Preventing a deeper jobs crisis

中国财政经济出版社获得授权翻译出版《2012年全球就业趋势——防止深层次的就业危机》中文版。

国际劳工组织出版物中所用的称号符合联合国惯例，且其中的内容和材料并不意味着国际劳工局认可任何国家、地区或领土的法律地位或其当局，或关于其疆界的划定。

本书的研究和文稿所持的观点由其署名作者负责，国际劳工局对其观点看法不负任何责任。

书中提到的公司名称、商品及流程并不意味着国际劳工局对其认可，未提到的也不意味着国际劳工组织对其不认可。

图书在版编目（CIP）数据

2012年全球就业趋势：防止深层次的就业危机/国际劳工组织著；中国财政经济出版社组织译.—北京：中国财政经济出版社，2012.11

书名原文：Global Employment Trends 2012：Preventing a Deeper Jobs Crisis

ISBN 978-7-5095-4066-4

Ⅰ.①2… Ⅱ.①国… ②中… Ⅲ.① 劳动就业-研究报告-世界-2012 Ⅳ.①F249.1

中国版本图书馆CIP数据核字（2012）第252120号

责任编辑：吴　敏　　　　责任校对：黄亚青
封面设计：耕　者　　　　版式设计：李香杰

中国财政经济出版社出版

URL：http：//www.cfeph.cn

E-mail：cfeph@cfeph.cn

社址：北京市海淀区阜成路甲28号　邮政编码：100142

营销中心电话：88190406　北京财经书店电话：64033436　84041336

北京富生印刷厂印刷　各地新华书店经销

880×1230毫米　16开　7.5印张　200 000字

2012年11月第1版　2012年11月北京第1次印刷

定价：28.00元

ISBN 978-7-5095-4066-4/F·3290

图字：01-2012-2629

（图书出现印装问题，本社负责调换）

本社质量投诉电话：010-88190744

目 录

表

专栏

国家概况解析

图

致 谢

《2012 年全球就业趋势》由埃克哈德·恩斯特率领的国际劳工组织“就业趋势团队”编写。斯蒂芬·卡普索斯与西奥·斯帕布及国际劳工组织驻地办事处的同事们齐心协力，为报告作出了多方协调。

本报告各章节作者如下：

概　要：埃克哈德·恩斯特、斯蒂芬·卡普索斯

第一章：埃克哈德·恩斯特、斯蒂芬·卡普索斯

第二章：斯蒂芬·卡普索斯

第三章：发达经济体和欧盟：埃克哈德·恩斯特

中欧、东南欧（非欧盟地区）和独联体：奥尔加·库拉耶娃、艾娜·皮奇曼

拉丁美洲和加勒比地区：西奥·斯帕布

东亚：苏卡提·达斯古普塔、普·黄

东南亚和太平洋地区：金基范

东亚：谢尔·韦丽克

中东：塔里克·哈克、西奥·斯帕布

北非：多萝西娅·施密特

撒哈拉以南非洲：西奥·斯帕布、克里斯托弗·恩斯特

第四章：穆阿扎姆·穆罕穆德、埃克哈德·恩斯特

“国家概况解析”部分由弗朗西斯科·格雷罗撰写。同时，他还为该报告提供了有益的研究协助。在此特别感谢巴莉亚·布尔姆普拉，她不仅根据全球就业趋势（GET）计量经济学模型对全球和地区性数据进行了估测，而且还提供了有益的研究协助。葆拉·巴伦对第一章中的数据分析提供了协助。如若没有国际劳工组织“就业趋势团队”其他成员——菲利普·贝勒特、克里斯蒂安·维格兰和阿兰·威特拉普——的无私奉献，就不会有本书的顺利出版。

本书得益于经济与劳动力市场分析部主任穆阿扎姆·穆罕穆德、就业分析处处长桑德里娜·卡兹和资深经济学家卡特琳娜·扎格特提供的建议，以及执行理事若泽·曼纽尔·萨拉查—希里纳奇斯、就业政策规划部主任邓肯·坎贝尔、来自署长办公室的迈克尔·亨利克斯、计划与管理局局长菲利普·艾格、来自政策整合部的斯蒂芬·珀西、来自国际劳工研究所的雷蒙德·托里斯和斯蒂芬·托宾、主任拉斐尔·迪茨德·麦迪娜和数据统计部的让—米歇尔·帕斯蒂尔斯。我们衷心感谢纽约联合国秘书处发展政策和分析司主任罗伯·沃斯及其同事对报告草稿进行了审核。

《全球就业趋势》系列所提供的分析数据实际上仅是可获取的输入性数据。借此机会，我们对所有参与劳动力市场信息收集和传播的机构，包括各国统计局和国际劳工组织数据统计部表示衷心感谢。我们鼓励对国家层面的数据进行力度更大的收集和传播，

以在未来对本报告进行更新过程中改善对就业趋势的分析。

我们想借此机会向国际劳工组织传播和公共信息部的同事们表示诚挚的谢意，在推广该《全球就业趋势》并使之吸引全世界媒体注意力的过程中，他们给予了不懈的协作和支持。

概　要

未来10年内，全球面临创造6亿就业岗位的巨大挑战

面临着严重的就业挑战和体面工作岗位的广泛缺乏，世界经济迈入了2012年。在全球劳动力市场持续遭受了三年的危机影响之后，面对经济活动进一步恶化的前景，全球累积失业人口达到了2亿——自经济危机开始以来增加了2700万人。此外，在未来的10年中，如要避免失业率的进一步上升，需要创造超过4亿个新的就业岗位。因此，为了确保可持续的经济增长，同时又可维持社会的凝聚力，世界必须正视未来10年内创造6亿个生产性工作岗位的迫切挑战。即使如此，仍将有9亿工作者及其家人生活在每天2美元的贫困线以下，其中大部分分布在发展中国家。

全球劳动力市场的情况几乎毫无改善

在劳动力市场面临上述诸多挑战的背景下，全球就业岗位创造的前景也持续恶化。基线预测数据显示，从现在起到2016年，全球失业率将无任何变化，依然占全球劳动人口的6%。这样的前景将导致2012年全球的失业人口再增加300万，即总共达2亿人，到2016年将上升至2.06亿人。假如经济下降的风险成为现实，且全球2012年的经济增长下降到低于2%的水平，那么全球2012年的失业人数将加速上升至2.04亿，比基线情景超出至少400万人，2013年将进一步增加至2.09亿人，比基线情景超过600万人。而根据更加乐观的情景——假定欧元区债务危机得以快速化解——2012年的全球失业人数将比基线情景少约100万人，2013年则少170万人。即使如此，也仍不足以大幅改变全球失业率的发展轨迹，而据预测，全球失业率将维持在约6%的水平。

年轻人受危机的打击最为严重

2011年，有7480万年龄介于15至24岁的年轻人失业，自2007年以来增长了400万以上。全球年轻人的失业率为12.7%，比危机前的水平整整高出一个百分点。就全球而言，年轻人的失业风险几乎为成年人的三倍。此外，据估计，有640万年轻人已经放弃找工作的希望，因此完全退出了劳动力市场。即使那些已经就业的年轻人也可能越来越多地从事兼职工作，而且通常签订的是临时性合同。发展中国家的年轻人在工作贫困人口中占有很大的比重。由于失业年轻人的数量和比重将在2012年几乎保持不变，且由于完全退出劳动力市场的年轻人所占的比重继续上升，因此就目前情况看来，如要在短期内使年轻人的就业前景得到大幅改善，希望将十分渺茫。

劳动力参与率日益下降预示着全球失业状况的进一步恶化

就全球范围而言，与依据危机前的趋势所做的预测相比，2011 年的劳动参与人口减少了 2900 万，年轻人减少 640 万，成年人减少 2230 万。这几乎等于 2011 年全球实际劳动人口的 1%，占全球失业总人数的 15%。假如所有这些潜在的工作者都可以工作并谋求工作，则失业的人数将激增至 2.25 亿以上，或占 6.9%，而如今的实际比率为 6%。发达经济体和欧盟地区许多国家的参与率出现了急剧下降，与根据危机前趋势预测的数据相比，劳动大军减少了 600 万人。如若将这一部分人口算作失业人口，将致使该地区的失业率从 8.5% 上升至 9.6%。

全球经济增加新工作岗位的能力大幅减弱

就全球而言，危机期间的就业人口/总人口比率大幅下降，从 2007 年的 61.2% 下降至 2010 年的 60.2%。该下降幅度之大，创下了历史记录（自 1991 年以来）。根据目前对宏观经济的预测来看，国际劳工组织对就业人口/总人口的基线预测并不太乐观，到 2016 年，总体呈现缓慢小幅下降的趋势。根据国际劳工组织预计的经济下滑情景，全球就业人口/总人口的比率将出现二次探底，该比率可能在 2013 年前后降至历史最低水平。即使根据经济上扬的情景，也不会出现足够强劲的增长率，所以无法大幅推升全球就业人口/总人口的比率，这一比率将在未来几年内仍维持在远低于危机前的水平。

除亚洲外，发展中地区的劳动生产率增长落后于发达经济体，这无疑增加了这一地区的人们生活水平进一步分化的风险，并抑制了减贫的前景。

由于全球经济再次减缓，各国之间生活水平的趋同性发展也再次放慢了步伐。在过去 20 年中，发达世界和发展中世界之间的劳动生产率差距——各国间收入水平趋同性发展的一项重要指标——已经缩小，但实际差距依然很大：2011 年，发达经济体和欧盟地区每个工作者的产出为 72900 美元，发展中地区的平均值为 13600 美元。这就意味着，针对各个国家价格差异进行调整之后，与发达国家的普通工作者相比，发展中国家的普通工作者的产出要少 1/5。1991—2011 年期间，就发展中世界和发达世界的劳动生产率水平而言，亚洲仅有三个地区对缩小与发达经济体之间的差距贡献了力量，而其他发展中地区均处于落后状态。

就全球层面而言，在减少工作者的极端贫困方面已经取得了可喜的进展，但工作贫困现象依然普遍

据估计，2011 年，在 9 亿工作贫困人口中，约有 4.56 亿人生活在每天 1.25 美元贫困线以下的极端贫困状态之中，相对于 2000 年水平，减少了 2.33 亿，而且相对于 2007 年水平，下降了 3800 万。然而，这种全球性的总量在很大程度上受到东亚地区工作贫困大幅下降的影响，因为中国的经济增长和减贫步伐十分迅速，相对于 2000 年的水平，贫困工作者的数量下降了 1.58 亿，相对于 2007 年的水平，减少了 2400 万。此外，自 2008 年以来，这一速度出现了明显的下降，根据危机前（2002—2007 年）趋势所做的预测显示，与基于危机前趋势的预测数据相比，2011 年的工作贫困人口增加了 5000 万。同样，据估计，与早前的预测水平相比，2011 年增加了 5500 万贫困工作者，他们及其家人生活在每天 2 美元的贫困线以下。

自 2009 年以来，弱势就业量增加了 2300 万

据估计，2011 年全球的弱势就业工作者数量为 15.2 亿，相对于 2000 年增加了 1.36 亿，相对于 2009 年几乎增加了 2300 万。自 2007 年以来，东亚地区的弱势就业下降了 40%，相比之下，撒哈拉以南非洲地区增加了 2200 万人，南亚增加了 1200 万人，东南亚和太平洋地区增加了几乎 600 万人，拉丁美洲和加勒比地区增加了 500 万人，中东增加了 100 万人以上。女性在弱势就业（50.5%）中的比重超过了男性（48.2%）。在北非（分别为 55% 和 32%）、中东（分别为 42% 和 27%）和撒哈拉以南非洲地区（近 85% 和 70%），女性比男性更容易成为弱势就业的对象。

发达世界的工作贫困增长率和发展中地区较低的生产率抑制了更加广泛的经济复苏并限制了经济发展的前景

越来越多的证据表明，劳动力市场和宏观经济之间存在一个反向经济恶性循环，在发达地区尤为如此：高失业率和低工资增长正在减少对商品和服务的需求，这将进一步破坏商业信心，使公司在投资和招聘时裹足不前。如若要实现牢固的可持续性经济复苏，打破这种恶性循环必不可少。在大部分发展中世界，实现上述可持续的生产率增长将需要加速结构性改革——转向更高附加值的经济活动，同时逐渐摆脱自给性农业，使其不再成为就业的一个主要渠道，并降低为获取出口收益而对变化不定的商品市场的依赖。同时，需要通过教育和技能开发来增加收入，实施充分的社会保障计划，确保大多数弱势群体的基本生活水平，加强工作者、雇主和政府之间的对话，确保在公平、公正分配经济收益的基础上实现更加广泛的发展。

2012 年的全球经济增长将无法摆脱下滑的命运

2009 年开始出现的经济复苏势头稍纵即逝，而大幅的就业差距却依然存在。自 2011 年夏季以来，随着投资和全球就业岗位创造的持续弱化，一些发达经济体的宏观经济困境已经恶化。在主权债务危机前景不明朗的背景下，金融部门的不稳定性和风险溢价的持续上升抑制了私营部门的信贷活动，并给企业和消费者信心笼罩了一层阴影。即使仅有一部分国家正在面临严重且长期的经济和财政挑战，全球经济也出现了快速下降，因为经济的不确定性超出了发达经济体的范围。因此，全球经济发展的轨迹已经进一步偏离了危机前的趋势，而且就目前情况而言，甚至很有可能出现二次探底。

危机有三个阶段

在我们步入全球经济动荡的第四个年头之际，已经有确切的证据显示，危机呈现三个阶段的特征。在应对危机初期影响的过程中，所采用的是步调一致的财政和货币刺激政策，促使增长复苏，并避免出现进一步的萎缩和失业率攀升，但是结果证明这还不足以引发可持续性的就业复苏，尤其在发达经济体中。

在第二个阶段，公共赤字的增加和主权债务问题的凸显导致各国采取了更加严格的措施，以试图增强资本市场的信心。结果，财政刺激政策的作用开始减弱，发达经济体对经济活动的支持主要集中于量化宽松的货币政策。其综合作用似乎既降低了国内生产

总值（GDP）的增长，又弱化了就业。全球范围内的国内生产总值增长都出现了下降，从2010年的5%下降到2011年的4%，其中，最为明显的是发达经济体，国际货币基金组织于2011年9月将其对发达经济体2011年的预测下调至1.4%。与此同时，这也影响到了新兴经济体，其增长在2011年全年保持了强劲势头，但2011年最后一个季度因工业订单减少而首次出现了下降的迹象。

紧缩政策和处于持续高水平的失业率已经加大了第三阶段的潜在危险性，其主要特征是一些发达经济体的经济增长和就业出现二次探底的风险增加，加剧了自发生危机以来劳动力市场出现的严重困境。

政策空间已经缩小

在危机的第三个阶段，政策空间已经大幅缩小，使得阻止——甚至减缓——经济态势进一步恶化的举措变得十分困难。在全球危机的初始阶段，各国反应迅速，采取了财政部门支持措施及经济刺激一揽子计划。尽管作出了诸多努力——在一些国家，甚至增加了90%的公共开支，以便拯救银行于危难之中——但金融行业依然十分脆弱，其向实际经济贷款的能力十分薄弱。在最近几个月中，信贷条件再次收紧，其部分原因是全球经济前景的高度不确定性。与此同时，发达经济体高水平的主权债务限制了这些国家的政府实施新一轮经济刺激计划的能力。

事实证明，东亚和拉丁美洲新兴经济体的经济态势具有更大的弹性，政策空间也因而更大。然而，发达经济体目前所面临困境的溢出效应已经在上述地区显现。自危机开始以来，全球经济增长的来源出现了大幅改变，新兴经济体对全球需求的贡献日益加大。新兴经济体之间日益繁荣的贸易往来有助于逐渐摆脱危机的影响，并催生出新的增长中心，这些新出现的增长中心可能具有稳定全球经济增长并防止二次探底衰退的作用。在这些国家中，有利的经济态势推动就业岗位创造率超越劳动力增长，因而对内需提供了有利保障，尤其在拉丁美洲和东亚的大型新兴经济体中。然而，由于新兴经济体继续依赖向发达经济体出口，它们的经济增长率也在2011年最后一个季度出现了减速迹象。对此，如果发达经济体和新兴经济体的政策制定者们共同努力，则将有助于使全球经济从新的增长中心受益并防止全球经济出现进一步下滑。

投资依然停滞不前，给就业创造带来沉重压力

由于全球经济前景的不确定性日益增加，全球各地区的投资发展十分不平衡。在发达经济体和东欧，尚未解决的金融部门问题、全球经济前景的高度不确定性及家庭消费意愿的减弱已经使企业投资的复苏步伐有所减缓。在危机初期，企业投资下降至历史低位，常常致使股本遭到大幅破坏，尤其对工作岗位的创造造成不利影响。由于投资复苏缓慢，工作岗位创造难以为继，这进一步加剧了失业所造成的损失。相比之下，在总体表现十分强劲的背景下，新兴经济体的投资率已经恢复到了危机前的水平，并有望在中期内超过这一水平。发达经济体投资的减缓对工作岗位的创造十分不利，因为在过去，两者之间存在十分紧密的联系。毋庸置疑，强有力的投资增长——而非产量的扩大——才是失业率下降的首要指标。对此，国际劳工组织预测，若要完全弥合危机所造成的就业差距，必不可少的一项做法是加强激励机制，促进投资更快复苏——使其占全球范围内国内生产总值的比重额外增长2个百分点，亦即在全球范围内达到1.2万亿美元。

结构性失衡正在拖累就业的中期发展趋势

在过去10年间累积下来的结构性失衡正在使就业前景进一步恶化。危机前的住房和其他资产价格泡沫造成了许多重大的部门性错误调整，因而需要对其进行修正，这种修正将需要长期而成本高昂的工作岗位的转换，这种转换涉及整个经济及各个国家。强劲的流动性增长造成了住房和金融部门的大繁荣，在一些经济体中，这种情况依然在继续，导致资源的错误配置及劳动力市场的结构性问题，如要完全解决这些问题，可能需要花费很长的时间。这些结构性的摩擦也是就业对增长反应缓慢的罪魁祸首，在经济大繁荣之后出现崩溃的经济体中尤为如此，如美国、西班牙和爱尔兰。展望未来，如若对这些失衡因素进行再次调整，将很可能影响政策干预的有效性，因为就重新调整部门性增长模式而言，传统宏观经济政策的效果或许并不那么显著。为了解决这些障碍性因素，需要其他的政策杠杆，以便在整个经济领域对就业岗位和工作者进行更加快速的重新配置，从而加速就业增长。

为了解决这些问题，需要在全球范围内进行政策协调……

为了解决劳动力市场长期不景气的问题以及促使世界经济走上一个更加可持续的复苏道路，需要采取几项政策的变革。首先，需要加大对全球政策进行协调的力度。在危机初期，许多发达和新兴经济体采取了以赤字为融资渠道的公共开支和宽松的货币政策，而今对于所有的经济体而言，这样的政策已经不再是可行的选项。毋庸置疑，一些国家公共债务的大幅增长及由此而引发的对公共融资可持续性的担忧已经迫使受主权债务风险溢价上升影响最大的国家采取了严格的紧缩开支政策。然而，各个国家因财政开支和流动性创造而产生的溢出效应十分巨大——如果以协调一致的方式——这使得那些依然有回旋余地的国家对其自身经济和全球经济提供有力支撑成为可能。如今，为了对全球总需求提供支撑并刺激就业创造继续深化，所需要采取的措施无疑是这种协调一致的公共金融手段。

……修正和监管金融体系……

其次，对金融体系进行更大幅度的修正和监管将恢复其公信力和人们的信心，从而使银行摆脱导致这场危机带来的信用风险。所有的公司都将从中获益，尤其中小型企业，因为它们不仅更加需要信贷，而且还最终能够创造出70%的就业岗位。对金融市场进行全方位的改革，其中包括加大国内银行业部门的安全界限，将对劳动力市场产生巨大的推动作用，同时根据各国的具体情况，可使就业增长上升0.5个百分点。

……针对就业实施激励措施……

第三，如今最为迫切的需求是确保实体经济成为就业增长的有力支撑。就业创造的不景气及由此带来的劳动力收入增长的减弱一直是全球经济活动减缓的核心要素，而且迫使公共融资的境况进一步恶化。国际劳工组织尤其担心的是，尽管实施了大型的一揽子刺激计划，但是这些措施无法吸纳自危机影响显现初期以来增加的2700万失业人口。显然，这些政策措施的针对性并不强，需要对其有效性进行重新评估。的确，对发达经济体的各种不同劳动力市场工具所进行的评估显示，事实证明，在刺激工作岗位创造和增加收入方面，无论是主动的还是被动的劳动力市场政策都十分有效。针对各种不同劳动力市场政策的国家层面的做法——其中包括失业救济和工作分享计划的扩展、对最低工资和工资补贴的重新评估以及提升公共就业服务、加强公共工作规划和强化创业激励机制——都会对就业和收入产生积极影响。

……并鼓励私营部门的投资……

第四，单单采取其他的公共保障措施并不足以孕育可持续的就业复苏。政策制定者必须采取坚决的行动，以协调一致的方式减少阻碍私人投资的担忧和不确定性，这样，私营部门才能重新发挥全球工作岗位创造主引擎的重大作用。为了刺激就业强有力的可持续复苏，必不可少的一项做法是：加大对企业的激励机制，促进其对工厂和设备进行投资，并促使其扩大员工规模。

……同时又不得给财政稳定带来风险

第五，为了切实发挥成效，额外采取的一揽子刺激计划不得因进一步增加公共债务而给公共融资的可持续性造成风险。对此，由于存在平衡预算乘数，收入增长完全可以应对的公共开支可继续为实际经济提供激励。在需求疲软时期，发挥政府在总需求方面的调节作用，有助于稳定经济并催生新的增长，即使同期的税收增长完全可以应对开支的增长。如本报告所述，平衡预算乘数可以很大，尤其是在当前许多能力尚待利用及失业率高企的情况之下。与此同时，通过提高收入来平衡开支可确保将预算风险控制在很低的水平，以满足资本市场的需求。因此，通过采取这样一种政策选项，利率可能不会受到影响，从而确保刺激措施可对整个经济充分发挥作用。

第一章
宏观经济前景正在恶化

全球经济快速疲软

全球经济增长快速下滑，增加了就业衰退延长的可能性。继二战结束以来最严重的全球衰退之后，复苏一直是短暂而脆弱的，几乎未能恢复到危机前的水平，而且无法弥补危机前后的差距。与此同时，一些发达经济体中的宏观经济困境不断加剧，增加了全球不确定性。虽然仅几个国家面临着长期、严峻的经济和财政挑战，但是随着不确定性蔓延至发达经济体以外的地区，全球经济快速冷却，导致世界经济进一步脱离危机前的趋势轨道。同时，出现双底衰退的可能性依然很明显[1]。

在一定程度上，复苏的长期性应归咎于危机及其同步影响的性质和严重程度，这要求在若干方面采取政策行动和经济调整。未解决的金融市场问题与尚未完全实施的金融改革，私人债务向公共债务的转变与继而出现的主权债务可持续性问题，私营部门的持续减债与危机引发的全球和部门活动重构，这些因素都阻碍了全球增长。

由于复苏水平低于预期，劳动力市场不可能从危机爆发以来遭受的创伤中恢复过来。在全球范围内，危机前的失业人数已高达 1.71 亿，现在又增加了近 2700 万新求职者，而且随着新求职者进入劳动力市场努力寻找有偿工作，这一缺口预计将逐步拉大。根据当前趋势，2012 年失业人数将超过 2 亿人；如果情况进一步恶化，到 2013 年受失业影响的人数有可能超过 2.09 亿。新不确定性的回归将迫使工作机会创造的任何强劲增长进一步倒退，尤其是在 2012 年上半年发达经济体可能出现新一轮衰退的情况下。

短期前景

2011 年夏，自我维持的全球复苏前景严重恶化。在产出经历 V 型复苏之后，一些发达经济体快速增加的主权债务问题使人们开始担忧全球经济活动可能出现双底衰退。大幅波动重返金融市场，加上发达经济体中私营部门的连续减债以及财政紧缩措施对全球需求的影响，降低了对快速回到危机前趋势的期望。

---

1 在经济活动中，全球衰退或全球双底还没有一致公认的定义。过去，国际货币基金组织（IMF）将低于 3% 的全球增长视为全球衰退（国际货币基金组织，2008 年）。

危机状况再次向发达经济体以外蔓延

全球经济增长急速下滑，从2010年的5.1%跌落到2011年的4%，而且预计中期内还将进一步下滑（国际货币基金组织，2011a）。在某种程度上，这与发达经济体中依然低迷的增长有关。结果，该区域的工作机会创造十分缓慢，限制了可支配收入的增长，给公共财政造成了巨大压力，抑制了这些国家的私人消费、企业投资和贸易活动。同时，成功回归到危机前趋势增长速度的新兴经济体依然严重依赖发达经济体的需求状况，这使它们很难逃离该区域经济状况恶化的影响。在某种程度上，这种脆弱性源自这些经济体对出口导向型增长的持续依赖。然而，它们的复苏看起来也是在各国中央银行注入额外流动资金、导致资产价格上涨的推动下完成的，尽管这些复苏在中期内不可能一直持续下去。

由于私人家庭和企业继续选择储蓄而非消费，需求状况在广大范围内已经恶化（见图1）。自2010年以来，公共支出已经失去了强大的上涨动力。通过果断的短暂财政刺激措施阻止产出和就业进一步下滑之后，各国政府认为有必要采取紧缩措施，进一步抑

图1　需求状况解析：危机前和危机期间

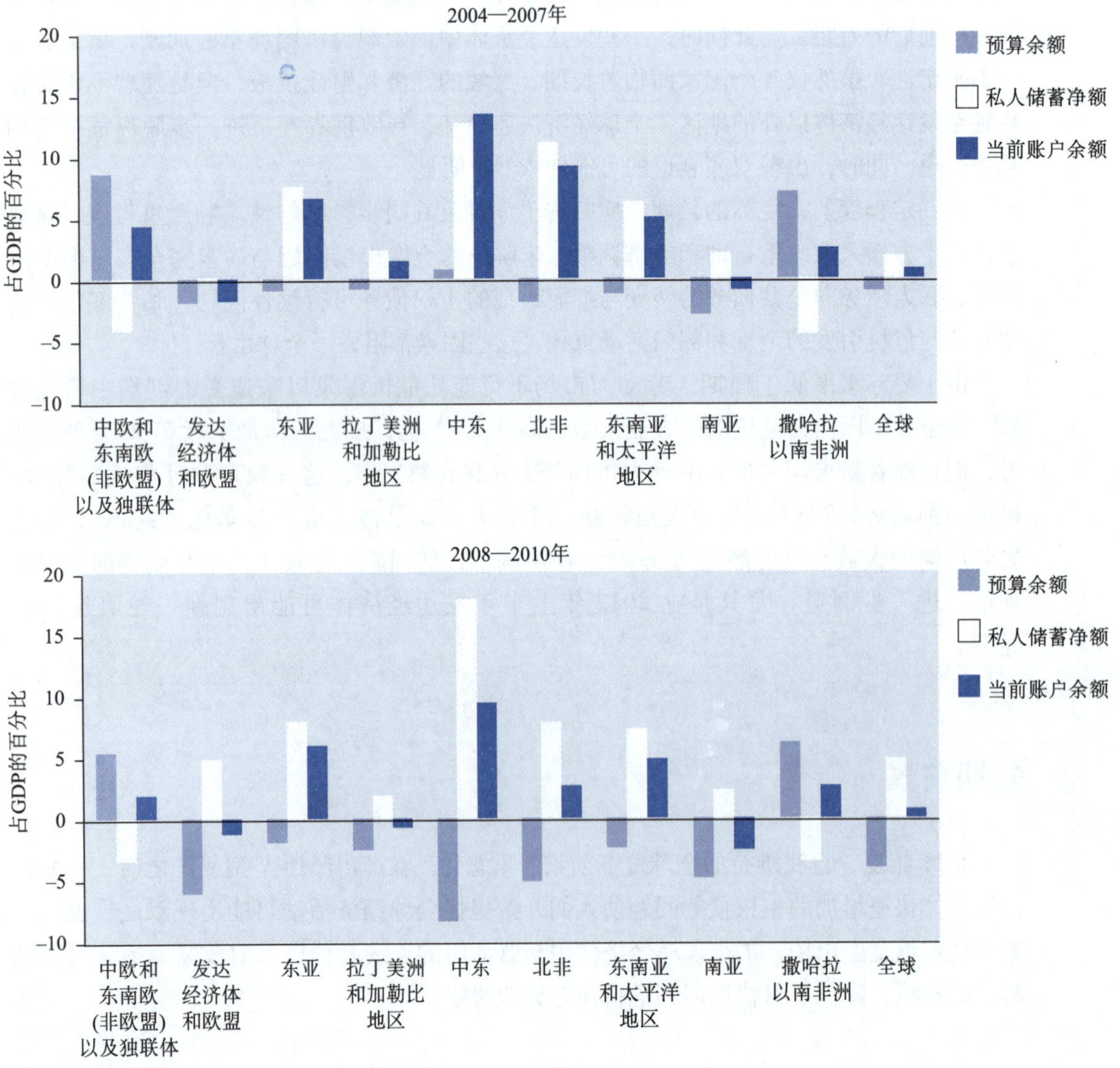

注：上述图表显示的是危机前（2004—2007年）和危机时期（2008—2010年）的公共、私营和外部平均余额。

资料来源：国际劳工组织根据国际货币基金组织《世界经济展望》数据库计算得出的数值，2011年9月。

制 GDP 增长和工作机会创造。同时，私营部门需求尚未走上可持续发展轨道，不能帮助弥补公共部门刺激资金减少造成的缺口。受去杠杆化工作的冲击，私人支出不可能恢复到危机前的水平（在任何情况下都是无法持续的，至少是在它能够获得强大信贷增加支持的国家）。在不安全感增加和消费者信心下挫的环境中，企业投资也不可能恢复到危机前的水平，从而进一步拉低了总需求。具体而言，非金融机构已经积累了大量的现金，但未向经济注入新资金。

鉴于暗淡的经济前景，现在的风险是增长依然低于保证连续的、自我维持的就业机会创造所需的阈值，令各国陷入一个低速产出增长和低迷就业创造彼此增强的不利的平衡中。考虑到世界经济平均每年需要吸收 4000 万新求职者，全球经济活动即使出现 0.2% 的小幅疲软都会导致失业人数到 2013 年增加 170 万。

过紧财政政策给总需求造成重压

在近期危机状况回归之前，为控制公共债务走势，全球大多数政府采取不太宽松的政策态度。然而，不协调的财政紧缩导致政府在预算状况上坚持过紧态度，至少从全球角度来看是这样。实际上，尽管依然有巨额预算赤字，尤其是在发达经济体，但是大多数预算缺口主要源自税收的减少，而不是一揽子财政刺激措施带来的额外支出（国际货币基金组织，2010a）。如果经济活动充分恢复，其中一些巨额赤字有望自动缩减。此外，由于政府在危机爆发时试图阻止大规模的银行倒闭，将私人债务（银行部门）转向公共债务，导致主权债务状况严重恶化。为消除越来越多的关于政府预算状况可持续性的担忧和不断高涨的主权债务风险溢价，许多国家开始实施大幅度开支削减，这可能进一步抑制经济活动，导致增长持续恶化，公共余额逐渐减少（见表 1 有关近期紧缩措施的概述）。

表 1　财政紧缩措施概况

国家	整合措施详情	计划整合周期
澳大利亚	增加烟草税和联邦资源税；计划在采矿业推出 30% 的资源超额利润税（2012 年 7 月）	2012 年
巴西	支出削减在 2011 年帮助实现了占 GDP 的 3.1% 的基本财政盈余，但是更多紧缩措施被迫推迟	2011—2014 年
加拿大	联邦支出方案中的计划削减（养老金、教育金和医疗金除外），重点削减公共部门工资；削减联邦部门的运营成本	2010—2015 年
丹麦	象征性地冻结若干社会福利（失业救济、学生资金援助、福利）和对外援助；缩短失业救济的持续时间；将部长工资减少 5%（大约 20 亿克朗）；推出家庭津贴上限；对不健康食品和烟草产品征收特种消费行为税	2010—2013 年
爱沙尼亚	增加增值税（2 个百分点）和特种消费行为税；减少社会福利（医疗金、养老金）；削减运营支出；（临时）增加第二支柱养老金供款；土地出售；权衡性支出削减	2011—2014 年
法国	削减公共养老金、医疗金和公共行政管理费用；调高退休年龄（到 2017 年，从 60 岁推迟到 62 岁）；增加资本税；增加 1 个百分点的最高收入税率	2010—2013 年
德国	每年从额外税收中整合 250 亿欧元（银行、航空、核电；总计大约 80 亿欧元）；削减社会保障和劳动力市场政策开支（大约 80 亿欧元）；削减军事和行政支出（大约 50 亿欧元）	2010—2014 年

续表

国家	整合措施详情	计划整合周期
希腊	取消免税政策；增加财产税；增加烟草和酒品特殊消费行为税；增加移动电话和汽油税；对盈利公司和高价值房产征收特别税；将用于工资补贴的一般性政府支出减少10%；2010年冻结公共部门招聘，部分更换退休公务员；降低养老基金运营成本和津贴；大幅减少公共部门特殊委员会；合并和大量减少与当地政府挂钩的公共机构/实体	2010—2014年
匈牙利	在两年内推出16%的单一所得税税率；削减公共部门（降低工资，取消某些福利）；向金融机构征收六年期税；减少投资者的官僚机构；禁止外汇抵押贷款	2011—2013年
印度	减少社会部门支出	2010—2011年
印度尼西亚	努力减少腐败，提高政府效率，加强税收执法	
爱尔兰	增加税收，削减开支（公共部门工资、社会福利）	2009—2010年
意大利	冻结公共部门招聘，削减公共部门工资（对于工资总额超过75000欧元的公务员）；削减医疗支出；加大防偷税漏税力度；减少从中央政府向地方和当地政府的拨款	2010—2012年
日本	修订支出计划，防止基本平衡恶化；将2012年的主权债务保险限制在2011年的水平	自2012年起
拉脱维亚	增加增值税（3个百分点）；推出资本所得税；增加个人所得单一税率（3个百分点）；扩大财产税税基；削减公共部门工资；削减养老金；推动公共行政、教育和医疗体制改革（收入与支出整合率为20∶80）	2009—2010年
立陶宛	降低从政者的工资；减少军事拨款；取消最低工资指数化；修订产假津贴；实现公共开支合理化；将个人所得税单一税率增加到20%；增加特殊消费行为税（燃料、烟草、赌博）；针对农业实体推出公司税	自2009年起
荷兰	到2015年，合并成果达到180亿欧元（大约GDP的3%），削减集中在社会保障改革（享受儿童保健津贴、残疾和失业救济的资格标准更加严格），发展合作和军事支出	2011—2015年
葡萄牙	减少公共部门工资和招聘（相比2010年，中央政府的服务和管理职位减少15%）；增加高收入者的增值税和个人所得税；冻结养老金，最低养老金除外；养老金特别供款超过1500欧元；改革失业救济制度	2010—2013年
罗马尼亚	公共部门工资减少25%；养老金和失业救济金减少15%	
俄罗斯	到2014年，增加非能源税，减少赤字	2010—2014年
斯洛文尼亚	宣布通过投资削减（而非公共部门削减）减少预算赤字	
西班牙	减少公共部门职位（13000个职位）和工资（公务员工资减少5%，部长和市长工资减少15%）；推出新的所得税；取消新生儿福利；减少60亿欧元的公共投资；减少公共养老金；销售公共部门资产；关闭或转让1/3的公共企业	2010—2013年
土耳其	推出“财政规则法”，包括社会保障、地方和省级行政管理以及失业救济等方面的削减，对有流动资本的公司征税	自2010年起
英国	应急措施：废除《儿童信托基金》，减少就业方案（年轻人保障基金），冻结公务员招聘。1/4的收入增长能够通过增加税收实现：增加增值税（2.5个百分点）	2010年
美国	2011年8月签署的《预算控制法案》有望在2012年到2021年间减少1.88万亿美元的总政府开支，削减在国防、教育、国家公园、低收入住房补贴和医学研究等方面的投入	2012—2021年

资料来源：由国际劳工研究所更新，2010年。

财政状况因支持金融部门而疲软

财政赤字在很大程度上归因于经济萎缩或增长放缓造成的税收减少。此外，导致开支增加的重要因素与危机爆发时实施的大量金融部门支持措施有关，尤其是在一些欧洲国家。由于危机起源于金融部门，这些支持方案以发达经济体的银行部门为主要服务对象，在某些情况下，高达90%的额外公共开支用于救助银行和收购不良金融资产（国际劳工研究所，2009年）。一项针对77个国家开展的调查（国际劳工组织和世界银行，即将公布）显示，高收入国家占据了危机时期2.4万亿美元的额外财政支出总预算的绝大部分，为1.9万亿美元，而中等收入和低收入国家仅占5200亿美元。在高收入国家的这1.9万亿美元部门预算中，1.2万亿美元（将近2/3）流入了金融部门。这样的金融救助令高收入国家的所有其他部门支持相形见绌，远远超过了在医疗（8%）、教育和基础设施（5%）上的投入。

发达经济体经常无条件地救助金融部门导致主权债务问题恶化，在对全球经济产生相当大的溢出效应的欧元区（见专栏1）尤其如此。实际上，通过收购不良资产和允许银行在很大程度上从直接利用中央银行信贷开展金融活动中受益，政策制定者使银行摆脱了流动资金限制，以避免大规模的银行倒闭。同时，由于公共保障取消了此类资产的资本要求和主权债券回报突飞猛涨，激励私人银行收购大量主权债务的措施得到了加强。结果，（依赖此类保障的）银行开始在金融危机高峰期从欧元区国家收购主权债券，希望利用这些资产获得中央银行流动资金。银行资产构成的相继变动不仅令某些发达经济体中的银行部门进一步疲软，同时也将不成比例的风险转嫁到主权债券上，导致危机状况重新出现。

相比之下，最初更好的财政状况和更低的金融部门压力给大多数新兴经济体带来了好处，使它们能够按优先顺序支持出口和实体经济。反过来，这也让新兴经济体经历了更加强劲的复苏，从而帮助它们限制这些支持措施对公共债务和长期可持续发展产生的影响。[1] 在5200亿美元的总预算中，制造业获得了最大份额的支持资金，高达22%，其次是农业（9%）、金融和建筑（各占5%）以及基础设施（4%）。

尽管危机起源于金融部门的事实导致发达经济体侧重于支持金融部门，但是毫无任何补充要求地选择救助银行依然是备受公共争议的话题。现在，面对又一次衰退的风险，发达经济体中的许多政府几乎没有能力支持实体经济。与此同时，通过让银行部门承担部分救助成本，例如通过金融交易税，给银行部门施加更多压力，有可能会让经济进一步脱轨。很明显，这种进退两难的问题是任何一个国家都无法单独解决的，要求更多国家协调干预，至少是在降低衰退风险上相互合作，并且要求更多有债务偿还能力的国家为全球经济提供更强劲的支持。

一些金融部门问题未得到解决，限制了投资的力度

尽管各国政府为救助金融部门提供了强有力的支持，但在时隔金融危机高潮的三年后，很多国家才逐渐引入不少旨在增强金融系统稳定性的改革措施。此前，很多国家在救助那些濒临破产的银行以及限制某些被认为对维护金融部门的稳定性至关重要的交易

1 40个国家通过政策支持出口；31个国家支持农业；28个国家支持制造业；19个国家支持建筑业；17个国家支持金融业。基础设施未单独列出，但是从宣传资料来看，有9个国家支持基础设施，有7个国家支持公共事业（国际劳工组织和世界银行，即将公布）。

专栏1　欧元区的主权债务问题

金融危机往往会带来主权债务危机，威胁可持续复苏的可能性（莱恩哈特和罗格夫，2009 年）。这次也不例外。具体而言，欧盟发达国家的公共财政深受大规模银行系统救助方案以及快速下降的税收的影响。危机爆发之前，欧盟 27 个成员国中的大多数积累了大量的公共债务。随着危机的爆发，这些债务飞速增加，远远超出了《稳定与增长公约》规定的阈值。随着经济前景持续恶化、失业率不断攀升以及公共财政遭受损失，主权债务评级暴跌，导致一些成员国的债券利率迅速上升，债券市场干涸。到 2011 年夏，这些主权债务问题已经恶化到令欧元区分裂成为显而易见的事实的程度，但成员国和全球经济将会承受怎样的负面后果还是未知数。

为防止任何一个成员国发生主权债务违约问题，欧洲经济与财政事务理事会（EcoFin）与国际货币基金组织共同采取了一些短期支持措施，维持一些成员国的主权债务偿还能力，防止长期的高利率中断欧元区的经济复苏。为此，欧盟成立了两个临时基金组织——欧洲金融稳定基金（EFSF）和欧洲金融稳定机制（EFSM），目的是向负债累累的国家提供金融援助。EFSF 和 EFSM 为主权债务超过 1 万亿欧元的欧盟成员国提供了一个金融安全网。到 2013 年年中，这两个临时机构计划被欧盟稳定机制（ESM）取代，或者成为后者的补充，然而其轮廓依然需要经过欧盟成员国签署的条约审批。

除了这些财政保护措施以外，欧盟成员国还签署了《竞争力公约》（“欧元附加公约”）。该公约旨在加速成员国之间的融合，避免已经影响欧元区凝聚力的经济基础进一步分离。具体而言，单位劳动力成本被认为是一些成员国在响应危机和因危机而恶化的公共财政时面临的核心难题。该公约推荐通过税收政策协调（尤其是关于公司税收）来加强公共财政的措施。此外，通货紧缩的劳动力市场和社会政策措施侧重于工资指数化、退休年龄和劳动力税收。

截至目前，金融安全机构和竞争力公约能够在多大程度上解决欧元区经济治理的基本弱点还需拭目以待。最近在布鲁塞尔欧盟峰会上签署的协议表明，国家财政政策将受到欧洲法院等跨国机构的严密监视，以确保适当遵守赤字限额和债务刹车规则。另一方面，峰会上既未通过欧元区主权债务工具（“欧洲债券”），也未通过欧洲中央银行充当政府的最后贷款人的更大作用，这大大限制了新欧盟财政框架的有效性。

此外，通过内部贬值和以延长缓慢经济增长周期为代价的供方措施（例如《欧元附加公约》中重点列出的措施）只能在中期内发挥作用。这些措施迫使通过工资紧缩进行调整，不仅给社会带来极大危害，还给可持续复苏造成威胁。同时，在一个成员国实施时，这些措施会让该成员国在整个调整周期内承担相比其他成员国更高的资本成本，并抑制投资和工作机会创造。更糟糕的是，如果这些措施以不协调的方式推出，其他欧元区成员国很可能推出类似的措施，以避免自己的竞争状况恶化，但是这不仅会进一步抑制整个货币联盟的发展前景，也解决不了导致危机爆发的主权债务问题。相反，政策制定者应当利用欧元区的相对封闭性，协调彼此之间的工资和财政政策，以允许负债累累的成员国在复苏过程中受益于较发达国家的需求外溢效应（史托克哈默等人，2009 年）。

方面作出了快速的反应。此后，各国又推出了更多结构性的措施，或者在某些情况下制定了相关法律，如将商业银行活动和投资银行活动进行分离以及加强银行的股本基数等。不过，绝大多数的此类措施仍未得到充分实施，或者正在逐步得到采纳，如有关银行监管的《巴塞尔协议 III》。

图 2　融资环境（美国、欧元区和日本）

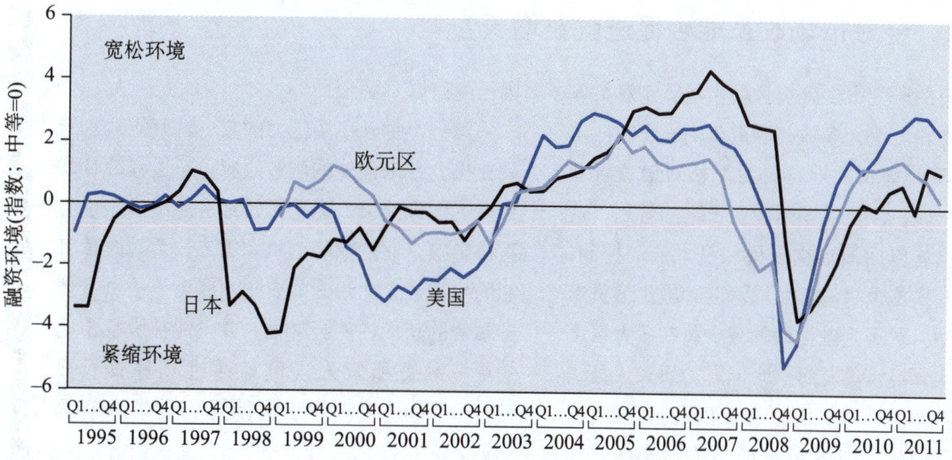

注：该图显示的是私营部门企业的融资环境，其依据为信贷标准的严格性、商业债券市场的流动性以及借款利率。该数值为正表明融资环境宽松，数值为负则表明融资环境紧缩。

资料来源：经济合作与发展组织《经济展望》第 90 期。

事实上，在发达经济体，银行向中小型企业的借贷尚未启动。特别是在欧元区，尽管很多经济体在受到危机的直接影响后开始向正常的借贷环境复苏，但其借贷环境仍比危机前紧缩。此外，近几个月，由于市场不稳定性加剧（见图 2），发达经济体的借贷环境再度开始紧缩。鉴于中小型企业在创造投资和就业机会方面的重要性，今后必须缓解这些中小型企业的融资环境，使其能够更多地获得银行和市场信贷。在某种程度上，通过加快实施那些已公布和已接受的银行业改革措施，转变现有的银行业发展模式，使之更有助于为实体经济提供融资，可以实现改善融资环境的目标。

在此方面必须强调的是，合理和全面的金融部门管制可以促进就业的更快增长（见专栏 2）。它将有助于消除企业和银行在经济和管制方面的不确定性，使银行业的经营模式建立在更为稳定的基础上。管制加强可能促进国内外市场的波动性降低，是刺激投资和就业增长的主要必备要素，也有助于减少预防性储蓄。此外，开展更严格的合规性监管以及银行对公众提供不会发生破产的隐性保证的限制，将有助于逐步取消当前那些特殊的货币措施，从而恢复银行业的市场力量。由于银行将获得更大的激励，将其资金用于生产性目标，而非波动较大的金融产品之中，这将有助于改善实体经济的融资环境。国际劳工组织的估算结果表明，除上述影响外，对金融部门的全面管制可能使得创造就业率增加至少 0. 5 个百分点（国际劳工组织，2011a）。

推动经济复苏的政策空间仍然有限

近来主权债务市场的动荡使政策空间进一步受到限制。鉴于缺乏充分的国际协调，同时世界各地的决策者普遍持悲观态度，因此短期内不可能重新转向更为扩张性的财政政策——尽管可能给全球发展带来不利后果。在某种程度上，这反映了这样一个事实，即无论现有的财政紧缩措施以何种方式得到实施，此次危机已暴露了很多发达经济体脆弱的公共财政状况。

- 在危机期间，与自行裁量性措施相比，自动稳定器发挥作用更大。公共支出的急剧增加以及税收压力的自动减小在很大程度上促进了需求状况不断趋于稳定。据估算，自动稳定器占各国政府提供的总刺激计划金额的比例最高达 80%（经济合作与发展组织，2009 年）。

专栏 2　金融市场改革能否促进就业增长?

现有的研究很少分析金融市场管制对实体经济的影响。绝大多数的研究集中在资本成本提高和 GDP 增长的规定更为严格对信贷可获取性的影响，以及对国际金融流动的管制，这些管制措施包括国际交易税和资本流动控制，预计这些措施也将降低金融深度和减少信贷市场的活动。对于金融活动的减少将在多大程度上导致实体经济的减缓这个问题，研究人员仍然争论不休。针对加强对银行主要经营模式监管的实际效果及其对融资成本的影响这一问题，也是如此（见美国国际金融研究所，2010 年；卡什亚普等人，2010 年；阿德麦第等人，2011 年）。不过，抛开这些研究在方法论和概念上的差异，绝大多数的研究认为，如果考虑到这样一个事实，即银行业的活动将被迫重新转向其他可能利润相对较低的领域，就可能出现部分 GDP 缺口，至少短期内如此。

不过，近年来的研究均未分析金融市场管制对创造就业机会的影响。这些研究假定 GDP 和就业之间存在稳定不变的联系，认为这种联系足以获得有关受影响就业岗位数量的估算值。事实上，这种假定具有误导性，其原因至少有以下两个：

第一，金融市场压力的减小，可能对创造就业机会带来额外的刺激效应，超过其给 GDP 带来的积极效果，这是因为经济的不确定性会直接影响企业的招聘动机。第二，金融改革可能同样导致企业治理的变化，以至于信贷或债券融资的获取性将会降低，并可能被股权市场的更多融资所取代（例如通过私募股权投资）。两种影响将为创造就业机会带来新的动力。

最近将这些传动机制考虑在内的研究对金融改革将对劳动力市场的影响程度提供了一个更为平衡的分析结果（恩斯特，2011a）。尤其是，研究结果显示，金融管制对劳动力市场的影响将取决于国内金融改革与国际金融体制改革的协调程度。首先，这可能与以下事实有关，即国内外金融管制的加强将增强融资环境的稳定性以及提高收入分配的公平性，从而有助于提高国内需求。如果国内金融管制改革或国际金融管制改革缺乏其中一项，这些改革措施就不可能产生足够积极的效果，无法超过这些措施所需要的成本，至少在短期内将是如此（见下图）。

不同金融改革情景下的就业增长情况

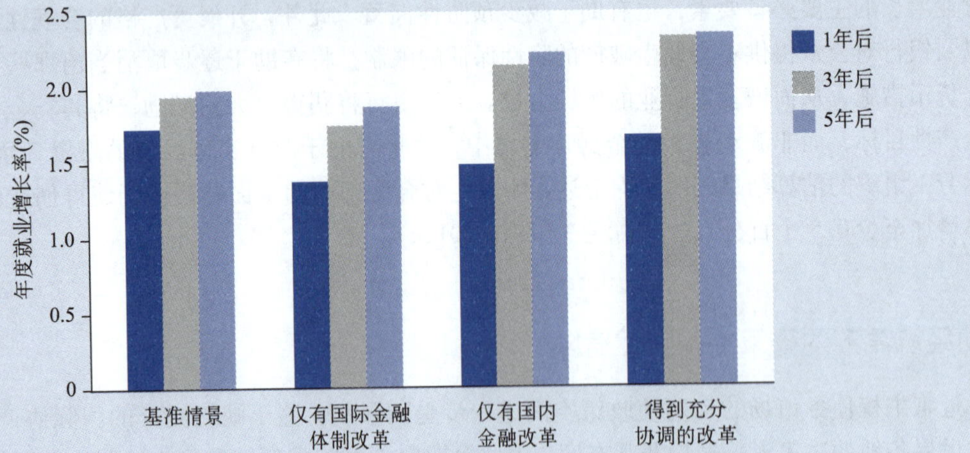

注：本图显示的是 G 20 发达经济体在不同的改革情景下，经过 1 年、3 年和 5 年后的年均就业增长率。基准情景是不实施金融改革的情景，其他情景包括仅在国际层面上（如征收金融交易税）、国内层面上（如提高对银行资本的要求），或者在国内国际层面上同时实施金融改革的情景。

资料来源：恩斯特，2011a。

- 被动的劳动力市场政策和收入支持措施在限制危机对社会总需求的影响方面发挥了巨大作用。此外，积极的劳动力市场政策作为劳动力市场的重要配套政策，为求职者在其他行业或企业找到新的就业机会提供支持。
- 对那些雇用员工以创造就业机会的私营企业提供减税优惠，在宏观经济状况极其不利的背景下，确实起到了部分缓解的作用。然而，经证实，这些减税优惠措施本身的巨大成本已限制了其潜在的好处。通常，如果宏观经济环境疲软，很多企业将不会招聘新的员工。早期的经验已经证实，这些减税优惠措施的代价极其昂贵，对创造就业机会的连带影响微乎其微（亨格福德和格拉韦尔，2010 年）。

在更大范围内实施这些措施将显著提高平衡预算乘数。所谓平衡预算乘数是指即便不存在赤字开支的情况下政府扩大私人需求的能力。据估算，在现有的无效货币政策条件下，重新调整财政目标（“明智支出”）可能产生超过 2 的乘数效应，即公共资产负债上每支出 1 美元将带动私人需求增加 2 美元以上（伍德福德，2010 年）。

货币政策也必须尽快作出调整。尽管很多发达经济体的金融环境日趋紧缩，各国央行可用来确保为实体经济提供流动性供应的手段已所剩无几。美联储和欧洲央行所采取的量化宽松政策以及通过买入主权债务的方式降低长期利率的措施，迄今为止并未达到政策制定者和市场参与者的预期值。风险溢价，特别是部分国家主权债券的风险溢价，仍然不可持续地保持高位水平，并且这些风险溢价在没有实施重大政策措施（如欧元区一些主权债务部分违约）的前提下并未有降低的迹象。

中期影响

导致全球经济复苏强度弱于此前的预期以及存在短期衰退风险的主要原因是长期以来一直引发危机的结构性变化因素。特别是，发达经济体增长缓慢的劳动生产率以及全球经济活动相应转向新兴地区，加大了结构性不平衡现象，而对这种不平衡现象的应对措施尚不尽如人意。这种现象已导致潜在产值增长的逐步以及（由于危机导致的）长期下降，并将对决策者的决策施加进一步的压力。

结构性不平衡已对经济复苏造成了压力

过去 10 年间所积累的结构性不平衡现象可能会造成就业前景的进一步恶化。住宅和资产价格泡沫以及随后发生的危机已导致出现严重的行业不平衡现象，必须对此进行修复；这就要求对就业状况进行漫长而又代价昂贵的改变，不仅在经济体的各个行业，同时在所有国家均是如此（见图 3）。流动性的强劲增长促进了住宅和金融部门的迅猛发展（这种状况目前在部分经济体依然如此），导致了资源的不合理分配，并产生了劳动力市场的结构性失业，而要完全解决这些问题可能需要很长的时间。这些结构性冲突同时导致就业对经济增长的响应度很差，这种状况在那些繁荣之后马上出现萧条的经济体，如美国、西班牙和爱尔兰，尤其如此。展望今后，对这些结构性不平衡的重新调整可能影响政策干预措施的有效性，这是因为传统的宏观经济政策在维持行业增长方式的再平衡方面所发挥的作用可能不大。因此，必须采纳其他的政策工具，以便对就业岗位和工作者在各个行业内进行更快的重新配置，推动就业的更快增长。

图 3　行业就业变动及住宅价格情况

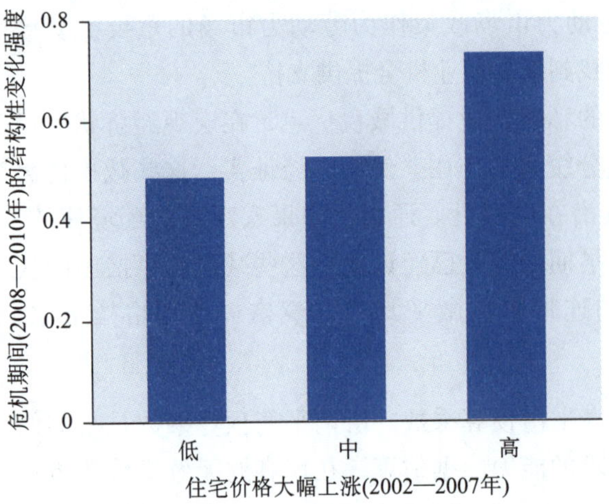

注：本图显示的是各国在 2002—2007 年危机前经历过的住宅价格的低、中或大幅度上涨与这些国家的各行业在危机期间的变动强度之间的关系。行业变动的评估采用的是 Lilien 指标，该指标的变动幅度在 0（没有行业变动）和 1（就业岗位在不同行业之间的完全重新配置）之间。

资料来源：国际劳工组织基于经济合作与发展组织劳动力调查的估算值。

全球部分地区劳动生产率增长放缓

在危机前，世界部分地区的劳动生产率增长已开始放缓（见图 4）。复苏乏力以及结构性不平衡状况波及世界其他地区，导致劳动生产率增长的普遍下降。发达经济体和新兴经济体的劳动生产率增长放缓也可能使新增就业机会减少。结构性变化和资源在各个

图 4　劳动生产率增长的长期发展趋势

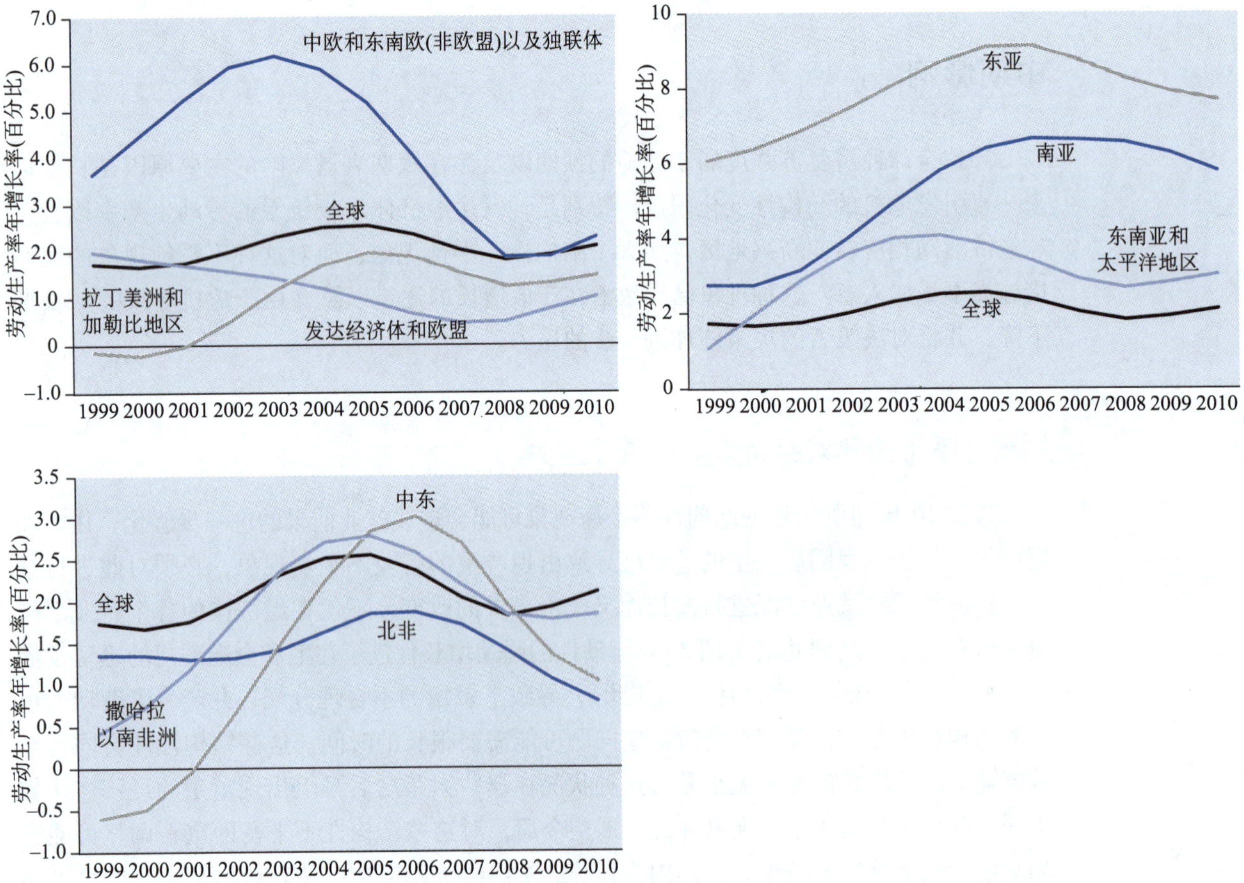

注：本图显示的是全球九个地区以及全球累计的劳动生产率增长率。采用霍德里克—普雷斯科特过滤器，λ = 6.25，对数据序列进行了过滤。

资料来源：国际劳工组织，《趋势计量经济学模型》，2011 年 10 月；世界银行，《世界发展指标》，2011 年。

图 5　投资比重和全球劳动生产率增长的变动（2000—2010 年）

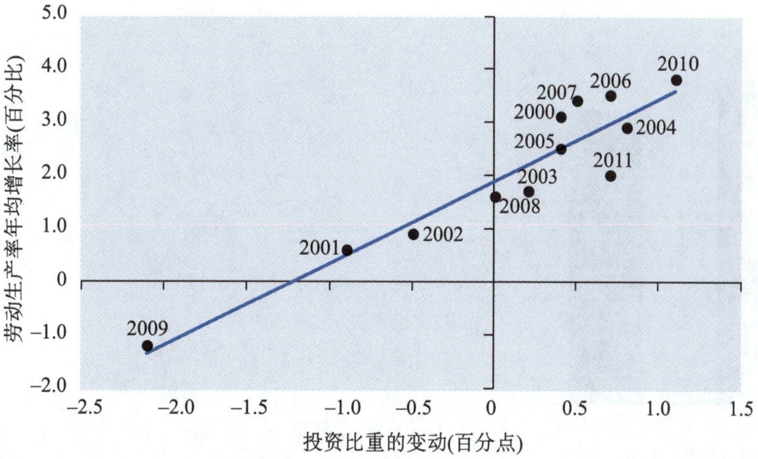

注：2011 年的数据为预测值。

资料来源：国际劳工组织，《趋势计量经济学模型》，2011 年 10 月；世界银行，《世界发展指标》，2011 年。

行业之间的变动预计（至少在短期内）将使新增就业机会受到抑制。此外，各种长期发展趋势也对劳动生产率增长造成了压力：迅猛发展的新兴经济体不断成熟（易臣格瑞等人，2011 年），以服务业为主导的发达经济体面临难以保持技术进步持续高速发展的问题。

劳动生产率增长放缓以及资本回报率预期下降将对资本支出造成打压，并可能导致危机前的投资回报推迟。一方面，劳动生产率增长的降低将导致预期投资回报率的下降，从而对资产价格和投资带来压力（见科克兰，1991 年、2008 年）。另一方面，劳动生产率增长的降低还可能影响企业的现金流，从而削弱企业投资的能力。总体而言，这些发展趋势将减小某个经济体增加其资本存量的潜力以及弥补在危机期间遭受的财富损失的潜力。反过来，这将对未来的生产力预期增长造成更大压力，从而存在出现恶性循环的风险，即劳动生产率增长长期持续下降的风险（见图 5 有关劳动生产率增长与投资之间的紧密关系）。

投资复苏缓慢，特别是在发达经济体中

事实上，危机以及不利的结构性变动已对投资产生了严重影响。尽管如此，投资还是在某种程度上得以复苏，但全球各个地区复苏的程度并不均衡。比如，在发达经济体和东欧地区，未得到解决的金融部门问题、全球发展前景的高度不确定性以及家庭消费倾向的降低等因素，已使企业投资的复苏进程减缓。自危机爆发后，企业投资降至历史最低点，往往导致资本存量的净损失，特别对创造就业机会带来了负面影响。鉴于投资复苏进程缓慢，创造就业机会在这些经济体中尚未得到恢复。与之相反，在总体表现强劲的支撑下，新兴经济体的投资已恢复至危机前的水平，并预计在中期内超过危机前的水平。

鉴于投资和创造就业机会两者之间在过去联系紧密，投资进程的放缓不利于发达经济体创造更多的就业机会。事实上，在过去，只有投资出现强劲增长（不仅仅是企业扩大生产），才会使得失业率降低（见图 6）[1]。此外，在现有的宏观经济环境下，投资的就

1　有关已观察到的投资放缓对就业动态变化的影响的详细分析，请参见国际劳工研究所（2011 年）第二章。

图 6　投资和全球失业率

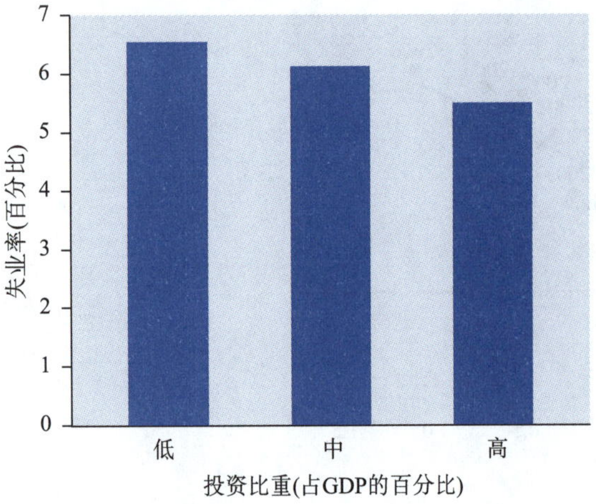

注：本图表显示的是 178 个样本国家在 1971—2010 年期间在不同投资比重水平时的平均失业率。投资比重水平按各国的历史性平均水平分为低、中、高三种类型。

资料来源：国际劳工组织，《趋势计量经济学模型》，2011 年 10 月；世界银行，《世界经济展望》数据库，2011 年 9 月。

业强度表现低迷，这表明必须推动比以往更快的投资增长才能降低失业率。事实上，由于危机已导致大量的资本报废和现有资本存量的重新估值，创造就业机会所必须的投资增长起点可能超过危机前的水平，而投资比率也必须超过危机前的水平才能吸纳失业人口重新就业（措厄加，2010 年）。此外，部分新兴经济体的投资并未如同以往一样带动大量的就业，因此现有的加快投资预计并不会新增大量的就业岗位，因此也无法带动全球失业率的降低。

世界贸易进程放缓，但已有部分复苏迹象

世界贸易对于就业的持续普遍复苏具有至关重要的作用。在 2009 年的危机高峰期间，国际贸易的停滞不前导致了严重的负面溢出效应，使得危机状况波及全球各个国家，无论其金融行业处于何种状况。一旦不确定性因素消失，贸易的强劲复苏，便能带动全球经济活动的复苏。同时，在 2009 年下半年至 2011 年年初，也出现了就业增长。展望今后，开放的全球市场，特别是新兴经济体将其产品销往更多发达经济体的能力，对于防止目前本已黯淡的世界贸易的进一步恶化，仍具有至关重要的作用。此外，新兴国家之间的贸易量不断增长已促进了各个经济体之间的逐步脱钩以及新增长中心的出现。这些新增长中心具有稳定全球增长和预防全球经济出现更为严重的“双底衰退”的可能性。

事实上，世界贸易已使新的增长驱动力进入复苏进程。在危机前，全球增长动力主要来自于发达经济体（见表 2），这是因为主要发达国家，如美国、法国和日本等国强劲的私人消费帮助购买和消耗了新兴国家生产的商品。随着危机的爆发以及随后的经济复苏，全球增长源已发生转变，并部分转向新兴地区。这表明不仅全球增长源发生了重大转变，同时世界贸易的发展方向也发生了重大转变，这可能对经济结构，特别是发达经济体的经济结构，产生长远影响。事实上，在危机前拥有大量经常项目赤字的国家（如美国和西班牙等国）得以重新赢得部分竞争力，并且使得制造业在其经济复苏中发挥了更为重要的作用。总体而言，这种经济增长和贸易方式的转变，至少暂时缓解了全球危机初期存在的全球不均衡现象。

表 2　全球增长方式

		增长时期									
		巴西	中国	法国	日本	美国	巴西	中国	法国	日本	美国
		危机前					危机后				
驱动因素	巴西	—		否	否	否	—		否[a]	否	是[b]
	中国		—	否[c]	否	否		—	是[c]	否	否
	法国	是	是	—			否	否	—		
	日本	是[b]	是[b]		—		否	否		—	
	美国	是	是			—	否	否			—

注：“危机前”是指 1998—2008 年期间，“危机后”是指 2009—2010 年期间。本表格显示的是利用格兰杰因果关系检验方法，对各国季度 GDP 增长率之间的相互作用所做的汇总。检验的结果达到 5% 的显著性。所有增长率在检验前利用霍德里克—普雷斯科特分解法进行了过滤。有关该方法的具体情况，参见巴利翁和恩斯特（即将发表）。(a) 尽管不可能排斥无效假设，但检验结果表明与检验相关的概率值下降了 66%。这可能表明巴西和法国之间的格兰杰因果关系出现转变。(b) 检验结果达到 10% 将被排斥为无效假设。(c) 检验分别针对：1993—2009 年第一季度；2009 年第二季度至 2010 年第四季度。

资料来源：国际劳工组织基于经济学人信息部（EIU）季度 GDP 数据的估算值。

图 7　世界贸易增长：基准和下滑情景预测

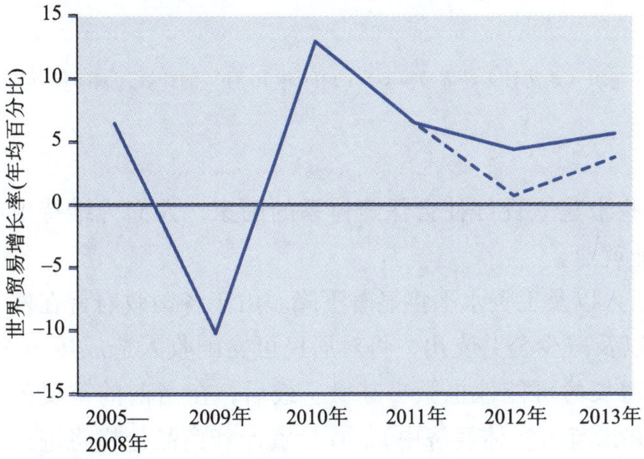

资料来源：国际劳工组织基于联合国经济和社会事务部（UN DESA）的计算值，2012 年。

目前，世界贸易在经过了 2010 年的快速强劲复苏后开始放缓。在消费增长下降（特别是发达经济体）的背景下，世界贸易增长率几乎减少了一半。不过，发达经济体中新的全球增长中心的出现，使得世界贸易水平得以增长至接近历史平均水平。鉴于发达经济体各种周期性的问题，预计今后世界贸易发展将进一步放缓，2013 年将适度回升（见图 7）。

情景与政策响应

国际劳工组织的主要预测数据认为经济活动将逐步放缓，失业率将保持平稳

在我们的基准情景中，预计今后几年内就业增长率将持续低迷。在不确定性很高以及长期发展趋势不利的背景下，投资可能在长时期内保持低迷状态，使得就业状况无法得到快速复苏。相反，经济增长的放缓和结构性问题将导致就业缺口的进一步拉大，不过未必会导致全球失业率的提高。部分新增的潜在劳动力将被排斥在劳动力市场之外，

图 8　全球就业发展趋势的不同情景

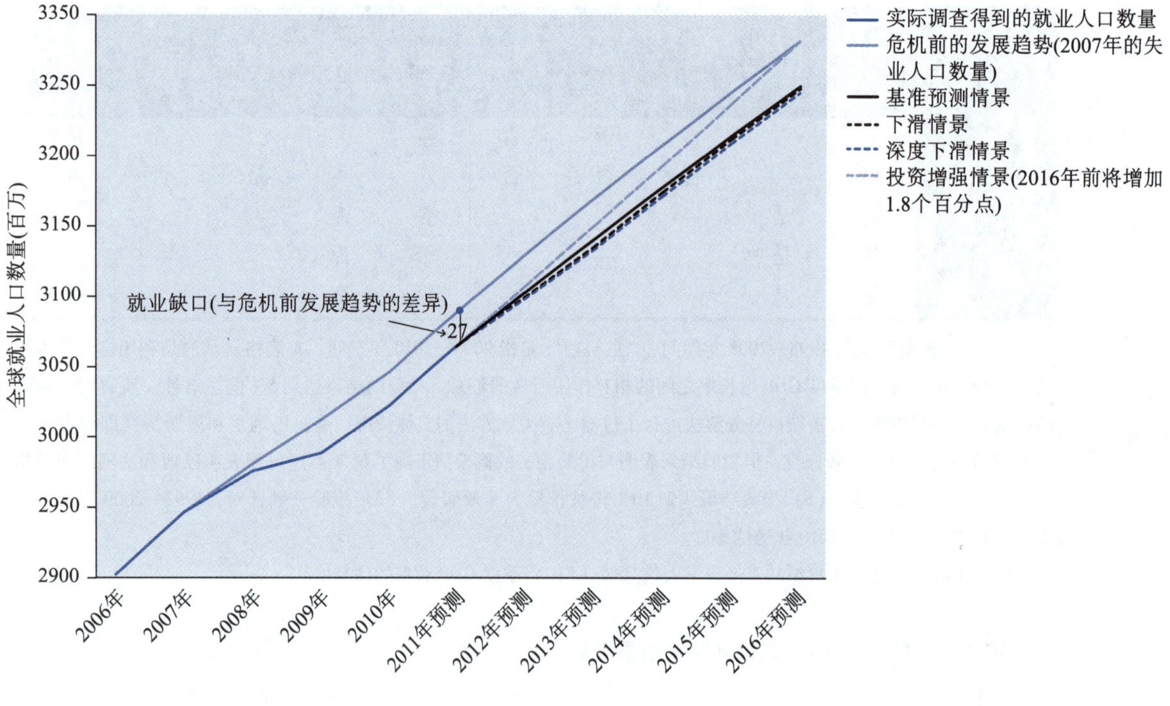

资料来源：国际劳工组织员工基于国际劳工组织《趋势计量经济学模型》（2011 年 10 月）的计算；国际货币基金组织，《世界经济展望》，2011 年 9 月。

从而增加怯志工作者的数量。在那些未建立良好社会保障体系的国家，人们为维持生计，将被迫到条件较差的非正式行业就业。

展望今后，该情景表明就业、收入以及工资水平将显著下降。由于各国政府旨在恢复合理完善的财政政策，提高税收以及减少公共支出，将对居民可支配收入造成压力。与此同时，就业增长的放缓使工资增长的可能性也微乎其微。最后，在当前的重要关头，随着流动性的强劲增长（但其并未流入实体经济中），预计资产和商品价格将进一步上涨，从而激发全球通胀，降低全球的实际工资水平。预计失业率将逐步走低，在劳动力数量持续增长的同时，全球求职者的数量也将不断增加（见图 8 中的基准预测情景，短虚线部分）。

如果主权债务问题波及私人信贷领域，上述情况可能进一步恶化

如果主权债务市场的现有问题未能得到充分的解决，上述状况可能严重恶化。在这种情形下，主权债务的部分或全部违约，或者仅仅是资金的持续转移，可能波及银行业，给其带来巨大的压力，并可能导致欧洲许多大银行的破产。这种不确定性的加大，还将再度影响全球资本流动和企业景气，从而对世界贸易带来巨大的负面影响（见图 7）。经济活动遭到破坏以及政策空间的极度有限，可能导致经济活动出现恶性循环和通货紧缩的压力，使得经济复苏延迟至 2013 年。失业状况将受到进一步的打击，预计未来两年内全球将新增 100 万求职者（见图 8 中的下滑情景，灰色虚线部分）。

银行业的快速清理将加快投资和创造就业机会的步伐

如果金融行业的现有问题能够得到妥善的解决，创造就业机会的前景就将显著改善。特别是，如果快速实施金融业改革措施，建立一个集国内和国际金融市场改革于一

体的运行框架，将显著有利于减小金融市场的波动性，刺激就业增长。与此同时，公布可靠的中期财政政策改革措施，特别是在那些主权债务已到达临界水平的国家，将缓解市场的不确定性，降低风险溢价和利率。这将反过来促进央行活动更加快速地正常化，有助于恢复市场对银行业稳定性的信心，恢复至更为正常的借贷环境。

在此情景下，投资增长可能更加强劲地复苏，从而有助于加快创造就业机会的步伐。如果全球投资比重在2016年前新增2个百分点，将缩小此前危机拉大的就业缺口，使失业率降至危机前的水平（见图8的投资增强情景，长虚线部分）。失业率将保持下滑的趋势（而非现有的停滞不前的状况），并在2013年年底前回到危机前的水平。与此同时，随着发达经济体绝大部分失业人口开始求职，失业率的下降将导致有报酬就业的显著增加以及市场收入和总需求的相应增长，从而进一步刺激全球复苏。不过，在目前的重要关头，该情景成为现实的可能性极其渺茫。

第二章
全球劳动力市场状况

2012 年全球劳动力市场现状极其严峻：目前 1/3 的劳动力处于失业或者贫困状态。也就是说，在全球 33 亿劳动人口中，有 2 亿失业，另外有 9 亿及其家庭的生活水平处于日均 2 美元的贫困线之下。实际上，由于这些贫困估算并未考虑到发达经济体中的贫困人口，这种估算实际低估了体面工作的缺乏程度。

如果现有的经济和劳动力市场发展趋势持续下去，体面工作缺乏的风险也将进一步加大。国际劳工组织预计未来 10 年内新进入劳动力市场的人口将达到 4 亿。因此，除了应对提高发展中国家劳动生产率的挑战以使全球 9 亿工作贫困人口摆脱贫困之外，还必须创造 4 亿个就业机会，只有这样才能避免全球失业率的进一步上升。这种状况对全球年轻人的影响尤为严重：全球的青年失业人口共达 7500 万，在那些劳动力增长速度最快的地区其青年失业率也最高。如果目前的这一发展趋势持续下去，将可能导致目前全球青年本已黯淡的就业前景和预期进一步受到打压，从而埋下继续出现社会动荡的种子，并使得全球经济发展前景进一步受到削弱。

失业和劳动力参与率

国际劳工组织预计，全球失业率在经过四年的持续上升后，至今仍未有转好的迹象，并存在严重恶化的风险

2011 年，全球失业率连续第四年上涨，全球失业人口超过 1.97 亿，与 2010 年持平，比 2007 年增加近 2700 万人（见图 9 和表 A4）。2008 年，世界各地的失业人口数量同比增长了 580 万，2009 年飙升了 2100 多万，失业率从 5.5% 上升至 6.2%。尽管 2010 年和 2011 年全球经济增长率较快，分别为 5.1% 和 4%，但全球失业率仍保持在 6.0% 左右。基准预测结果显示，2012 年如果全球失业率保持不变，可能导致全球新增 300 万失业人口，使得总失业人口数量达到 2 亿。

自 2011 年年中以来，经济活动的下滑风险显著增长，2012 年全球经济增长率跌破 2% 的可能性增加（国际货币基金组织，2011b）。最值得注意的风险包括：一些发达经济体的主权债务可持续问题以及银行的风险，可能引发连带效应；在日本和美国以及欧元区等很多国家，那些不足以应对危机对主要发达经济体影响的政策；部分新兴市场经济体的脆弱性问题（包括因信贷过快增长导致的经济过热的风险）；波动剧烈的商品价格和地缘政治紧张局势（国际货币基金组织，2011b）。

图 9　全球失业状况的发展趋势及预测，2002—2016 年

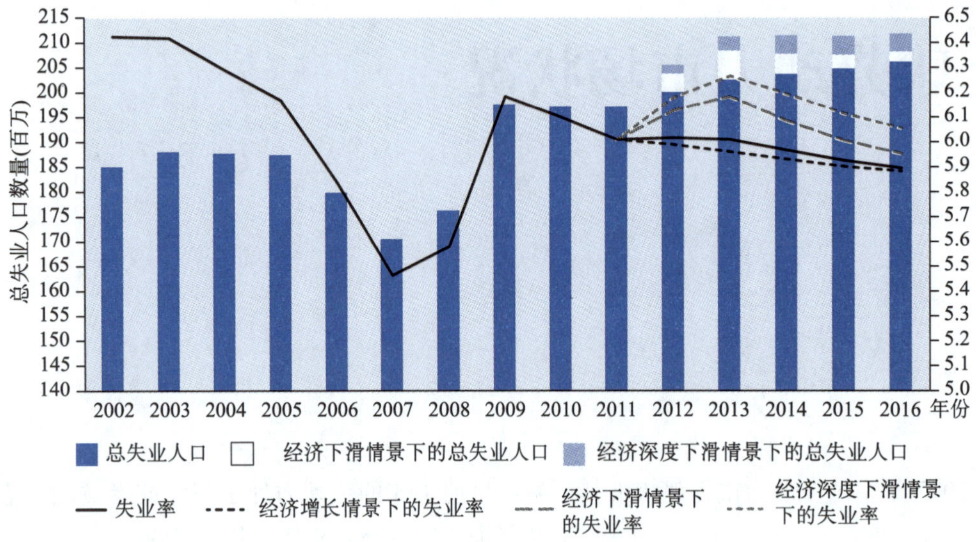

注：2011 年的数据为初步估算值；2012—2016 年的数据为初步预测值。

资料来源：国际劳工组织，《趋势计量经济学模型》，2011 年 10 月（见附录 4）；国际货币基金组织，《世界经济展望》，2011 年 9 月。

如第一章所述，除基准情景外，国际劳工组织还设定了针对全球失业和就业状况的经济下滑和增长情景（附录 5 对情景设定方法和假设条件进行了详细的描述）[1]。经济下滑情景假设欧元区（主要是通过银行资本体现持有公共债务的亏损）、美国（通过潜在产出增长放缓以及住房抵押贷款亏损日益严重）和新兴亚洲地区（通过不良贷款的亏损）受到不利冲击。该情景假定上述地区将对其他地区造成连带影响，如商品价格下降将对商品出口国造成影响。在经济下滑情景下，2012 年全球经济增长率将降至 1.6%，2013 年回升至 5% 左右；而在基准情景下，2012 年全球经济增长率将为 4%，2013 年将为 4.5%。

在经济下滑情景下，全球失业人口数量 2012 年将上升至 2.04 亿，比基准情景下的全球失业人口数量多出 400 万。在经济下滑情景下，全球失业人口数量 2013 年将增至 2.09 亿，比基准情景下的全球失业人口数量多出 600 万。受到影响最大的地区预计将是发达经济体和欧盟地区，预计在经济下滑情景下，该地区 2012 年和 2013 年的失业人口将比基准情景下分别多出 300 万人和 400 万人。在经济下滑情景下，该地区的失业率 2012 年和 2013 年将分别上涨至 9% 和 9.1%，超过基准情景下的 8.5% 和 8.4%。在经济下滑情景下，亚洲三个地区 2013 年的失业人口数量将比基准情景下的失业人口多出 140 万（接近 2%）。

图 9 所示的经济深度下滑情景显示了 2012 年全球经济增长率减速至 1% 所造成的影响。在该情景下，全球失业人口数量 2012 年将新增 200 万（比基准情景下多出 500 万），2012 年新增 300 万（比基准情景下多出 900 万）。全球失业人口数量 2014 年将增至 2.12 亿，至少在 2016 年年底前仍将保持上升趋势。

针对全球失业和就业状况的经济增长情景假定欧元债务危机将产生相对不大严重的后果，从而将加快发达经济体和欧盟地区的经济增长（从 2011 年的 1.4% 增至 2012 年

1　附录 1 中的表格包括国际劳工组织对就业和失业状况主要估算值的置信区间，而附录 2 的表格提供的是国际劳工组织对这些指标主要预测值的置信区间。

的2.5%），这将进而推动那些与欧盟和美国联系紧密的地区的经济发展出现更快的增长，这些地区包括中欧和东南欧（非欧盟国家）以及独联体、拉丁美洲和加勒比地区以及亚洲地区。

在经济增长情景下，2012年和2013年全球失业人口数量将比基准情景下的全球失业人口数量分别低约100万和170万，但不足以显著改变全球失业率的发展轨迹，预计全球失业率仍将保持在6%左右。失业人口数量的下降将主要出现在发达经济体和欧盟地区，该地区的失业率将从2011年的8.5%降至2012年的8.3%和2013年的8.2%。

危机对年轻人造成严重影响

2011年，全球15—24岁青年失业人口数量为7480万，较2007年增加了400多万。全球青年失业率为12.7%，较2007年的危机前水平整整高出1个百分点。从全球范围来看，年轻人的失业风险接近成年人的三倍。有鉴于此，世界很多国家和地区的社会动荡程度增加也就不足为奇（见国际劳工研究所，2011年，第一章）。例如，中东和北非地区年轻人的失业风险是成年人的四倍左右，这两个地区的青年失业率均大大超过25%。

年轻人偏高的失业率，可能对劳动力市场前景以及潜在的经济增长带来长期破坏。国际劳工组织最近发布的报告针对这一问题指出："在'大衰退'时期进入劳动力市场的这代人恰逢时运不济，这不仅造成了目前的众多问题（包括失业、就业不足以及由于失业和长期缺乏经济活动导致的精神压力和社会危害），同时还将造成一些长期的不利后果，如未来的工资水平下降以及对政治和经济体系不信任等"（国际劳工组织，2011b）。由于预计2012年的青年失业人口的数量和比重将基本保持不变，随着退出劳动力市场的年轻人比重持续上涨（见以下讨论），如果目前的这一趋势维持不变，年轻人的近期就业前景得到显著改善的可能性将非常渺茫。

劳动力参与率的持续走低，掩盖了全球失业状况恶化的局面

自2007年以来，全球失业人口数量增加了接近2700万，增长幅度前所未有，表明失业对全球众多劳动力市场造成冲击的严重性。不过，该数据显然大大低估了全球就业不足的严重程度。在很多国家，有证据表明其劳动力参与率下跌的速度在加快[1]。2002—2007年期间，全球劳动力参与率从65.1%降至64.8%，下降了0.3个百分点。在2007—2011年的四年中，全球劳动力参与率下降至64.1%，下降了0.7个百分点。自2007年以来的全球劳动力参与率的下降速度是危机发生前五年全球劳动力参与率下降速度的2.5倍。

为评估全球劳动力参与率持续下降的程度，并评估由此导致的就业缺口规模，我们设定了一种情景，在该情景下，我们按照四个年龄组（即年轻男性、年轻女性、成年男性和成年女性），基于2002—2007年期间的历史发展趋势，对各国2007—2011年期间的劳动力参与率进行了预测。我们还特别对2002—2007年期间各个年龄组劳动力参与率的年均变动幅度进行了估算，并利用历史性年均变动幅度数据，预测了2008—2011年期间各个年龄组劳动力参与率的年均变动幅度。在计算出劳动力参与率的差值后，再乘以各

1 一个国家的劳动力人数等于就业人口和失业人口总和。如要记入失业人口，个人必须在参照期内没有工作过（哪怕一个小时），同时一直在积极寻找工作，并且随时能够参加工作。如果个人由于认为没有机会找到工作，已决定停止寻找工作，将被视为非从事经济活动（即劳动力以外）人口，因而不记入失业人口之列。如果年轻人由于认为缺乏就业机会而选择延长学校教育，推迟寻找工作，这些年轻人也不记入失业人口之列。

个年龄组的人口数量，从而得出2011年实际劳动力数量与基于危机前发展趋势的预期劳动力数量之间的差额（正或负）。然后，将每个地区所有国家的差额相加，得出每个地区的累计差额。有关分析的结果，参见图10。

全球劳动力总缺口达2900万

从全球范围来看，2011年实际劳动力数量比基于危机前发展趋势预测的劳动力数量少接近2900万，这一数值接近2011年全球实际劳动力数量的1%，相当于全球总失业人口数量的15%。换句话说，如果所有这些潜在的工作者都愿意工作或寻找工作，那么全球总失业人口数量将激增至2.25亿以上，总失业率将达到6.9%，超过6%的实际总失业率。成年女性不断下降的劳动力参与率占劳动力总缺口的2/3——鉴于成年女性在实际劳动力人口数量中的比重不到1/3，上述缺口令人震惊。另外一个遭受重创的群体是年轻男性，年轻男性在全球劳动力中的比重不足11%，但其劳动力参与率占劳动力总缺口的比重达到17%以上。年轻女性和成年男性在劳动力总缺口中的比重低于其各自在劳动力总人口数量中的比重，表明从全球范围看这两类群体在劳动力参与率大幅下降方面受到的影响程度相对较小。总体而言，2011年，与按照长期历史性发展趋势得出的预计数据相比，全球年轻劳动力和成年劳动力实际人口数量分别低640万和2230万。

图10显示的是2011年劳动力的实际人口数量与基于危机前的发展趋势得出的预计劳动力数量相比的差额。这种差额又细分为四大年龄组，即年轻男性、年轻女性、成年男性和成年女性。这些差额利用图中的条形图来表示。此外，该图显示了2011年每个地区的实际失业率，以及如果将每个地区的劳动力缺口加入失业人口中可能导致的失业率。南亚地区是实际劳动人口数量和预期劳动人口数量之间缺口最大的地区，2011年该地区的劳动力缺口达到2100万（见图10）。因此，南亚地区在全球就业缺口中占据很大的比重。值得注意的是，鉴于南亚地区并未受到全球经济危机的严重影响，该地区巨大的劳动力缺口并不太可能是全球经济危机的直接后果。确定导致南亚地区劳动力参与率下降的根本原因，对于制定和实施合理的劳动力市场政策，从而推动该地区创造新的就业机会将具有至关重要的作用。在各个年龄组中，成年女性受到的影响最大，占该地区劳动力缺口的60%，但其就业人口占该地区总劳动力数量的比重不足22%。年轻人（包括年轻女性和年轻男性）的劳动力缺口占南亚地区劳动力缺口的35%，而其就业人口占该地区总劳动力数量的比重仅为20%。如果将这一劳动力缺口加入该地区的失业人口中，将使其失业率大幅增长，从实际的3.8%增至7.1%。南亚地区的就业发展趋势受印度的影响最大，印度的劳动力数量占该地区总劳动力数量的74%（第三章中有关南亚地区的章节具体阐述了印度的就业和劳动力参与的发展趋势）。

2011年，发达经济体和欧盟地区很多国家的劳动力参与率也急剧走低，导致实际劳动人口数量比基于危机前发展趋势的劳动力预测值低600万。如果将这一就业缺口计入失业人口，将使该地区的失业率从实际的8.5%增加至9.6%。发达经济体的年轻人受到的影响最大：尽管青年劳动人口数量占该地区总劳动人口数量不足12%，但年轻人的劳动力缺口占该地区总劳动力缺口的比重达到1/3，青年实际劳动人口数量比预期的少200万人。

中东和北非地区的劳动力参与率也同样出现下降，如果将那些经济活动不活跃的人口数量计入失业人口中，这两个地区的失业率将增加1个百分点。在上述两个地区中，成年女性受到的影响最大，鉴于该地区的成年女性劳动力参与率极低，成年女性受到的影响最大这一点令人费解，这可能反映了女性被排斥在对于她们本已相当难以进入的劳动力市场之外这一事实。

图 10　2011 年全球和各地区实际劳动人口和预期劳动人口数量间的缺口，以及总失业率与将劳动力参与率下降因素考虑在内、经过调整后的失业率间的差额

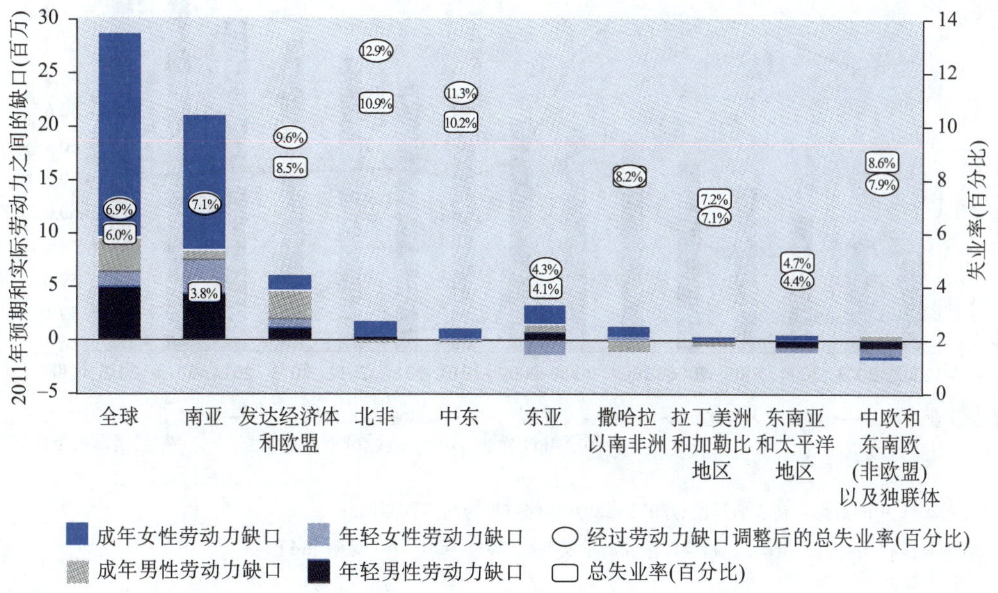

资料来源：作者基于国际劳工组织，《趋势计量经济学模型》，2011 年 10 月（见附录 4）的计算；国际劳工组织经济活跃人口估算和预测数据库（第 6 版）。

在东亚、东南亚和太平洋、拉丁美洲和加勒比以及撒哈拉以南非洲等地区，劳动力参与率的实际变动与基于危机前发展趋势的预期值相差不大。一个例外的地区是中欧和东南欧（非欧盟）以及独联体，在俄罗斯联邦和土耳其（程度稍小），2007—2011 年期间的劳动力参与率出现增长，使得劳动力市场中的年轻工作者数量增加。

尽管随着工作者受挫心理的增加，很多国家的劳动力参与率下降，不过必须指出的是，预计从 2012 年开始的十年间全球劳动人口将增加 4 亿（国际劳工组织，2011c）。预计中东、北非和撒哈拉以南非洲地区的劳动力增幅最大。在这些地区中，为避免失业率的进一步上升，每年新增就业人口必须接近 1500 万；而在南亚，每年新增就业人口将必须超过 1200 万。

就业和劳动生产率

全球经济创造就业机会的能力急剧下降

全球劳动力数量继续增长，但近年来增长的步伐有所放缓（见图 11）。2004—2007 年期间，全球就业人口数量年均增长 5200 万，但在 2008—2011 年危机期间，就业人口增幅急剧下降至年均增长量仅为 3300 万。2008 年，全球就业人口数量降至仅 1420 万的历史低谷，是有记录以来（从 1991 年有估算数据以来）全球就业增长水平最低的一次。2009 年，全球经济增长率仅为 0.7%，全球就业人口数量增加了 3810 万。2010 年，尽管全球经济增长率大幅回升，达到了 5.1%，但全球就业人口仅增长了 3750 万人，仍大大低于危机前的水平。2011 年，尽管就业增长有所好转，但仍未恢复至危机前的就业水平。

图 11　全球就业发展趋势及预测，2002—2016 年

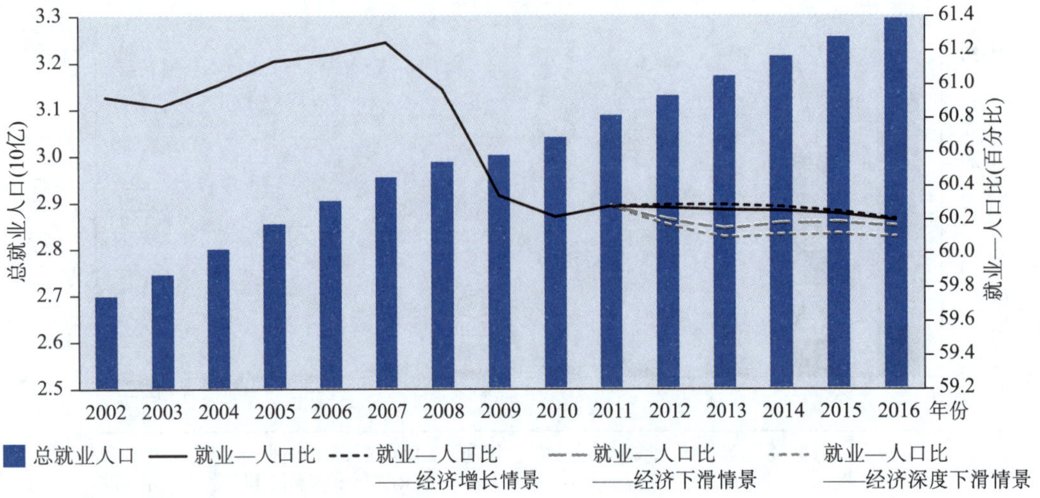

注：2011 年的数据为初步估算值；2012—2016 年的数据为初步预测值。

资料来源：国际劳工组织，《趋势计量经济学模型》，2011 年 10 月（见附录 4）。

通过分析就业—人口比，可以更加明确地了解到全球新增就业机会停滞不前的状况。就业—人口比是指工作年龄人口（15 岁及以上人口）占总就业人口的比例，它可以揭示各个经济体创造就业机会的能力。从全球范围来看，危机期间就业—人口比急剧下跌，从 2007 年的 61. 2% 降至 2010 年的 60. 2%，是有记录以来（自 1991 年以来）跌幅最大的一段时期。如图 11 所示，基于对目前的宏观经济预测情况，国际劳工组织对就业—人口比的基准预测状况并不乐观，预计该比例在 2016 年将保持平稳或微幅下降。

在国际劳工组织设定的经济下滑情景中，全球就业—人口比将出现二次探底，2013 年左右可能降至有记录以来的最低点。在经济增长情景中，经济增长率仍不足以达到显著提升全球就业—人口比的水平，使得未来几年内全球就业—人口比仍将大大低于危机前的水平。

全球各地区和男女之间的就业发展趋势迥然不同

一方面，近年来全球就业—人口比急剧下跌，一方面，通过分析 2002—2011 年期间的长期发展趋势可以看出，各个地区以及男女之间的就业—人口比发展趋势存在显著的异质性（见图 12）。在此期间，全球就业—人口比的下降主要源于以下三大地区：发达经济体和欧盟、东亚、南亚。东亚和南亚地区的下降幅度尤其巨大。

相反，2002 年以后，世界其他地区的就业—人口比出现了上涨，其部分原因在于女性在整个劳动力中的数量不断增加。在就业—人口比不断上升的六个地区中，有四个地区（即拉丁美洲和加勒比地区、北非、东南亚和太平洋地区以及撒哈拉以南非洲）的女性就业—人口比增幅超过了男性的这一比例，从而使男女之间的就业差距不断缩小。这一点在拉丁美洲和加勒比地区表现得特别明显，2002—2011 年期间，该地区的女性就业一人口比上涨了 5 个百分点。

图 12　不同地区和性别之间的就业—人口比变化，2002—2011 年

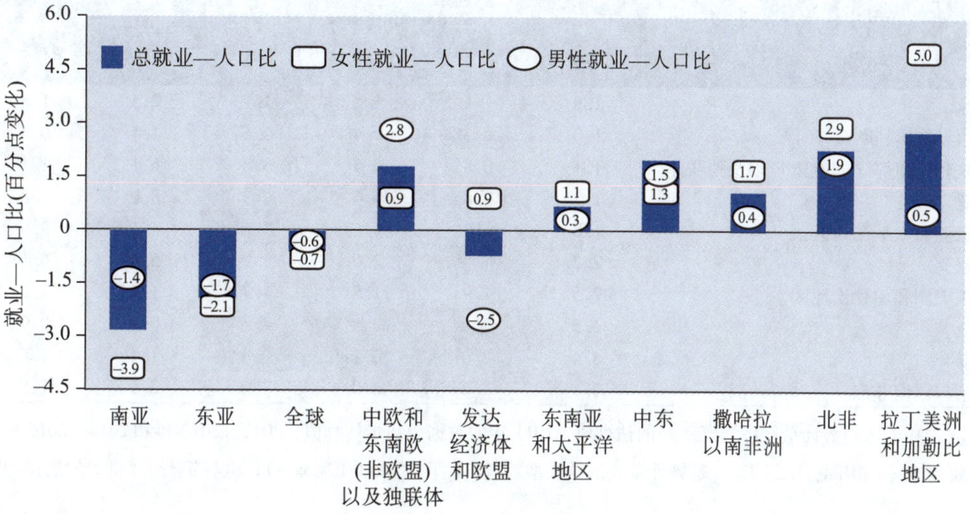

资料来源：国际劳工组织，《趋势计量经济学模型》，2011 年 10 月（见附录 4）。

在很多地区，经济危机对就业的影响程度超过了对劳动生产率的影响程度，这也是导致失业率急剧上升的关键要素之一

GDP 增长可以分为就业增长和劳动生产率（每位工作者的平均产值）的变动两个指标。将就业和生产率增长共同进行分析，可以更加明确地认识到经济衰退更多地体现出对就业的影响还是对劳动生产率的影响，也能够更加明确地认识到就业增长或劳动生产率增长是否可能推动经济的复苏。表 3 提供了对全球以及九大地区在 2002—2007 年危机前时期、2008—2011 年危机期间、2012—2013 年短期预测期间以及 2014—2016 年长期预测期间就业增长和劳动生产率的年均增长率。我们按照各个增长率与 2002—2007 年期间历史发展趋势的偏离程度，对各个部分通过不同的颜色加以表示。深灰色代表增长率比 2002—2007 年期间的年均增长率低一个标准差以上，浅灰色代表低于历史趋势不到一个标准差，浅蓝色代表超过历史趋势不到一个标准差，深蓝色代表超过历史趋势一个标准差以上。

以下就业增长趋势是各个地区的长期主要发展趋势。从全球范围来看，2008—2011 年期间，全球就业年均增长率为 1.1%，预计 2012—2013 年期间将加速增至 1.4%，但仍低于以往 1.8% 的增长率。预计 2014—2016 年期间更长期的预测值为 1.3%，增长持续放缓。这些数据进一步证明了全球在创造就业机会方面将会放缓——基于现有的宏观经济预测值，预计创造就业机会在可预见的未来将持续放缓。

相反，在世界劳动生产率增长总体减缓（2008—2011 年期间平均仅为 1.6%），在危机前呈减速发展趋势（见第一章），危机对劳动力市场的影响更多地倾向于导致创造就业的疲软，而非降低劳动生产率的增幅，预计该发展趋势在未来几年内将持续如此。由于劳动生产率增长率在预计期内预计将反弹至趋势增长率以上的水平，这将证明基于预计经济增长率，全球范围内仍有在按照危机前发展趋势保持生产力增长水平的同时加快就业创造的空间。

表 3 全球和各地区就业和劳动生产率增长率（部分时期的年均增长率，百分比）

	就业年均增长率				劳动生产率年均增长率			
	2002—2007 年	2008—2011 年	2012—2013 年	2014—2016 年	2002—2007 年	2008—2011 年	2012—2013 年	2014—2016 年
全球	1.8	1.1	1.4	1.3	2.5	1.6	2.6	3.2
发达经济体和欧盟	1.0	-0.3	0.4	0.6	1.4	0.5	1.5	2.0
中欧和东南部（非欧盟）以及独联体	1.1	0.8	0.5	0.3	6.1	1.1	3.5	4.0
东亚	1.2	0.6	0.6	0.3	8.6	7.8	7.5	8.1
东南亚和太平洋地区	1.8	1.9	1.6	1.4	4.1	2.6	3.5	4.0
南亚	2.2	1.0	2.0	1.9	5.4	6.1	4.8	5.4
拉丁美洲和加勒比地区	2.5	1.9	1.8	1.7	1.4	1.0	1.7	1.8
中亚	4.5	3.2	2.8	2.5	0.9	0.9	1.2	2.0
北非	3.4	2.0	2.2	2.3	1.4	1.8	0.8	2.8
撒哈拉以南非洲	3.1	2.8	3.0	3.0	2.5	1.5	2.3	1.9

注：基于《趋势计量经济学模型》的估算值；2011 年的数据为初步估算值；2012—2013 年和 2014—2016 年的数据为初步预测值。

资料来源：国际劳工组织，《趋势计量经济学模型》，2011 年 10 月（见附录 4）；世界银行，《世界发展指标》，2011 年。

就地区发展趋势而言，发达经济体和欧盟、中欧和东南欧（非欧盟）以及独联体在经济增长方面受到的影响最为严重。不过，危机对这些地区劳动力市场的影响方式则迥然不同，这些地区的预计复苏步伐也是如此。2008—2011 年期间，发达经济体和欧盟的就业增长为负增长，但预计今后将恢复至危机前达到的增长率大致一半的水平。在危机期间，该地区的劳动生产率增长率显著下降，但预计在 2012—2013 年期间将大致回升至危机前的水平，2014—2016 年期间将超过这一水平。鉴于预计的经济增长率，这一基准预测结果揭示了在保持劳动生产率增长率超过危机前达到的水平的同时提高该地区就业增长率的空间。这将在很大程度上取决于企业在促进投资和加快聘用员工方面的进展，而不是延续现有的在雇佣方面的极度谨慎态度以及在不扩大就业的前提下维持或提高企业产值的措施。

与发达经济体和欧盟相比，中欧和东南欧（非欧盟）以及独联体的就业增长率比危机前平均水平降低 0.3 个百分点，但劳动生产率增长率暴跌至 1.1%，大大低于 2002—2007 年危机前 6.1% 的平均水平。基准预测认为就业增长率将持续放缓，2014—2016 年期间年增长率将降至 0.3% 的低点，与此同时，劳动生产率的增长将加速但仍远低于趋势水平。该地区的短期和长期发展前景为迟缓的复苏，在创造就业方面表现疲软，同时劳动生产率增速缓慢。

东亚地区的就业增长在经济衰退期间显著下降，预计今后将大大低于危机前的发展趋势。劳动生产率增长在经济衰退期间受到的影响程度要相对小得多，预计在今后两个预测期仍将超过 7%。预计在 2014—2016 年期间，年均就业增长率将降至 0.3%，这导致了一些担忧；不过，导致这种下降的原因是该地区不断变化的人口特征以及劳动力参与率较此前的高比率出现降低。这种状况出现在该地区经济快速发展的背景下。

2008—2011 年期间，东南亚和太平洋地区的就业增长率略微高于 2002—2007 年期间的水平，是危机期间全球就业增长上升的唯一地区。预计在预测期间就业增长率将稳步减缓。在危机期间，该地区的劳动生产率增长率急剧下降，预计 2012—2013 年期间该增长率仍将大大低于危机前的水平，此后将再度复苏。

2010 年，南亚的就业增长率急剧下降，其主要原因是印度的劳动力参与和就业率不断下降（见第三章“南亚地区”一节的内容）。但是，预计短期和长期预测期间该地区的就业增长率将略微低于危机前的水平。在危机期间，该地区的劳动生产率增长率实际出现上涨，2010 年和 2011 年，该地区的经济增长率强劲回升，但预计在预测期间将会减缓。

2008—2011 年期间，拉丁美洲和加勒比地区的经济产值增长率下降，就业和劳动生产率增长率同样减缓。预计今后该地区的劳动生产率增长率的回升速度将快于就业增长率，预计的劳动生产率增长率将超过危机开始前达到的水平。

中东和北非两个地区的就业增长率在经济衰退期间急剧下降，预计今后仍将大大低于危机前的水平。两个地区的劳动生产率增长率在危机期间并未受到不利影响。在预测期间，预计中东地区的劳动生产率增长率将会加快。在北非地区，随着该地区持续政治动荡，预计 2012—2013 年期间劳动生产率增长率将会下降，但此后的增幅将快于历史水平。

在危机期间，撒哈拉以南非洲地区的就业和劳动生产率增长率减缓。不过，从 2010 年开始，该地区的就业和劳动生产率增长率大幅回升，预计在整个预测期间其经济增长率将超过 5%。在基准情景下，该地区的就业增长率将几乎回升至危机前的水平。预计 2012—2013 年期间，其劳动生产率年均增长率将为 2.3%，2014—2016 年期间将减缓至 1.9%。

亚洲地区以外的发展中地区的劳动生产率增长低于发达经济体，增加了发展中地区和发达经济体间生活水平差距进一步扩大的风险，抑制了减贫的发展前景

在劳动生产率方面，过去 20 年间，发达地区和发展中地区之间的劳动生产率差距有所缩小，但差距仍然很大：2011 年，发达经济体和欧盟每个工作者的产值为 72900 美元，大大超过发展中地区 13600 美元的平均水平。这表明，根据对各国物价差异进行调节后，发展中国家的工作者的平均产值不足发达国家的 1/5（见图 13，第一组）。

不过，发展中国家的情况并不完全相同：不同发展中地区的劳动生产率水平和增长率之间存在很大差异（见图 13，第二组）。2011 年，中东地区每个工作者的产值仅为发达经济体地区的 53%；不过，此前中东地区的劳动生产率增长一直低于发达经济体地区，1991 年中东地区的劳动生产率曾为发达经济体地区的 64%。另外三个劳动生产率较高的地区分别为中欧和东南欧（非欧盟）以及独联体（2011 年，该地区每个工作者的产值相当于发达地区的 35%）、拉丁美洲和加勒比地区（2011 年，该地区的劳动生产率水平相当于发达经济体的 32%）以及北非（2011 年，该地区的劳动生产率水平相当于发达经济体和欧盟地区的 25%），1991—2011 年期间，这三个地区的劳动生产率水平与发达经济体和欧盟的比值均出现了下降。撒哈拉以南非洲地区同样出现了下降，在此期间该地区的劳动生产率水平仅为发达经济体的 8%。2011—2016 年期间，在所有这些地区中，中欧和东南欧（非欧盟）以及独联体是唯一与发达经济体和欧盟的劳动生产率差距预计将会缩小的地区，预计与发达经济体劳动生产率水平的比值将从 35% 上升至 39%。

亚洲是发展中地区中劳动生产率与发达地区的比值出现增长的唯一地区

相反，尽管初期的劳动生产率水平极低，但亚洲三个地区的劳动生产率增长迅猛，与发达经济体的劳动生产率快速接近。因此，在 1991—2011 年期间，亚洲三个地区是发展中地区中劳动生产率与发达地区的比值出现增长的几个地区。这又主要是由东亚地区劳动生产率增长所推动的。2011 年，东亚地区每个工作者的产值达到发达经济体的

图13　1991—2016年，各地区的劳动生产率（每个工作者的产值，按2005年国际定值美元计）以及1991年、2011年和2016年与发达经济体劳动生产率的比值（百分比）

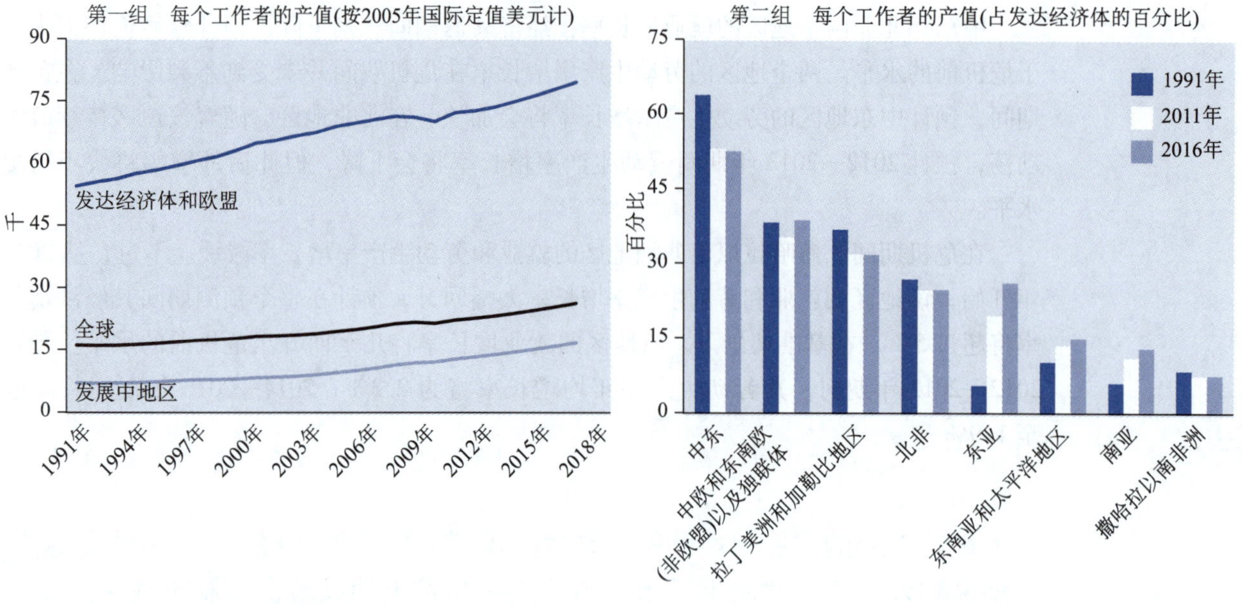

注：2011年的数据为初步估算值；2012—2016年的数据为初步预测值。

资料来源：国际劳工组织，《趋势计量经济学模型》，2011年10月（见附录4）；世界银行，《世界发展指标》，2011年。

20%，大大超过1991年仅为6%的水平。预计该数字在2016年将攀升至26%。南亚地区与发达经济体的这一比值从1991年的6%上升至2011年的11%，预计2016年将增至13%。在东南亚和太平洋地区，2011年每个工作者的产值与发达经济体的比值为14%，超过1991年10%的水平。预计2016年将小幅攀升至15%。亚洲地区以外的其他绝大部分发展中地区的劳动生产率增长相对疲软，是导致工作贫困长期存在的主要因素之一，该问题将在下一章节详细讨论。

工作贫困和弱势就业

从全球角度而言，在降低工作者极度贫困方面取得了进展，但工作贫困现象仍然普遍存在

2011年10月，国际劳工组织基于60多个国家家庭调查和最新的经过改进的计量经济估算模型（见国际劳工组织，2011d，第一章第一节和专栏3），发布了有关工作贫困人口的最新估算值。根据最新方法的估算结果，2011年，世界各地生活在日均消费水平1.25美元贫困线以下的工作者估计约有4.56亿人，比2000年减少了2.33亿，比2007年减少了3800万（见图14）。不过，这一全球累计数据受到东亚地区极度工作贫困急剧下降的严重影响，在东亚地区，由于中国经济的迅猛增长和减贫进程取得巨大进步，2011年该地区的贫困工作者数量较2000年减少了1.58亿，较2007年减少了2400万。从全球范围来看，2000—2011年期间，日均生活水平低于1.25美元贫困线的工作者比重从26.4%降至14.8%。如果排除东亚地区，同一时期全球范围的比重下跌幅度要相对

小得多：该比重从25%降至17.4%，下跌了7.6个百分点。

全球接近30%的工作者（超过9.10亿人）家庭日均生活水平低于2美元的贫困线（见图15）。这些工作者及其家属仍很容易受到持续经济冲击的影响。全球贫困工作者的比重在2000年46%的基础上有所下降，而东亚地区的进展再次大大超过其他发展中地区。自2000年以来，东亚地区日均生活水平低于2美元贫困线的工作贫困人口数量减少了2.47亿，是除东亚地区以外的其他发展中地区贫困减少数量的六倍多。其他发展中地区贫困减少比例表现不一，比如在撒哈拉以南非洲、北非、南亚和中东地区，其家庭日均生活水平低于2美元的工作者数量继续增加。

图14　全球工作贫困（日均生活水平低于1.25美元）发展趋势，2000—2011年

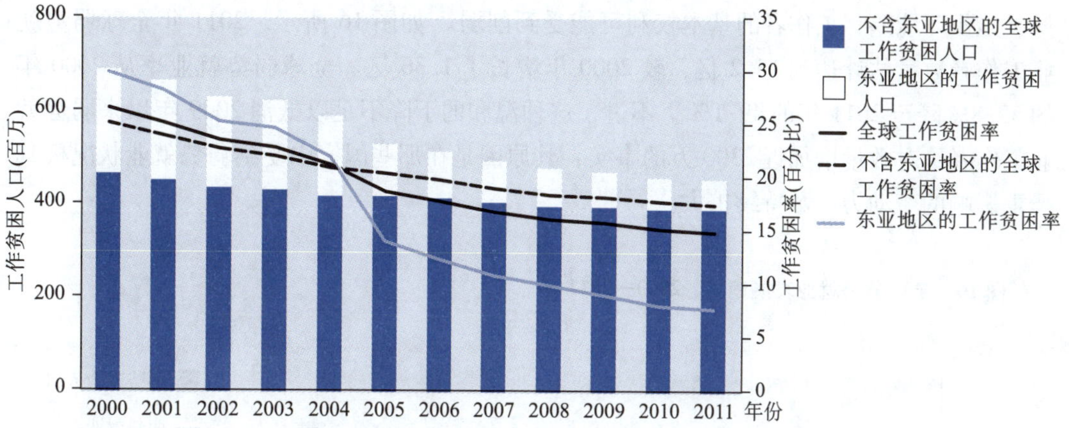

注：2011年的数据为初步估算值。

资料来源：国际劳工组织，《趋势计量经济学模型》，2011年10月（见附录4）。

图15　全球工作贫困（日均生活水平低于2美元）发展趋势，2000—2011年

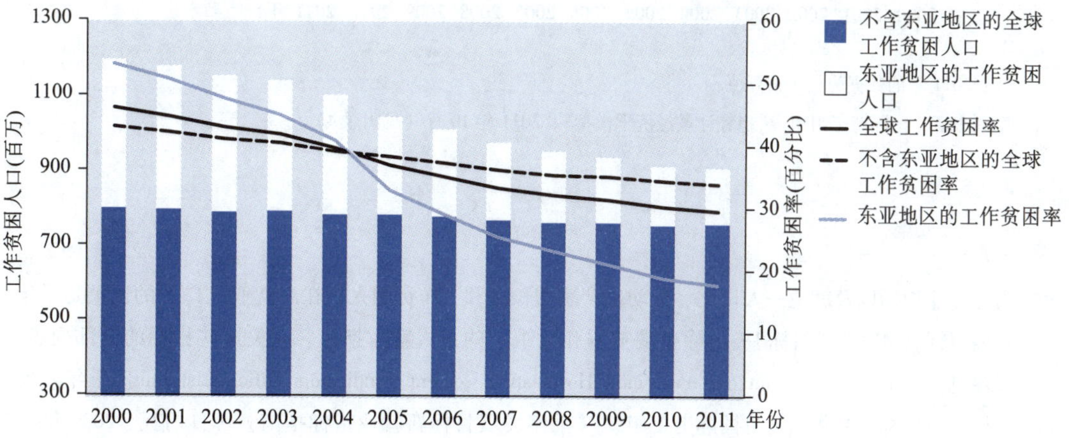

注：2011年的数据为初步估算值。

资料来源：国际劳工组织，《趋势计量经济学模型》，2011年10月（见附录4）。

尽管工作贫困人口数量不断下降，但自2008年以来工作贫困人口数量下降的趋势显著减缓。与危机前（2002—2007年）工作贫困发生率发展趋势预测相对照，2011年存在1.6个百分点的差额，相当于2011年实际工作贫困人口数量比基于危机前发展趋势的预测值多出5000万。同样，2011年其家庭日均生活水平低于2美元的工作者数量比基于危机前发展趋势的预测值估计多出5500万。

自2009年以来，弱势就业人口增长了2300万

与工作贫困指标密切联系的指标为“弱势就业”人口，即自营工作者和无报酬家庭工作者的总人口数。该指标可以为分析总体就业质量的发展趋势提供有价值的数据，这是因为弱势就业工作者的比重偏高，反映了非正式工作安排普遍存在的现象，在这种条件下，工作者普遍缺乏足够的社会保障和社会对话安排。[1] 弱势就业的一般特征是工资低、工作环境差、工作者的基本权利可能受到削弱。[2] 如图16所示，2011年全球弱势就业工作者数量估计达到15.2亿，较2000年增长了1.36亿。全球弱势就业率从2000年的52.8%降至2011年的49.1%。不过，这种温和的下降不足以抵消2009年以来弱势就业工作者绝对数量增加近2300万的事实，其原因是在那些国家中受到弱势就业状况极其严重影响的劳动力人数持续扩大。

图16　全球弱势就业发展趋势，2000—2011年

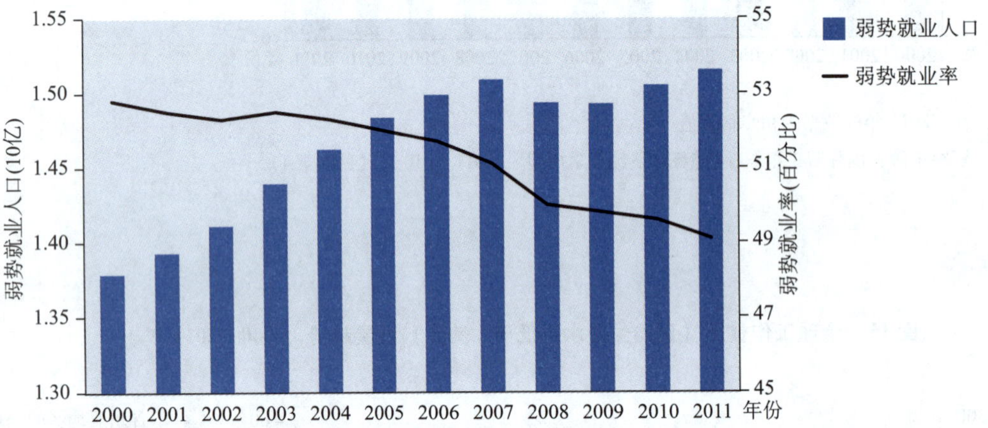

注：2011年的数据为初步估算值。

资料来源：国际劳工组织，《趋势计量经济学模型》，2011年10月（见附录4）。

1　弱势就业指标以及就业—人口比、劳动生产率增长率和工作贫困人口在总就业人口中的比重是千年发展目标（MDG）“目标1：消除极端贫困和饥饿”的正式就业指标。有关这些指标的全部列表，请参见：http：//unstats. un. org/unsd/mdg/Host. aspx？Content = Indicators/OfficialList. htm。千年发展目标就业指标的具体描述见国际劳工组织《千年发展目标新就业指标指南》（日内瓦，2009年）；www. ilo. org/wcmsp5/groups/public/ --- ed_ emp/documents/publication/wcms_ 110511. pdf。

2　如同《2010年全球就业趋势》报告所指出的，弱势就业指标具有以下局限：（1）有工资和薪金的就业并不等同于体面工作，这是因为即便是有工资的就业，工作者也有可能承担很高的经济风险；（2）失业人口尽管处于弱势地位，也未包括在该指标中；（3）工作者可能被划归两类弱势群体，但并不承担很高的经济风险，特别是在发达经济体中（见国际劳工组织，2010年）。

弱势就业的发生率以及弱势就业群体中的总体创造就业程度在各个地区之间存在巨大的差异。自2007年以来，东亚地区的弱势就业人口数量下降了4000万，同一时期撒哈拉以南非洲地区则增加了2200万，南亚地区增加了1200万，东南亚和太平洋地区增加了近600万，拉丁美洲和加勒比地区增加了500万，中东地区增加了100多万。自2007年以来，撒哈拉以南非洲地区的就业增长中弱势就业的比例接近70%，而东南亚和

专栏3 国际劳工组织对全球工作贫困状况的最新估计

国际劳工组织2011年10月发布的《劳动力市场关键指标（KILM）》（第7版）包括基于54个国家全国性家庭调查的数据对这些国家的工作贫困状况的最新估算值。该指标中的表18b提供了有关工作贫困人口数量及其在总就业人口中比重的估算值，所有估算值均按照年龄组（累计、年轻人和成年人）和性别进行了细分。该数据序列是国际首个有关各国工作贫困估算值的数据库，旨在增强人们对全球贫困、就业和体面工作之间相互关系的认知程度。该数据序列也是监测各国实现千年发展目标（MDG）进度的最新信息集。千年发展目标中的1B子目标是“帮助包括女性和年轻人在内的所有人获得充分的生产性就业和体面工作”，该子目标的四个指标之一是工作贫困人口在总就业人口中的比例。

《劳动力市场关键指标》第1a章的标题是“全球工作贫困状况：引入新的利用家庭调查数据的估算值”，该章主要有两个目的：（1）利用家庭调查数据来确定全球工作贫困状况的主要特征；（2）提供有关全球工作贫困状况的地区和全球估算值的最新数据，并提供对世界各国在实现千年发展目标1B子目标方面取得进展的最新报告。

在有关工作贫困状况的关键特征方面，该章认为，15—24岁年轻人中的贫困工作者比重相对偏高，占提供数据国家工作贫困人口总数的23.5%，而年轻非贫困工作者的比重仅为18.6%。日均生活水平低于1.25美元、生活在农村地区的工作贫困人口占所有工作贫困人口总数的比例接近80%，而生活在农村地区的非贫困工作者的比重仅为40%。这些贫困工作者绝大部分在农业部门工作，或者是自雇或没有报酬的家庭工作。尽管有关其受教育程度方面的数据更加有限，但工作贫困人口陷入受教育程度低和低生产性就业的恶性循环，这一点显而易见。

该数据还揭示了存在大量使用童工的现象——提供数据的48个国家中，童工人数接近5000万。根据调查估算，这些童工80%以上为收入低于日均2美元的工作贫困人口。更为重要的是，这些贫困童工并未计算在全球和地区基于工作年龄人口（15岁及以上）计算的工作贫困人口数据中。

本文中有关工作贫困人口的最新全球估算数据中，2010年日均收入低于1.25美元的工作贫困人数比此前的估算数据少1.4亿，日均收入低于2美元的工作贫困人数比此前的估算数据少2.33亿。出现这种差异的主要原因有两个：（1）广泛使用了最新获得的、利用统一方法开展的有关工作贫困状况家庭调查的估算数据；（2）利用最新获取的数据，开发了经过改进的估算工作者贫困率的计量经济模型。

本文中所引入的最新计量经济模型采用劳动生产率、人口年龄结构和农业就业工作者比重作为解释变量，来估算和预测那些未提供数据的国家和年份的工作贫困率。模拟结果发现，这种相互关系在亚洲几个地区和撒哈拉以南非洲地区表现特别明显。黄金年龄人口在总人口中的比重相对较大，主要是因为工作贫困发生率（特别是日均收入低于1.25美元的极端工作贫困）降低所致，这表明那些工作贫困人口比重最大和处于最低经济发展阶段的国家从人口转变中受益最大。这也表明那些导致有利人口发展趋势（如母婴死亡率下降）的因素在减贫方面的重大好处。农业工作者比重下降（通常代表劳动力市场在结构上转向高附加值活动），主要是工作贫困人口减少所致。因此，那些促进此类转型的政策（如在基础教育和技能培训方面的投资，以便工作者能够从事工业和服务行业的新就业机会）可以有助于减轻工作者及其家庭的贫困状况。

资料来源：国际劳工组织，2011d，第一章第一节。

太平洋地区以及拉丁美洲和加勒比地区的这一比例分别为50%和1/4以上。自2009年以来，除东亚地区以外，全球弱势就业人口数量增长了3400万。

女性的弱势就业比重为50.5%，超过了男性弱势就业比重（48.2%）。在北非地区，女性的弱势就业可能性大大超过男性（55%:32%），在中东地区（42%:27%）和撒哈拉以南非洲地区（接近85%:70%）同样如此。

弱势就业发生率高，往往是由于（生存性）农业工作者所占比重高所致。事实上，南亚地区2011年的弱势就业率为全球最高（77.7%），该地区51%的工作者在农业行业就业。撒哈拉以南非洲、东南亚和太平洋地区的弱势就业比重在全球位居第二（76.6%）和第三（61.6%），这两个地区在农业行业就业的工作者比例仍是所有行业中最大的。很多发展中经济体服务行业中的弱势就业状况也非常普遍，如果要显著降低发达地区弱势就业的发生率，必须进一步将就业人口的活动从农业转向具有更高附加值的制造业和服务业。

全球劳动力市场前景黯淡

发达地区就业增长乏力以及发展中地区劳动生产率疲软，危及全球经济全面复苏，并使经济发展前景受到抑制

基于上述对失业和劳动参与率、就业和劳动生产率以及工作贫困和弱势就业发展趋势的分析，两种尤其令人不安的发展趋势非常明显。

第一种发展趋势是，特别是在很多发达经济体中，经济增长仍然非常疲软，目前所实现的小幅增长也越来越多地是受劳动生产率提高所推动，而非就业创造所推动。从根本上讲，企业产值增长的原因是企业通过对现有劳动力进行更多的压榨（如让工作者延长工作时间）仍能获得同样乃至更多的产值。这种状况反过来导致大量的就业缺口，尽管经济活动好转，仍然存在大量的就业缺口。

该问题的长期存在已导致劳动力市场和宏观经济之间出现反向经济恶性循环：高失业和低工资增长对经济增长的两大驱动因素——消费和投资均造成不利影响。工作者属于消费者，当受到失业率增加和可支配收入下降的影响时，他们对产品和服务的需求就将下降。这将使得企业的信心进一步受挫，企业不愿意进行投资和雇佣。打破这种反向经济恶性循环，将对经济的可持续复苏至关重要。

第二种令人不安的发展趋势是，很多发展中地区的劳动生产率增长仍低于为与发达经济体保持一致、促进就业质量的普遍改善、减轻贫困和就业脆弱性所必须的水平。劳动生产率的可持续增长，要求加快很多发展中地区的结构性转型步伐，在降低对生存性农业作为主要就业渠道以及减少对波动较大的商品市场作为出口创收途径的依赖度的同时，转向附加值更高的经济活动。这继而要求进一步改善教育和技能开发，建立可确保最弱势群体基本生活水平的社会保障计划，并加强工作者、雇主和政府之间的对话，确保普遍性的发展，特别是经济增长成果的公平、公正分配。

第三章

区域经济和劳动力市场发展

发达经济体和欧盟

由于担心经济形势进一步恶化，失业率仍居高不下

2011年夏，宏观经济形势严重恶化。如第一章所述，主权债务市场日渐动荡，拉动经济复苏以大幅提升产量和就业增长的努力持续面临重重困难，再加上银行——尤其欧洲国家的银行——可持续发展所面临的较大且日益攀升的不确定性，即使本年年初已经孕育了增长势头，上述一切困境也使得任何残存的增长势头大幅减弱。经济活动大幅放缓，这无疑进一步调低了人们的增长预期，对于这一地区更加发达的经济体而言尤为如此，而其中的一些经济体如今面临着经济衰退的风险，其中，迹象最为明显的是德国、英国和西班牙。鉴于上述发达经济体和欧盟占全球产出的50%，其对这一地区其他经济体及全球经济产生的溢出效应颇为巨大。最乐观的预期是，到今年年底，危机的影响将逐渐消失，届时，经济才可慢慢复苏；最悲观的预期是，鉴于目前萧条的现状，经济可能面临新一轮的弱化和衰退。

对于欧洲各经济体而言，结构性因素正在进一步加大经济衰退的风险。各个国家的外部竞争力存在较大差距，阻止了面临风险的国家从全球贸易的复苏中获益。由于住房和银行业部门的种种问题，那些内需严重不足的国家尤其希望依靠外部需求弥补这种差距。与此同时，随着欧元区一些成员国从2009年的危机（见专栏4）中逐渐复苏，它们的经济表现相对较好，尽管如此，欧元区的增长溢出效应一直仍相对较弱。欧洲就业市场已经步履维艰，上述情况无疑加剧了这一形势并使公共财政进一步恶化。更为重要的是，这种情况迫使几个欧洲国家过早采取紧缩措施，从而严重破坏了工作岗位的创造和就业前景，对于较为年轻的人而言尤为如此。

这种形势对缩小该地区就业岗位的差距无疑十分不利（见表4）。危机期间损失的工作岗位及接踵而来的缓慢复苏导致发达经济体和欧盟的失业率差距日益加大并达到历史性高位，2010年的失业人数达到了4500万。几乎毫无例外的是，就业率大幅下降，远低于危机前的水平，而这项差距不太可能在短期内消除（见“国家概况解析1”）。2011年，在发达经济体中，仅有德国和澳大利亚的就业率顺利攀升并超越危机前的水平。在其余的国家中，尽管危机初期的宏观经济政策提供了大量的支持，并帮助提升了总需求，然而，由于最近发生的国际动荡和各种不同部门所实施的调整资金组合活动，经济前景具有很大的不确定性，阻碍了就业市场的可持续性复苏。因此，劳动力市场的不景气氛围依然十分浓厚——创造工作岗位的速度缓慢，根本无法弥补危机期间损失的工作

专栏4　德国工资变化情况及欧元区所面临的问题

德国出口商的竞争力在上升，这日益被认为是导致欧元区最近所面临的困境的结构性原因。在过去的十年中，相对于竞争对手而言，德国的单位劳动力成本持续下降，因此，这些经济体的增长面临不小的压力，对公共财政的可持续性造成了不利影响。更为重要的是，发生危机国家的生产部门无法从德国强劲增长的总需求中获益，因而不能通过利用出口的途径来弥补内需的下降。本专栏认为，目前的问题是历史的传承，在德国统一期间，设计上存在缺陷的政策导致失业率大幅上升，随后又通过紧缩工资的政策来解决这一问题。

德国统一之后，制造业在竞争力方面遭受惨重损失。不仅东德企业的产量减少了，而且现金的兑换比率也固定在1∶1的水平，相比之下，东、西德马克的官方汇率约为1∶4.3。因此，通货膨胀开始加剧，尤其在东德地区，迫使德国央行从1991年起开始采取从紧的货币政策。另一方面，相对于欧洲其他货币，德国马克却在增值，导致欧洲货币体系于1993年寿终正寝，并导致竞争力的大幅丧失，给德国的内需造成严重影响。实际上，在20世纪90年代后期，德国公司大幅降低了投资额，年度投资额低于欧元区平均水平几乎3个百分点。

与此同时，所创造的工作岗位也大幅下滑，抑制了工资的增长，并因此影响到家庭的可支配性收入，使其不得不减少个人消费。

面对居高不下的失业率，施罗德政府从2003年起启动了一系列的劳动力市场改革，有效降低了低端劳动力市场的起步工资。从2000年起，进行了几轮三方谈判，以期降低工资的增长并恢复价格的竞争力。启动这些改革的部分原因是，自1995年起，开始执行固定的名义汇率，以备在三年之后建立欧元区。同年，由于在统一期间执行了早前的政策，因而相对于主要的竞争性欧洲国家的货币而言，德国马克上升到了一个高位。因此，对内贬值被认为是唯一的手段，以便重新实现所谓的更加公平的局面。然而，大部分的此类改革实际上导致了服务业工资的通货紧缩，因为在服务行业出现了新的以低工资为主导性特征的就业岗位。这样的一种办法大幅延长了调整期，而且直至今日，德国制造业每小时工资的成本依然保持在最高水平上。与此同时，在通过提高生产率以恢复竞争力方面却几乎没有任何实际的行动（见下图）。毋庸置疑，生产率的发展水平依然与欧元区其他国家相一致。

生产率和实际工资的变化情况：德国与欧元区其他国家之间的对比（指数，1995年=100）

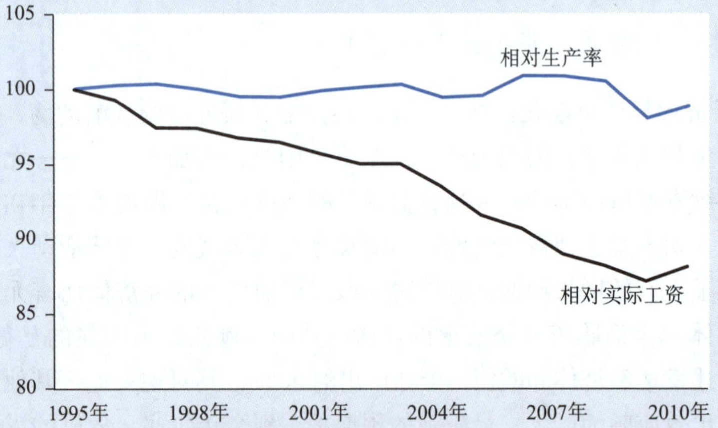

资料来源：经济合作与发展组织，《经济展望》数据库。

这些工资通货紧缩政策不仅影响了个人消费支出——从1995年至2001年期间，个人消费支出落后欧元区其他国家1个百分点以上——而且还导致收入差距的拉大，其速度十分缓慢，即使在统一之后——当时东德有几百万人失去了工作——人们甚至并未察觉（见经济合作与发展组织数据，2011年）。它造成了整个欧洲旷日持久的经济衰退，因为其他成员国日益认为，更大力度的工资通货紧缩政策才是竞争力缺失的解决方案。这让人感觉更加不舒服，因为人们尚不清楚这些工资通货紧缩政策会在多大程度上促进就业水平的提高，实际上，2006年的就业率并不比1991年的就业率高多少。当然，最近在出口领域的确取得了成功，但与其说这应归功于上述工资通货紧缩政策，还不如说应归功于德国出口商面向充满活力的新兴经济体作出的地理性调整（见经济合作与发展组织数据，2010年）。与此同时，内需不足阻碍了服务部门的增长势头，对这一部门的劳动生产率及总体经济带来不利影响。毋庸置疑，德国服务部门的生产率增长若得以加速，不仅将终结目前进行的工资通货紧缩政策——将对欧洲其他国家产生积极的溢出效应——而且也将有助于恢复雇佣劳动者内部更加公平的收入分配。

表 4　劳动力市场的情况和展望以及发达经济体和欧盟地区的国内生产总值增长（百分比）

		2008	2009	2010	2011p	2012p	2013p	2014p	2015p	2016p
国内生产总值年增长率		0.1	-3.9	2.6	1.4	1.7	2.2	2.5	2.6	2.6
劳动人口参与率		60.8	60.5	60.3	60.3	60.2	60.2	60.1	60.1	60.0
失业率	总数	6.1	8.3	8.8	8.5	8.5	8.4	8.1	7.9	7.7
	男性	6.0	8.7	9.1	8.7	8.7	8.5	8.2	7.9	7.6
	女性	6.2	7.9	8.4	8.2	8.3	8.2	8.0	7.9	7.7
	青年	13.3	17.3	18.1	17.9	17.5	17.0	16.5	16.0	15.6
	成年	5.0	7.1	7.5	7.2	7.3	7.2	7.0	6.8	6.7
就业年增长率	总数	0.6	-2.2	-0.2	0.8	0.4	0.5	0.6	0.6	0.5
	男性	0.3	-3.1	-0.4	0.8	0.5	0.5	0.7	0.6	0.5
	女性	1.1	-1.1	0.0	0.7	0.4	0.4	0.5	0.5	0.5
	青年	-1.4	-7.4	-4.0	-0.1	0.0	-0.1	0.0	-0.1	-0.3
	成年	0.9	-1.5	0.2	0.9	0.5	0.5	0.7	0.6	0.6

注：2011 年数据为初步预估数据；2012—2016 年数据为初步预测数据。

资料来源：国际劳工组织，“趋势计量经济模型”，2011 年10 月（见附录4 和5）；国际货币基金组织，《世界经济展望》，2011 年9 月。

岗位。这样，发达经济体所面临的风险是，居高不下的失业率正在变得日益顽固起来，而且由于长期失业率日益攀升，求职者更难以找到像以前一样报酬丰厚的就业岗位，而新的求职者也更难以迅速找到差强人意的工作。

在这场危机中，年轻人受到的打击尤为严重。危机发生之前，大多数发达经济体和欧盟国家中的青年失业率已经高于成年人的失业率（见国际劳工组织数据，2011b）。开始发生危机之后，这种情形变得更加糟糕，并且迄今仍未得以解决，与成年人的失业率一样持续居高不下。在西班牙、爱尔兰和希腊，青年失业率几乎增加了一倍，在西班牙，这一数字超过了 40%，使得 21 世纪初期出现的所有积极势头发生了逆转。在其他国家中，如瑞典、英国和葡萄牙，年轻人在危机发生之前的失业率业已日趋攀升，但是经济活动放缓使得年轻人的就业机会进一步恶化。2011 年，除了奥地利、德国和瑞士之外，其他发达经济体中的青年失业率均未恢复到危机前的水平。这将会造成严重的长期影响。

同时，参加经济活动的成年人也深切感受到了这种长期的后果。由于失业率居高不下，求职者失业的时间比以前更长了，这进一步降低了他们的就业机会。目前，在发达经济体及欧盟地区，约有 35% 的求职者失业的时间为 12 个月或更长。这些长期失业的求职者中的许多人实际上已经放弃了谋求工作的愿望，这进一步恶化了劳动力市场本已糟糕的局面。实际上，自从发生危机以来，发达经济体的非经济活动率已经上升了 2%，而且迄今仍未显示出任何下降的趋势。这种发展趋势使得经济迅速恢复的机会面临重重考验：从劳动力市场上被解雇的人日益增多，这些人眼睁睁地看着自己的劳动技能逐渐丧失，因此公司越来越难以找到合适的岗位人选。更加重要的是，决策者们将发现，越来越难以降低失业率，因为重新启用那些长期失业而没有从事经济活动的人需要支出巨额的费用，而且常常见效甚微。

国家概况解析 1　澳大利亚、德国、日本*、拉脱维亚、西班牙和美国的经济增长及就业情况

每一个国家经济增长和就业的详细情况均以某个季度实际国内生产总值（左侧数字）和就业率（右侧数字）针对早前一年同季度的年度变化情况来表示。正增长在 0 度线上方，而 0 度线以下的值系指负增长。

国内生产总值和就业（与前一年同季度相比的百分比变化）

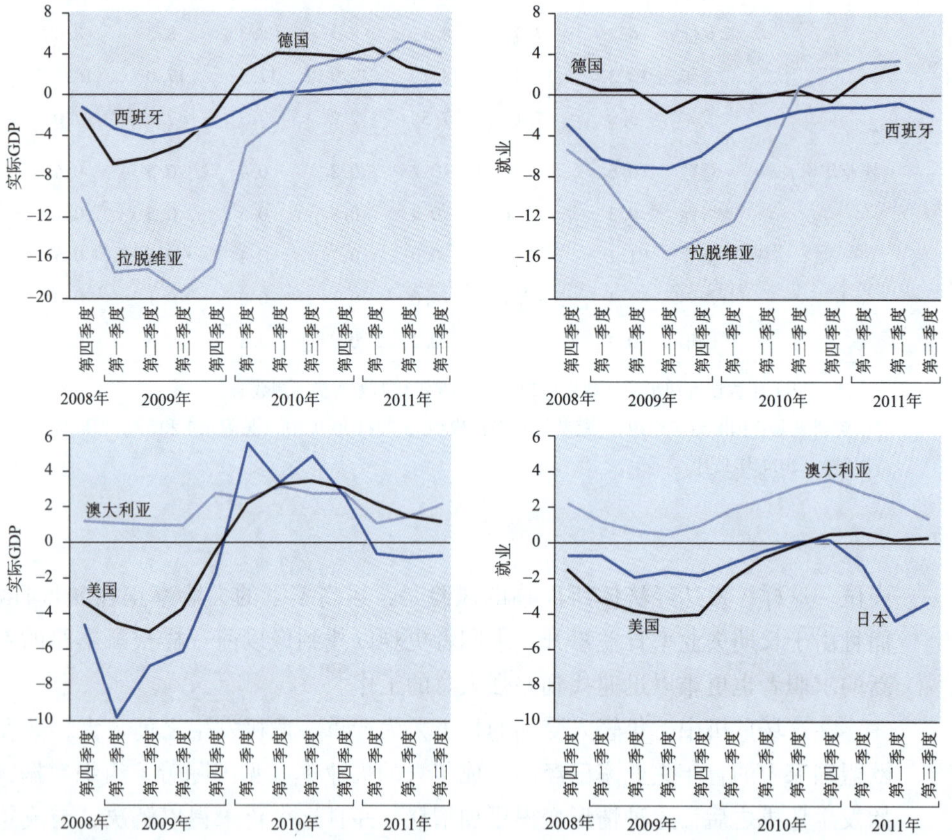

资料来源：国际货币基金组织，《世界经济展望》，2011 年 9 月；澳大利亚统计局；欧洲统计局；经济合作与发展组织；日本数据统计局；美国人力资源统计局。

全球经济危机期间，发达经济体和欧盟地区的国内生产总值急剧下降，其中下降严重的是拉脱维亚，2009 年第三季度几乎下降了 20%（与 2008 年第三季度相比），而德国和西班牙的下降幅度都超过了 4%。2010 年年初，上述三个经济体都出现了正向的国内生产总值的正增长。2010 年年底，德国和拉脱维亚的增长大幅反弹，尽管如此，2011 年第二季度和第三季度，德国的增长开始减速。西班牙的增长复苏一直十分微弱，只有到了 2010 年第二季度，才开始出现正增长，2011 年整个第三季度期间，增长水平一直都低于 1%。

2009 年第一和第二季度，日本和美国的国内生产总值增长见底回升，经济紧缩分别为 9.9% 和 5%，而 2009 年整个第四季度均为负增长。自 2010 年第一季度以来，两个经济体的增长均出现了大幅反弹并保持了正增长的态势。然而，在 2011 年上半年，日本的国内生产总值再一次大幅下降，在此期间东北部地区发生了地震和海啸。2010 年中期，美国的产出增长率减速，而且在 2011 年整个第三季度均呈持续下降态势。这场危机对澳大利亚国内生产总值增长率的影响却没有那么严重，基本保持了正向的季度同期增长率，尽管当前的水平仍稍低于 2010 年中期 3.1% 的最高值。

拉脱维亚和西班牙发生了大幅度的就业率紧缩，尤其拉脱维亚，其 2009 年第三季度的就业率下降了 15.8%（与 2008 年第三季度相比）。然而，拉脱维亚的就业在 2010 年第三季度出现了正增长的态势，国内生产总值增长也在同一季度恢复了增长。在西班牙，就业损失比国内生产总值的损失还要大，其中，就业岗位创造方面的恢复依然没有稳固下来，就业率的年同期增长率在 2011 年整个第三季度均保持了负面。根据危机前的趋势分析，西班牙在就业岗位方面的缺口为 220 万个。德国在就业水平方面并没有出现大幅的萎缩，尽管其 2010 年的就业增长远远算不上强劲。2011 年上半年，拉脱维亚的就业增长加速到 3% 以上，而德国的就业增长则在 2011 年第二季度达到 2.7%。

2008 年第四季度，日本和美国的就业增长已然呈现负面态势，日本在 2010 年整个第二季度保持了负增长，美国则在 2010 年第三季度保持了负增长。两个经济体的工作岗位创造的恢复均十分微弱，日本的就业率在 2011 年又一次转为负增长。澳大利亚的就业率一直保持正增长，但自 2011 年年初以来，增长的态势有所减缓。

* 对于日本而言，2011 年第一和第二季度的就业数字不含遭受东北部地区地震及海啸破坏的辖区（岩手、宫城和福岛）。

专栏5　失业补贴对就业复苏的重要作用

在有关提高创造就业和巩固财政可持续能力的讨论中，被动的收入保障措施改革成了人们关注的焦点。实际上，在危机发生之初，几个国家——包括美国、加拿大和日本——已经决定延长失业补贴的发放期限，并提高发放的覆盖率（例如，在危机发生之前，日本仅有50%的求职者可领取这项补贴；见国际劳工研究所2009年的数据）。这引发了一场激烈的讨论，讨论的焦点是，大幅提高“救济”可能会对失业的持续性及公共财政造成潜在的不利影响。实际上，诸如经济合作与发展组织和世界银行的国际观察家所提供的早期证据已经表明，失业补贴对平均失业率会产生强烈的促进作用（巴萨尼尼和杜瓦尔，2006年）。一些分析家尤其强调，延长失业补贴会对求职的积极性造成负面影响（罗思坦，2011年）。其他分析家同时强调，为了能够评估失业保险对失业规模和持续时间的全面影响力，还需同时考虑保险计划的融资（斯皮耶齐亚，2000年）。此外，国际劳工研究所（2010年）最近所提供的证据表明，针对被动性收入保障措施的开支有助于促进劳动力市场从失业向就业的渠道流动，这与早前仅仅关注失业补贴替代率的论断截然相反。

在正确认识被动性收入保障措施对失业整体态势的影响方面，存在的部分问题是，在下降趋势期间，失业补贴的开支通常会增长，与失业率相一致。这通常伴随着补贴替代率的上升。之所以会出现这种上升趋势，是因为国家选择在极其严重的经济下滑期间延长失业津贴的发放期限，以防止社会环境的急剧恶化，如美国、日本和加拿大。而另一方面，这种结果可能是因公共就业服务体系放松了求职要求所致，因为在决定求职努力是否充分的过程中，例如在德国，必须考虑宏观经济的整体形势。因此，进行简单的数据统计分析，便有可能显示出失业补贴和失业规模之间积极的关联性，但是这些原因与所假定的激励效应无关（根据此效应，提高补贴可能减少失业人员的求职活动）。因此，针对收入保障计划对求职者采取紧缩的措施不仅不太可能降低失业率，而且在维持或恢复长期财政可持续方面也并没有任何作用。

某些政策工具影响力颇大，足以对总支出产生剧烈影响，因此对这些政策工具进行评估时，始终需要考虑宏观经济的联动性。在最近所做的一项研究中，恩斯特（2011b）对比了一组经济合作与发展组织中发达国家的各种不同被动性和主动性劳动力市场政策对工作岗位创造和破坏速度所发挥的作用。根据所研究的措施和国家的不同，所有政策措施的支出效应均介于国内生产总值0.5%和2%之间。除了微观经济对求职强度和工作岗位匹配质量的激励效应之外，还考虑到了其总的需求效应。结果显示，短期和长期的总效应都可能十分巨大，这无疑表明，被动性收入保障措施可提高就业岗位创造的速度并对工作岗位的破坏起到限制作用，在总需求疲软期间尤为如此（见下图）。

政策对提供和破坏就业机会所起的作用

劳动力市场支出：对提供就业机会的作用（短期和长期）

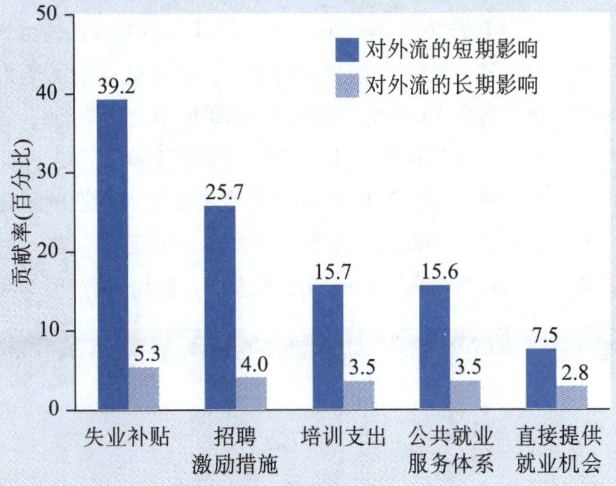

劳动力市场支出：对破坏就业机会的作用（短期和长期）

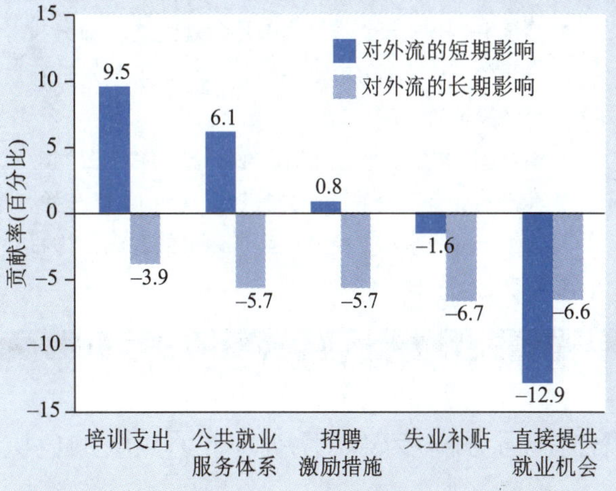

注：本表显示的是经济合作与发展组织14个成员国各种不同劳动力市场政策对提供就业机会（由失业人员的流出量来衡量）和破坏就业机会（由失业人员的流入量来衡量）的贡献率（单位：百分比）。根据各个国家间就业机会的提供/破坏速度的总方差来衡量贡献率，并依据每一项单个政策对所选国家的平均支出所产生的冲击来计算。每一个条块相对应于对各项政策的一个估值，估值考虑到了若干控制变量。这些估值均基于一个含有总供应曲线的简化形式的宏观经济模型。短期效应系指在政策实施之后的第一年内所造成的影响，长期效应系指政策对贡献率的持续性影响。

资料来源：恩斯特，2011b。

专栏6 美国私人投资创造240万个就业岗位及700万年工作时间

随着许多发达经济体政府财政刺激措施的持续减少及紧缩措施的日益增强，越来越多的私人投资对培育持续性就业复苏发挥着必不可少的促进作用。对新工厂和设备的投资可有助于提升因公共保障措施减少而导致的经济停滞，从而促进就业并为经济活动提供亟需的强心剂。

然而，有证据表明，与历史性数据相比，许多企业持有大量的盈余现金储备，但并没有将其投资于富有成效的生产终端。鉴于公司运营所处的经济环境具有高度的不稳定性，这或许并没有什么奇怪之处，但是，如若将各个企业和经济体的这种行为累积起来，其后果便是"节约悖论"——众多企业的储蓄过多会导致投资水平的下降，而投资水平的下降又会降低人们对经济增长和提供工作岗位前景的预期，从而增加了经济进一步下滑的可能性。

在美国，媒体一直对非金融企业累计大量现金储备的现象保持密切关注。2011年6月底，美国非金融企业的总现金储备达到约2万亿美元。因为这个数字占美国国内生产总值的13%以上，所以人们希望，即使将这笔总的现金储备中的一小部分用于投资，也会大幅提升产出和就业的增长。

为了评估上述投资增长的潜在影响，国际劳工组织和马里兰大学的"跨行业预测项目"（Inforum）通过利用跨行业长期预测工具（LIFT）——针对美国全国经济97个部门的动态一般均衡模型——制作了一系列的情景方案。在这两个情景方案中，对于产出、就业及许多其他劳动力市场和宏观经济变量进行了估算和预测：

- 情景1：将每一个公司手头盈余现金的一部分投资于公司所运营的产业中（从2012年开始进行资金投资）。
- 情景2：构建一个"基础设施银行"，各个公司对其投入现有现金的一部分投资。从2013年开始，该银行的资金将支持整个经济体中的基础设施投资项目。

据估计，从2010年第三季度到2011年第二季度，美国非金融企业所持有的盈余现金总额为5080亿美元。用美国联邦储备局所发布的"资金流量"数据计算出这一时期内流动资产与流动债务的比率，并将这一结果与2002—2007年期间的历史性平均比率相比较，从而得出了上述数据。人们发现，与历史平均值相比，目前这一比率要高出14个百分点。通过恢复到历史性平均值，可估算出所持有的现金盈余为5080亿美元。

情景1

通过利用标准普尔500股指中所列出的、分布于37个行业的230个非金融类公司的年度非金融企业资产负债表数据，将行业现金盈余除以各个行业的总现金盈余，计算出每一个行业总的现金盈余比例，其中，各个行业的总现金盈余根据资产负债表数据来计算。然后，将按照"资金流量"数据所计算出的总现金盈余相应地分配到各个行业中。

然后，通过利用LIFT模型进行模拟，可估算出提升各个行业的投资对总的国内生产总值增长和就业的影响。下图显示的是两种情景方案的计算结果：（1a）100%现金盈余（5080亿美元）用于支出，三年内（2012—2014年）均衡配置；以及（1b）50%现金盈余（2540亿美元）用于支出，2012年投入前期的50%，2013年和2014年各投入25%。

根据LIFT模型对两种情景方案的计算结果，若在三年内，即2012—2014年，均衡配置100%的所估算现金盈余储备，则与不支出现金盈余储备的基线情景方案相比，可将美国2012年、2013年、2014年的实际国内生产总值分别提升1%、1.5%和1.6%。就对就业的影响而言，情景方案1a的就业影响将在2014年达到峰值，届时，相对于基线情景方案，将额外创造240万个工作岗位。如若将2012—2015年期间因提高投资而创造的就业累加起来，则其创造的工作时长约为680万年（这一时期内超出基线情景方案的增加的总就业量）。相对于基线

紧缩措施可进一步破坏劳动力市场并增加危机的长期成本

就这个方面而言，该地区（概述参见第一章）目前出现的紧缩政策动向和公共开支计划的全面削减让人深感不安，而且可能使劳动力市场中存在的问题变得更加复杂。值得一提的是，过去的经验表明，同时实施收入保障计划的劳动力市场政策颇具潜力，可对工作岗位的创造产生重大的积极影响（见专栏5）。相比之下，对此类计划的削减将进一步使该地区劳动力市场中的问题变得根深蒂固，从而使减少失业率的努力变得成本高昂，极大地拖累经济的复苏。最近，劳动力市场开支的明显削减，如英国减少对青年求职者就业计划的支持，可能会因此对劳动力市场的前景带来长期不利的后果。对于该地

续

情景方案，这将会将把该国 2012 年的失业率减少 0.8 个百分点，而 2014 年将达到峰值，可将失业率减少 1.5 个百分点。根据上述结果，如若对各家公司实施有效的激励措施，促使其将盈余资本用于富有成效的投资，则可对美国产生大规模的增长和就业效益。

即使按照更加保守的假设，即将现金盈余储备的一半用于支出，并从 2012 年开始进行前期投资（情景方案 1b），则预计将对增长和就业产生大幅的刺激作用。据估

增加投资对美国实际国内生产总值水平的影响，百分差，2011—2015年

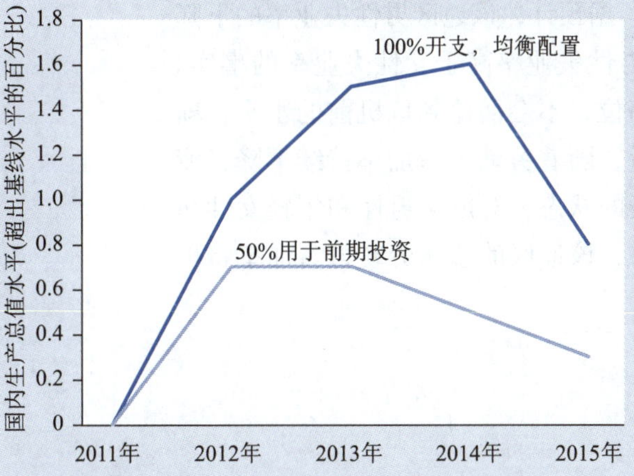

计，2012 年可创造 100 万个工作岗位，2012 年和 2015 年期间，将创造 300 万年以上的工作时间。2012—2013 年，这项情景方案对产出的大幅提升约为 0.7%，2014 和 2015 年的提升幅度更小一些。

情景 2

第二项情景方案引入了“基础设施银行”的概念，各个公司将把自己持有现金中的一部分投入该银行。这一情景方案的基础是假定推行一项针对公司海外现金的免税计划，实施的前提条件是，公司连续三年把从国外汇返的资金投资于基础设施银行。从 2013 年开始，该银行将把资源配置给经济体中各个不同公共基础设施的改善项目。其中的假设条件是，2013—2016 年期间，针对州、地方和联邦公共设施投资的增加总额为 2500 亿美元，2013 年将支出 500 亿美元，2014 年支出 750 亿美元，而 2016 年支出 500 亿美元。

增加投资对美国就业的影响，百万个工作岗位，2011—2015年

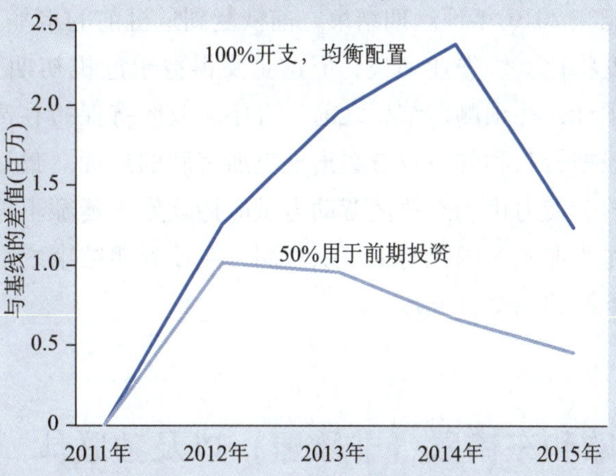

据预测，相对于每年的基线情景方案而言，这项投资可将 2014 年和 2015 年的国内生产总值提升约 0.8%，增加约 110 万个就业机会。总之，在 2013—2017 年期间，基础设施银行情景方案将可创造出 390 万年工作时长。

资料来源：卡斯尔曼和拉哈特，2011 年；跨行业经济研究基金会，2011 年。

区十分关注高额的预算赤字和不可持续性主权债务水平的决策者们而言，他们应当把重点放在重新调整面向这些地区的开支结构，以便使其产生巨大潜能，支持就业岗位的创造并削减无效的税收开支和补贴。

生产率的减缓将减少投资并因此进一步降低工作岗位的增长

发达经济体和欧盟地区疲软的复苏前景与长期的结构性失衡和生产率增长的下降趋势不无关系，如第一章所述。这种下降与投资的下降相伴而生，对长期的就业增长产生了不利的影响。在 2010 年的经济复苏期间，生产率发生了周期性的转变，即使如此，除加拿大、德国、意大利和瑞典——其投资占比超过其他国家一年前的水平——之外，该地区大多数国家的投资率仍大幅低于危机前的水平。对此，唯一可能的原因是各个企业

的财务状况，因为特别大型的公司积累了充足的自由现金流，可确保它们迅速启动投资项目。据估计，企业部门中拥有大量的未使用储备金（见专栏6），可调动这笔资金以大幅提升工作岗位的创造，对于目前深受投资率疲软困扰的上述发达经济体尤为如此。经济未来前景的高度不稳定性及疲软的总需求正在阻碍私营公司进行更加彻底的投资。公共政策可能会对此产生激励作用，例如设立基础设施银行，以实现公私投资的优势互补，并因此增加私营企业的投资回报率。

2011 年下半年，创造就业的前景大幅恶化。随着一些发达经济体的增长率持续停滞不前及再次转入萧条态势，失业率再次呈现上升趋势，据预计，2012 年该地区失业的人数达到4360 万，占该地区劳动力的8.5%。假如增长的预期进一步恶化，本已疲软的劳动力市场将会面临更大压力，而到2013 年，失业率可能达到历史最高纪录，超过9%。然而，即使宏观经济局势更加有利，并且经济复苏的步伐加快，该地区的失业率也不太可能在2016 年预测期结束之前恢复到危机前的水平。据预计，该地区男性失业率的下降速度将比女性失业率快，但这主要得益于危机初期男性失业率高于女性失业率的事实。据预计，在预测期结束之前，青年失业率将保持在高位，不会回落到危机前的水平，即使根据最有利的情景方案出现更加有利的局面。最后，随着劳动力参加率持续下降，疲软的劳动力市场态势使劳动力供应持续处于萎靡不振的状态，对成年男性和年轻女性而言尤为如此。国际劳工组织预测，在预测期结束之前，该地区的总体劳动力参加率将再次下滑约1 个百分点。

中欧和东南欧（非欧盟）以及独联体

2011 年的失业率仍保持在高位，并有望在2012 年出现小幅上涨

全球经济危机期间，中欧和东南欧（非欧盟）以及独联体受到了最为严重的经济冲击，但也成功地实现了尤为强劲的复苏。2008—2009 年期间，该地区的经济增长下滑了10.2 个百分点，下降到 -5.9%，但随后于2010 年又恢复到5.3%（一年之内的年增长率变化超过了11 个百分点）。自那以后，该地区的经济复苏放缓。2011 年，该地区的经济增长预计为4.9%，与此前一年相比，下降0.4 个百分点。然而，这个地区各个地方的增长前景也大不相同。据预测，俄罗斯联邦的增长保持在适度的水平，2011—2012 年期间平均为4.2%。相比之下，因货币危机和资本流动的逆转而导致内需紧缩，同期白俄罗斯的经济增长将大幅下滑，从5.0%下降到1.2%。由于能源价格有望在2012 年出现下跌，因而对于该地区大多数能源出口经济体而言，有望保持适度的经济增长。商品价格对该地区较大经济体经济前景的影响十分巨大（国际货币基金组织，2011a）。

国际概况解析 2　摩尔多瓦共和国、俄罗斯联邦和土耳其的经济增长和就业情况

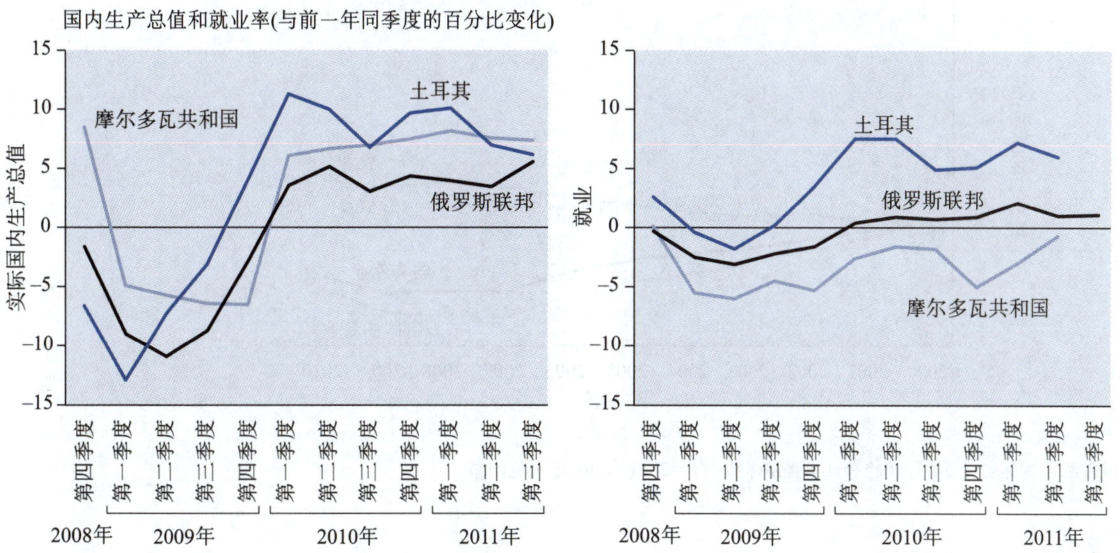

资料来源：国际货币基金组织，《世界经济展望》，2011 年 9 月；欧洲统计局；国际劳工组织，《国际劳动年鉴》；经济合作与发展组织。

摩尔多瓦共和国、俄罗斯联邦和土耳其的实际情况很好地说明了中欧和东南欧（非欧盟）以及独联体经济增长所遭受的巨大冲击。土耳其和俄罗斯联邦的经济增长骤然下跌到 10% 以下的水平；然而，土耳其和俄罗斯联邦的经济增长分别在 2009 年第四季度和 2010 年第一季度之前出现了急剧反弹并保持正增长态势。自那以后，土耳其的增长有所减缓，但在 2011 年第三季度维持在约 6% 的水平。2009 年第四季度，摩尔多瓦共和国的增长出现了幅度稍大的下跌，但在 2010 年年初又出现急剧反弹并保持正增长态势。在整个 2010 年期间及 2011 年前三个季度期间，上述各经济体都出现了强劲的经济增长。

2009 年第二季度，所有上述三个国家的就业率均出现了最大幅度的下降；然而自那以后，各个国家的就业增长轨迹出现了分化。2009 年第三季度，土耳其的就业增长出现正增长态势并在随后出现了强劲加速增长的态势。2010 年第一季度，俄罗斯联邦的就业增长转为正增长态势；然而，与产出增长的复苏相比，就业增长显得并不那么强劲。2011 年第二季度，两个经济体的就业增长均有所减缓。相比之下，摩尔多瓦共和国的就业增长并没有恢复。若与国内生产总值的增长相比，其自 2009 年第一季度以来的就业率大幅落后，其原因是该经济体无法创造工作岗位，且 2011 年整个第二季度的年同期增长率完全处于负增长态势。

尽管下降了 0.9 个百分点，该地区的失业率依然保持在 8.6% 的高位，比所估算的 2011 年 6.0% 的全球平均水平还高出 2.6 个百分点。在过去 10 年中的大部分时间，中欧和东南欧（非欧盟）以及独联体的成年人失业率一直处于全球的最高水平。2011 年，这个数字为 7.2%，与发达经济体中的成年人失业率不相上下，尽管如此，该地区国家对失业人员所提供的社会保护却更加有限。青年失业率下降了 1.7 个百分点，但是 2011 年却维持在 17.7% 的高位。年轻女性和男性的失业率尤其很高，这可能会产生不利影响，因为这或许会在未来几年内导致人力资本水平的下降、工资率降低及劳动力经济活动参与性的弱化。

低工资的就业机会及日益弱势的就业态势导致越老越多的劳动力迁移

在发生危机之后，中欧和东南欧（非欧盟）以及独联体的农业部门就业率经过了数

图 17　中欧和东南欧（非欧盟）以及独联体的劳动生产率及既定的劳动力市场指标

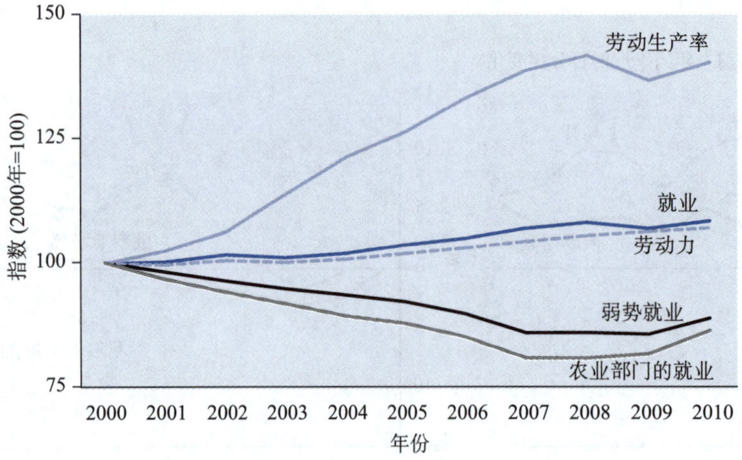

资料来源：国际劳工组织，《趋势计量经济学模型》，2011 年 10 月（见附录 4）。

年的下滑之后，该部门在总就业中的占比出现了上升趋势——从 2008 年的 19.5% 上升到 2010 年的 20.6%。工业部门的就业占比在同期从 25.4% 下降到 24.4%，达到自 1991 年以来的最低水平，服务部门的就业占比保持在 55.1% 的水平。由世界银行和国际劳工组织对该地区非正规经济所做的几项研究表明，该地区农业领域大多数的就业均为非正规就业。这表明，危机发生之后的就业损失被非正规经济吸收了，而且与失业数据所暗示的情况相比，危机后劳动力市场的实际局势或许更加糟糕（见专栏 7）。

此外，与农业部门就业增涨相一致的是，弱势就业的工人所占的比重稍有上升，从 2008 年的 20.4% 上升到 2010 年的 20.9%，是发达经济体和欧盟地区的两倍多。就创造充足数量的高质量工作岗位而言，弱势就业率持续上升为这一地区各个经济体构成了一项巨大的挑战（见图 17）。

2010 年，尽管弱势就业增加，生活在低于每天 1.25 美元贫困线以下的工作穷人在总就业人口中的占比仅为 1.4%，这一比率之低，在全球排名倒数第二。然而，尽管有必要进行国际对比，许多研究者和分析家认为，对于衡量该地区的极端贫困情况而言，每天 1.25 美元的阈值并不恰当。由于该地区气候恶劣，人们需要在住房、取暖、食品和衣物方面加大开支。因此，世界银行建议提高将极端贫困定义中的标准提高到每天 2.5 美元。同时，应当注意的是，这种地区性的工作人口的贫困率并不能反映各个国家之间工作人口贫困的差异性。2008 年，对于提供有估算数字的国家而言，按每天 1.25 美元的标准计算的工作人口贫困率从格鲁吉亚的 10.7% 到阿塞拜疆的 0.7% 不等。

就业机会的缓慢恢复，加之就业人口脆弱性的增加，导致许多人在国外谋求就业，如图 18 所示。俄罗斯联邦统计局（ROSSTAT）估计，2010 年，在俄罗斯所有登记过的劳动力移民中，17.6% 来自乌克兰，16.3% 来自乌兹别克斯坦，14.8% 来自哈萨克斯坦（见图 19）。俄罗斯联邦是该地区劳动力移民的主要接收国，其次是哈萨克斯坦和阿塞拜疆。由于外国工人常常在不稳定和/或非正规工作环境中就业，他们通常是首先被解雇的对象。

为了维持就业水平并抵御全球经济危机的影响，该地区政府，尤其阿塞拜疆、哈萨克斯坦和俄罗斯联邦政府，作出了巨大努力。根据俄罗斯医疗卫生和社会发展部的统计，2009—2010 年期间，超过 2180 万人从积极的劳动力市场计划中获益。

图 18　从独联体到俄罗斯联邦的移民流

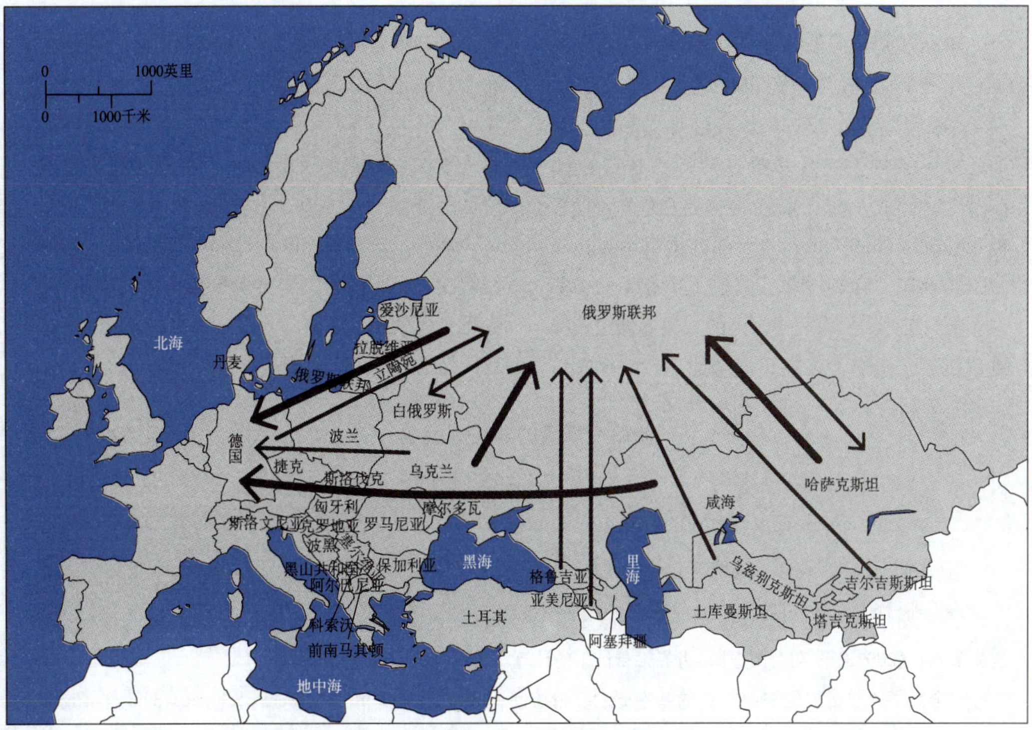

注：箭头代表移民流。粗箭头为 300 万人；细箭头为 4 万人。

资料来源：世界银行：http：//siteresources. worldbank. org/INTECA/Resources/257896-1167856389505/migration-pop-slide1. htm。

图 19　2010 年，在俄罗斯联邦居住的移民劳工的来源地

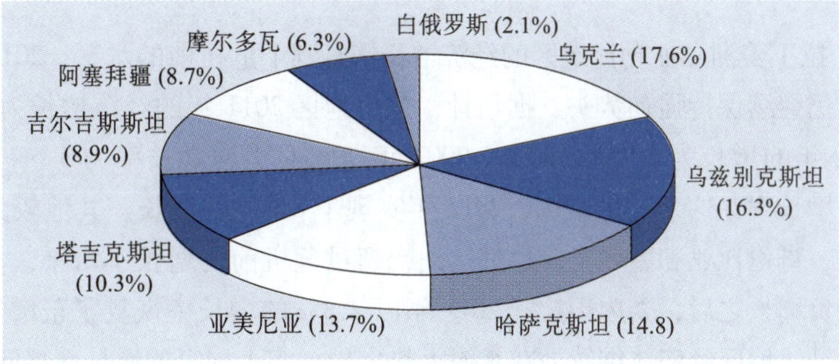

资料来源：ROSSTAT，2010 年：http：//www. gks. ru/wps/wcm/connect/rosstat/rosstatsite. eng/。

自 2009 年以来，由于产出的复苏和失业率的下降，这一地区的经济增长率从 2009 年的 -5. 0% 增加到 2010 年的 3. 6% （见图 17）。然而，所做的初步估算显示，2011 年几乎没有发生变化，生产率增长始终介于 2. 5% 和 3. 6% 之间。

展望未来，该地区 2012 的经济增长将下降到 3. 8%，而与此同时，其失业率将几乎保持 8. 6% 的水平不变。平淡无奇的增长反映出全球经济下滑增加了该地区经济的脆弱性。

专栏 7　哈萨克斯坦的非正规就业

根据最新获得的哈萨克斯坦劳动力调查数据，世界银行估算，在 2009 年其非正规就业*占总就业量的 33.2%。在这个国家的所有非正式工人中，绝大多数（62%）在农业部门就业。因此，非正规就业主要在农村地区，而农业就业和非正规就业大部分是重叠的。

2009 年，每 10 个非正式工人中有 4 个在非农业部门工作。只有一半以上的人是雇佣工人和受薪工人，他们大多在正规企业工作（60%），其余的在非正规企业工作（40%）。个体经营在非农业部门非正规就业中所占的比例不到一半（47%）。这项研究结果驳斥了人们通常持有的看法，即哈萨克斯塔所有非正规就业等于个体经营。

然而，与享有工资或薪水的工人相比，个体经营在非正规就业中的比例要高得多。2009 年，仅有 12% 的雇佣工人和受薪工人在非正规部门就业，相比之下，个体经营的比例高达 44%。

哈萨克斯塔的非正规就业

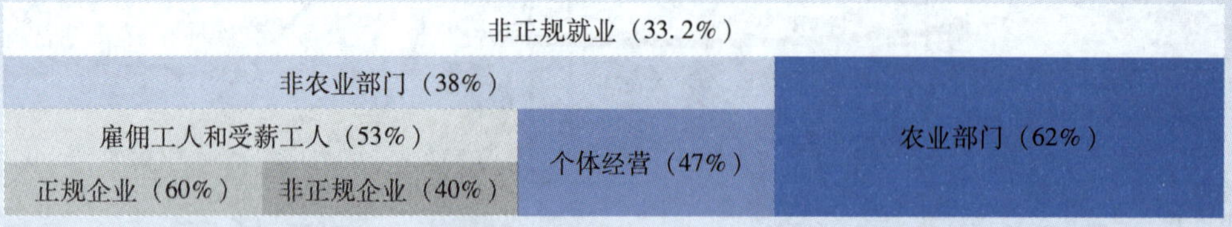

资料来源：《2009 年劳动力调查》；世界银行员工的计算。

* 如欲全面了解非正规经济中就业的基本概念，请访问：http://www.ilo.org/wcmsp5/groups/public/---dgreports/---stat/documents/presentation/wcms_157467.pdf。

资料来源：为世界银行准备的报告：《推动哈萨克斯坦的正规就业》（2011 年 5 月）：http://www.iza.org/conference_files/InfoETE2011/rutkowski_j1928.pdf。

拉丁美洲和加勒比地区

就业机会正在增加，对女性尤为如此

2010 年，拉丁美洲和加勒比地区的经济增长恢复到了危机前的水平，2011 年，尽管速度有所放慢，仍继续保持强劲势头。据估计，这个地区 2011 年的经济增长为 4.5%，相比之下，其 2010 年的增长为 6.1%，2000—2007 年期间的年均增长率为 3.6%（见表 A1）。阿根廷的经济增长率在这个地区最高，2011 年实现了 8.0% 的增长。其他较大的拉美经济体，包括巴西、哥伦比亚和墨西哥，也都达到或超过危机前的增长率水平，与此同时，在连续两年保持负增长之后，委内瑞拉于 2011 年以 2.8% 的增长率恢复了正增长势头。相比之下，许多加勒比地区经济体继续处在水深火热之中，多个国家的增长率都低于 2%，其中包括巴巴多斯、多米尼加、牙买加、圣基茨和尼维斯联邦以及特立尼达和多巴哥共和国。2011 年，圣文森特和格林纳丁斯是该地区唯一一个经济呈负增长的国家。因与增长缓慢的美国经济联系紧密，且因侨汇和旅游也复苏步伐缓慢，加勒比地区的经济增长受到很大的限制。

但是，短期的劳动力市场指标（如每月和每季度的失业率）显示，拉丁美洲和加勒比地区许多国家的经济出现了正增长趋势。2010 年 8 月至 2011 年 8 月，对巴西 6 个大都市地区测量的月失业率调查数据下降了 0.7 个百分点，2011 年 8 月的失业率为 6.0%。2011 年第一季度，阿根廷的季度失业率下降到 7.4%，相比之下，2010 年第一季度的失业率为 8.3%。[1] 然而，在其他国家中（包括墨西哥），失业率仍然超过危机前的水平（见“国家概况解析 3”）。

1　参见国际劳工组织，“劳动力市场的短期指标”：http://laborsta.ilo.org/sti/sti_E.html。

国家概况解析 3　巴西*、哥伦比亚和墨西哥的经济增长和就业情况

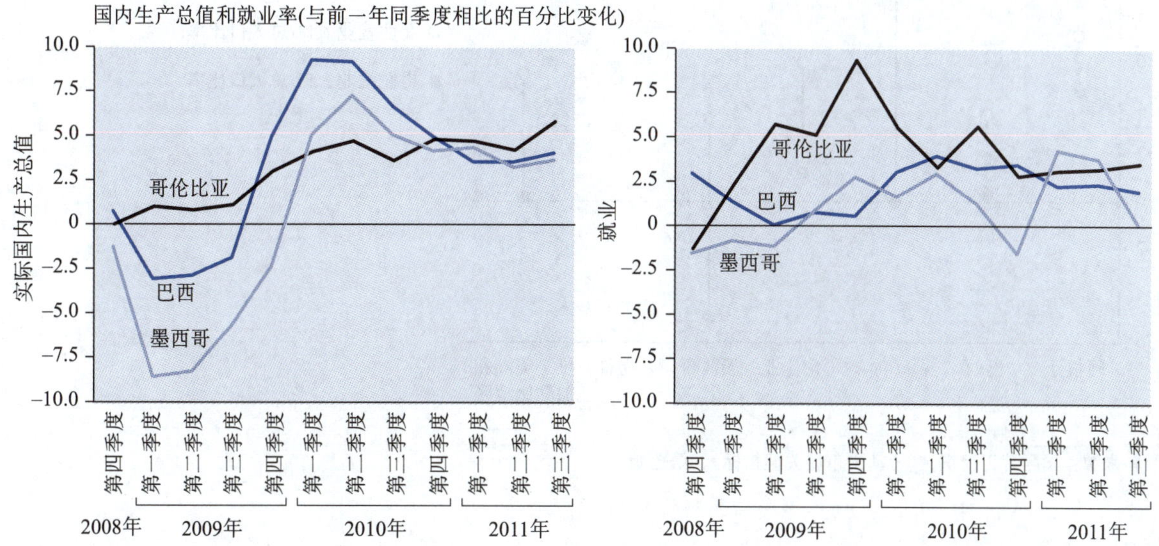

资料来源：国际货币基金组织，《世界经济展望》，2011 年 9 月；Departamento Administrativo Nacional de Estadística，哥伦比亚；Instituto Brasileiro de Geografia e Estatistica；国际劳工组织，《国际劳工年鉴》；经济合作与发展组织。

由于同美国经济联系密切，墨西哥深受全球经济危机的影响，国内生产总值大幅下滑，2009 年第一季度几乎萎缩了 9%（与前一年相比）。危机对巴西的经济增长也产生了剧烈冲击，2009 年第一季度，经济增长降到最低点，并在 2009 年整个第二和第三季度保持了负增长态势。2009 年年底及 2010 年年初，两个经济体开始出现逐渐复苏并加速增长；然而，自从 2010 年第三季度以来，复苏的步伐大幅减缓，以至经济增长率有所下降。这场危机对哥伦比亚经济增长率的影响并不那么严重，2011 年每季度的年同期增长率保持了正增长态势并有加速增长的趋势。

2008 年第四季度，墨西哥的就业增长率已经为负增长，并于 2009 年整个第二季度保持了负增长的态势。2009 年，哥伦比亚的就业增长出现了大幅上升，而在 2010 年和 2011 年则有所减缓。自 2009 年第三季度以来，巴西城市地区每季度年同期增长率保持了正增长；而在 2011 年前三季度，就业增长开始减速。

* 巴西的就业数据为城市地区的就业数据，而国内生产总值数据为全国性数据。

如若审视整个拉丁美洲和加勒比地区的长期趋势，其就业机会在过去 10 年中有了大幅度的提升（见表 A5）。尽管 2009 年的就业人口/总人口的比率受到全球经济危机的负面影响，这一指标在 2000—2010 年期间增加了 2.9 个百分点，是同期所有地区中增幅最大的。2000—2010 年期间，拉丁美洲和加勒比地区男性的就业人口/总人口比率有小幅增加（0.2 个百分点），但是，如第二章中所述，就业机会的增加使女性的收益最大。女性就业人口/总人口的比率增加幅度更大，约 5.5 个百分点，将就业人口/总人口比率的性别差距缩小到了 26.7 个百分点（相比之下，2000 年为 32 个百分点）。

图 20 显示的是拉丁美洲和加勒比地区既定国家女性就业人口/总人口比率的增加情况。2000—2010 年期间，由于人口规模庞大，巴西女性就业人口/总人口比率成了区域性增长的重要推动因素，增加幅度为 3.8 个百分点。智利的上升幅度为 9.6 个百分点。与巴西和智利的情况相比，阿根廷和秘鲁的男性就业人口/总人口比率也出现了强劲的上升。就年龄群组而言，拉丁美洲和加勒比地区女性就业人口/总人口比率增加的推动力更多源自成年人而非年轻人。该地区女性成年人就业人口/总人口比率增幅为 6.3 个百分点，超过第二大增幅地区——北非——一倍还多（见图 21）。

图 20　按性别划分的各国就业人口/总人口比率（2000—2010 年）

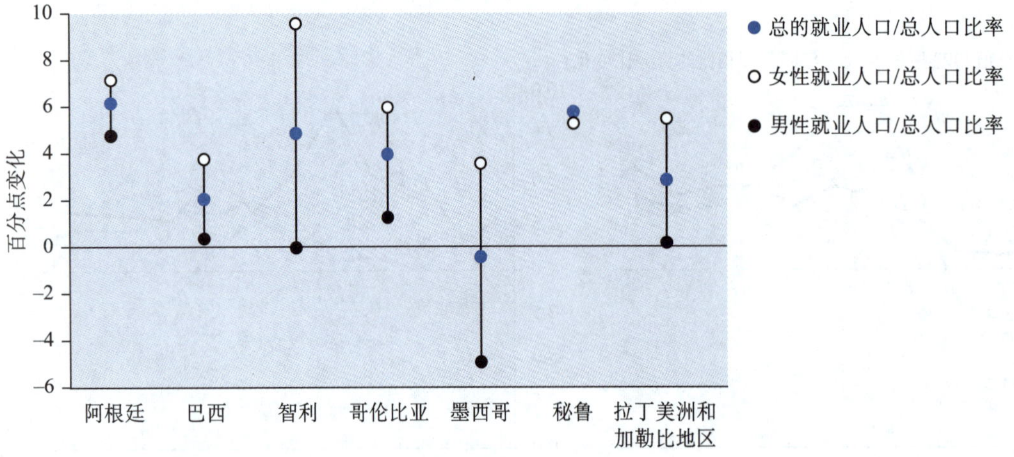

资料来源：国际劳工组织，《劳动力市场关键指标》，第七版。

图 21　按地区和性别群组划分的女性就业人口/总人口比率（2000—2010 年）

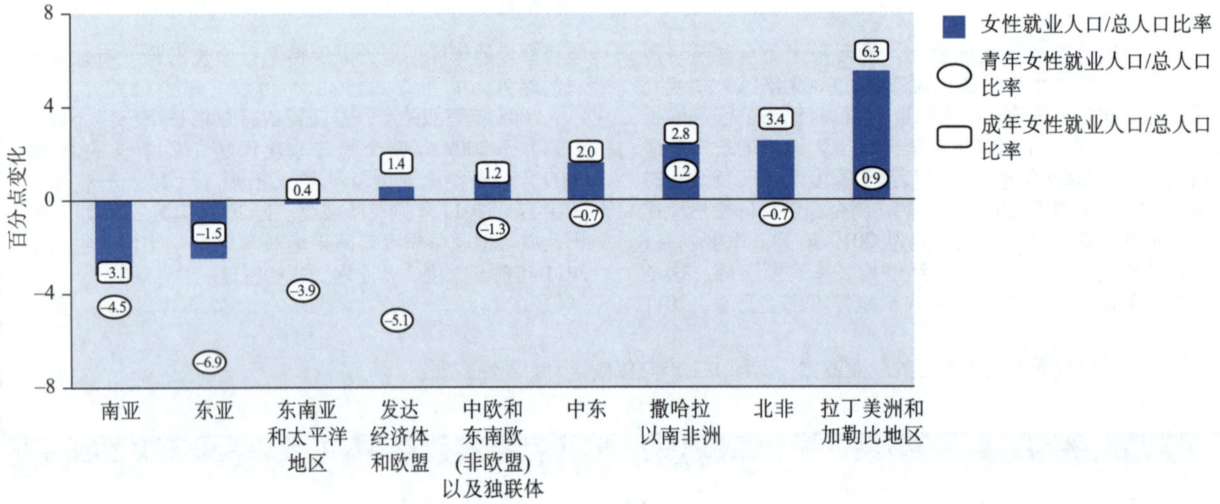

资料来源：国际劳工组织，《趋势计量经济学模型》，2011 年 10 月。

弱势就业的下降趋势和旨在减少工作人口贫困的持续进展

拉丁美洲和加勒比地区的就业质量——由弱势就业率来衡量——也得到了改善。20 世纪 90 年代期间所取得的进步十分有限，当时的弱势就业率呈增长态势，相比之下，自 2003 年以来，自给性工人和贡献性家庭工人的比例呈下降趋势。2009 年，因发生全球危机而出现了短暂的停顿，随后弱势就业在 2010 年又继续下降，而在 2000—2010 年期间，该比例下降了 4 个百分点。这一数字在 2010 年达到 31.9%，据估计，2011 年基本保持了这一水平（见表 A12）。在弱势就业率最低的地区中，这个地区排名第四，仅比中欧和东南欧（非欧盟）以及独联体、发达经济体和欧盟、中东地区高。

在 2000—2010 年期间，旨在减少工作人口贫困的努力也取得了很大的进展，将每天 1.25 美元的工作人口贫困率减少了 3.6 个百分点，相比之下，20 世纪 90 年代的下降幅度仅为 1.6 个百分点。据估计，2011 年，生活在这个贫困水平线的工作人口约占总就业人口的3.3%。若按2美元的水平计算，2011年的这一比例为8.8%，这使拉丁美洲和加勒比地区成为以2美元水平计算的工作人口贫困率低于10%的三个地区之一（其他两个地区为中欧和东南欧（非欧盟）以及独联体、北非）。

2004—2008年期间，拉丁美洲和加勒比地区的工业部门就业占比出现了增长态势，但全球经济危机使这一趋势受到遏制。2008—2011年期间，工业部门就业率下降了0.8个百分点，而自2000年以来，工业部门的就业占比仅有小幅的增长，为0.7个百分点。拉丁美洲和加勒比地区所创造的大多数新工作岗位都属于服务部门。2000—2011年期间，服务部门在总就业量中的占比增加了3.6个百分点，2011年达到62%。这是除发达经济体和欧盟以外服务部门在总就业量中占比最高的地区。

尽管拉丁美洲和加勒比地区的工业部门就业占比与发达经济体和欧盟地区相似，但每个工人的产出水平却比发达经济体1/3的水平还要低。这不仅因为农业部门的就业占去了很大的占比，而且还因为服务部门的平均生产率比较低。就业质量的改善和弱势就业率的降低无疑将提高生产率水平，但是令人忧虑的一个重要事项是，这个地区与发达经济体的生产率水平仍然缺乏趋同性，这主要因为服务部门生产率水平缺乏趋同性所致（见第二章图13）。这个地区在生产率水平和经济增长率方面也存在巨大的差异性，与其他大型的经济体相比，如阿根廷和委内瑞拉，巴西的生产率水平要低得多，而加勒比海一些国家的生产率水平极其低下（见国际劳工组织，2011d，第一章第三节）。尽管最近拉丁美洲和加勒比地区的生产率有所增长（2009年除外），但如要达到发达经济体的水平，需要进一步加强教育并提升该地区劳动力的技能。

2012年，预计将实现持续的增长，尽管增长速度仅为较低的4.0%。据预测，失业率将保持在7.2%的稳定水平。尽管出现了有利的经济环境，年轻人仍面临相对较高的失业率。2012年，尽管成年人失业率或许会下降，尤其成年男性，但区域性的青年失业率甚至可能出现小幅的上升。根据长期的趋势，成年女性将继续从新增的就业机会中获益，从而导致女性就业人口/总人口比率的进一步上升。然而，由于女性成年劳动力的增长，这一群组的失业率不太可能反映出这种变化。

东亚

2011年的经济活动依然强劲，劳动力市场的表现也可圈可点

在2010年出现令人侧目的反弹之后（9.8%），东亚在2011年的经济活动有所减速，但依然十分强劲（8.5%），其中名列前茅的是蒙古（11.5%）、中国（9.5%）、中国香港（6.0%）和中国台湾（5.2%）。然而，对于决策者们而言，东亚大部分地区出现的消费品价格高通胀趋势令人十分忧虑，尤其在中国（9月份为6.1%）、中国香港（8月份为5.7%）、韩国（9月份为4.3%）、中国澳门（9月份为6.1%）及蒙古（9月份为10.5%）。[1]

强劲的经济增长持续推动就业的增长。据估计，2011年，东亚地区的就业增加了650万，即0.8%，其中男性新增410万、女性新增240万。从各国国家统计局所获得的最新数据显示，中国澳门7月份的年同期就业增长率为5.5%；中国香港7月份的为4.0%（女性为5.8%，男性为2.4%）；中国台湾在八月份的增长率为2.0%（女性为1.5%，男性为2.4%）；韩国9月份的增长率为1.1%（女性为0.8%，男性为1.3%）。

1　经济活动的所有数据均取自CEIC“全球经济数据库”：http：//www.ceicdata.com/Regional.html。

国家概况解析 4 中国、中国香港、韩国和中国台湾的经济增长和就业情况

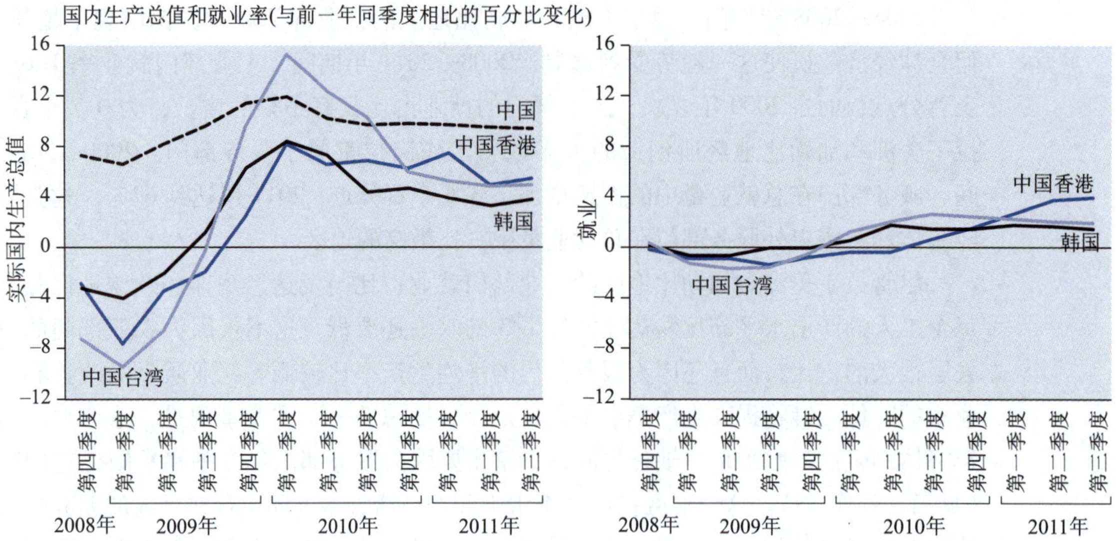

资料来源：国际货币基金组织，《世界经济展望》，2011 年 9 月；香港（中国）政府统计处；韩国信息统计服务部；台湾（中国）统计局。

与发达经济体和欧盟地区相比，危机对东亚地区经济增长的冲击十分剧烈，但是持续时间十分短暂。韩国、中国香港和中国台湾的经济增长于 2009 年第一季度降到最低点，这一季度出现了大幅的下滑，尤其中国台湾，与此前一年第一季度相比，增长率为 -9.4%，而与此前一年相比，中国香港的增长率为 -7.6%。在整个危机期间，中国的经济均实现了正增长，同时，在 2009 年上半年，增长率也达到最低值。这些经济体的经济增长均出现了大幅反弹，2010 年第一季度（与 2009 年第一季度相比），中国台湾的增长超过了 15%，而中国香港和韩国同季度的增长都超过了 8%。自 2010 年第二季度以来，增长的速度大幅放缓，尤其中国台湾和韩国；两个经济体都因美国和欧盟地区持续恶化的需求而受到不利影响，然而，中国经济的持续增长应当能够减弱这个因素的影响力。

与经济增长的下滑相比，依百分比计算的就业损失要轻微得多，尽管中国香港和中国台湾在 2009 年整个第四季度一直维持负的就业增长率。2010 年第二季度，韩国和中国台湾的就业增长出现了明显的复苏，而且自那以来处于相对稳定的态势。中国香港强劲的国内生产总值增长继续推动就业快速增长。

因为就业创造的速度与缓慢的劳动力增长保持同步，失业率保持稳定且处于相对较低的 4.1% 的水平，但是与女性求职者相比（3.4%），男性求职者（4.7%）受到的影响更大。然而，2011 年东亚的青年失业率（8.8%）仍然很高，尤其年轻的男性（10.3%）以及年轻的女性（7.1%）。年轻人被解雇的可能性是成年人的 2.7 倍。从各国统计局所获得的最新数据显示，年轻人的失业率很高：中国香港 8 月份青年失业率为 16.6%（女性为 17.2%，男性为 16.0%）；中国台湾 8 月份为 13.3%；韩国 9 月份为 8.0%（女性为 7.1%，男性为 9.5%）；中国澳门 5 月份为 6.7%（女性 4.9%，男性 8.5%）。

据估计，2010 年东亚 48.6% 的工人为享有工资或薪水的员工（男性为 51.4%，女性为 45.1%），与 2009 年 47.7% 的水平相比稍有提高。然而，被列入弱势就业（自给性和贡献性家庭工人）类别的工人所占的比例依然很高，2011 年为 48.7%，尽管与 2010 年 49.6% 的水平相比稍有下降。同前一年的情形一样，与男性（45.5%）相比，女性

（52.7%）弱势就业的比例更大。东亚地区工作贫困率呈现下降趋势，与2010年相比，2011年继续小幅下降：以每天1.25美元的水平衡量的就业贫困人口的数量从6700万下降到了6400万，据估计，占2011年总就业人口的7.8%。如若以每天2美元的贫困线来衡量，东亚地区2011年的就业贫困人口从1570万下降到1490万，这一幅度意味着东亚地区2011年的就业贫困人口占总就业人口的18%。

2011年，工资和收入继续增加，尤其在中国，因为中国的目标是使增长恢复平衡并强化内需。2011年第一季度，中国13个省提高了最低工资，平均提高幅度为21%（根据人力资源和社会保障部数据），2011年上半年，城市的人均可支配性收入增加了13.2%，而农村地区的现金收入上升20.4%（根据中国国家统计局数据）。[1] 随着人口老化，劳动力增长势必开始放缓，鉴于此，就中期而言，可以预计会产生进一步的工资增长。

东亚也必须为所面临的人口和劳动力挑战做好准备

东亚人口在快速老化。据预测，到2030年，韩国老年人口依赖率（65岁及以上人口除以15—64岁人口）将从2011年的15.9%上升到37.3%，而中国则从11.6%上升到23.9%。[2] 在未来10年内，由于人口老化，劳动力增长将保持平缓，中国和韩国尤为如此，2011—2020年期间，其劳动力增长将分别降到0.2%和0.5%（见图22和专栏8）。鉴于世界经济目前所面临的困境只是暂时性的，上述情况将带来人口方面的回报，因为较为年轻的群体可以从大幅增加的资本设备中获益，从而推动劳动生产率和工资的提升。在老年人口依赖率急剧增加之前，这种回报应当可以帮助该地区的各个国家做好准备，应对因照顾老人而导致的公共和私人成本的增加。

图22　劳动力增长率，15岁及以上（年均百分比）

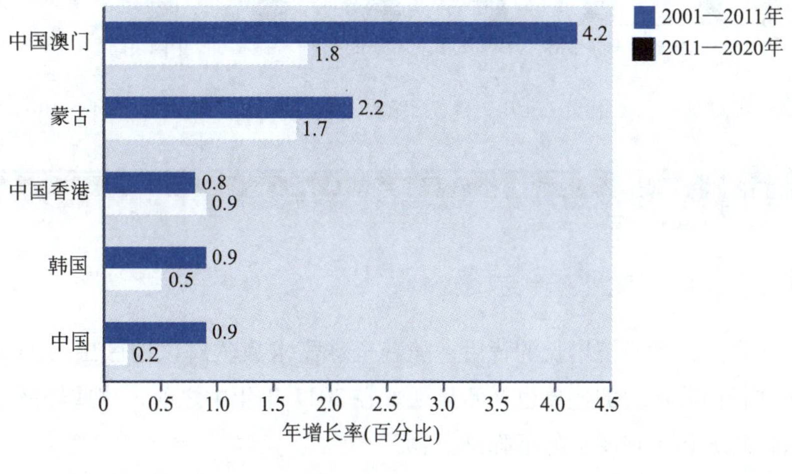

资料来源：国际劳工组织，《经济活跃人口预计和测算》，第6版，2011年10月。

1　彭博新闻："中国制造业增长超过预期"，2011年8月1日：http：//www.bloomberg.com/news/2011-08-01/china-manufacturing-exceeds-estimates.html。

2　作者计算的依据是经济和社会事务部所提供的数据（2011年）。也可参见：国际劳工组织，"亚太劳动力市场最新情况"（曼谷，2011年10月，即将出版）。

专栏 8　东亚应对人口老龄化的政策可选项

由于人口逐渐老龄化，东亚地区的劳动力经济活动参与率不断下降，因此，各个国家需要考虑多种政策选择。下面列出了其中的重要可选项：

- 出台针对老年人口和经济体中相关结构性改革的适当技能政策，培育终生学习的观念。
- 制定合适的激励措施，提升女性劳动力的经济活动参与率——尤其韩国，其男女性劳动力经济活动参与率的差距超过 23 个百分点（见下图）——同时，通过实施有关延长退休的方案，提高老年工作者的参与率。这项措施应当包含旨在消除工作场所歧视及确保同工同酬的政策。
- 加快提高劳动生产率，以便解决预计的就业和劳动力增长率的降低。这将是一项重大挑战，因为该地区 2010 年的劳动生产率增长已经达到令人侧目的 8.7% 的水平，而且有望于 2011 年和 2012 年依然分别保持在 7.4% 和 7.3% 的强劲水平。为此，提高农业部门就业人口——约占东亚地区总就业人口的 36.5%——的劳动生产率并加快提高农村地区的工业化显得尤为关键，同时还需要鼓励企业采取渐进性的工作场所做法和创新型技术，并促进地区性和全球性生产链条的升级。
- 加强对劳动力迁移制度的管理，以帮助解决劳动力短缺的问题，同时需全方位确保移民的各种权益。
- 在东亚地区发展具有财政可持续性的社会保障体系。在这个方面，中国在加强其医疗卫生体系及其对农村地区的覆盖方面取得了巨大进展。

2011 年按性别划分的劳动力经济活动参与率，15 岁及以上（百分比）

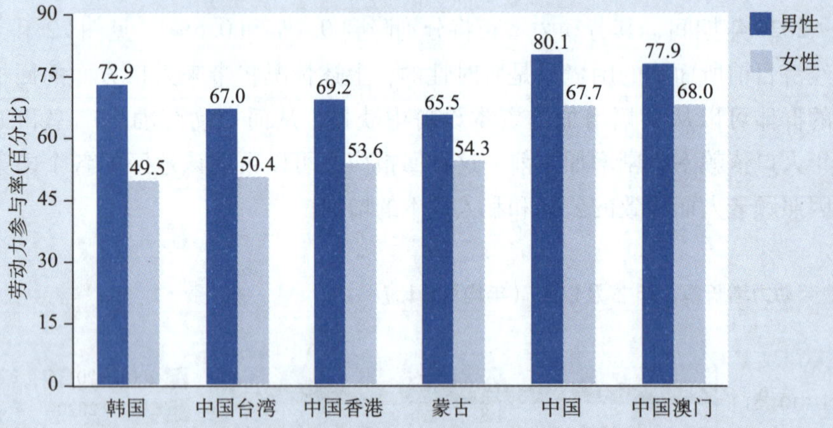

资料来源：国家统计局；国际劳工组织：《经济活跃人口预计和测算》，第 6 版，2011 年 10 月。

制造业部门的经济和就业增长放缓

然而，在东亚强劲经济增长的背后，随着全球需求疲软对该地区出口型工业的持续打击，经济增长面临压力的迹象也开始显现。在 2011 年年中之前，这些经济体的各种生产和贸易指标均开始呈现明显的下降迹象：[1]

- 2010 年第三和第四季度，中国香港按全年计算的制造业生产的增长超过了 5%，之后，2011 年第二季度下降到 1.9%。此外，在自 2009 年 12 月出现强劲而持续的增长之后，出口于 2011 年 9 月萎缩了 3.0%。
- 中国澳门的出口部门继续处于艰难的困境。4 月份，出口下降了 17.3%，5 月份增长了 13.8%，而 6 月份则为 3.3%（年同期增长率），但是随后分别于 8 月和 9 月份再次下降了 4.6% 和 0.2%。

1　CEIC 全球数据库。

- 2010 年整个第四季度，韩国按全年计算的制造业生产年同期增长达到了两位数，并于 2011 年第一季度期间超过了 9%，但是随后在 7 月份降到了 3.9%，8 月份为 4.9%。
- 2011 年 9 月，中国台湾安全年计算的制造业活动从 2011 年第一季度超过 14% 的水平逐渐下降到仅 2.0%。
- 然而，截至 9 月份，中国制造业出口依然保持了较强的复苏态势，以 16.7% 的年同期增长率快速发展，尽管与 8 月份 24.4% 的增长率相比有所下降。

在这个背景下，制造业部门的就业率增长也出现了下降态势（见图 23）。在 2011 年第二季度上升了 8.2% 之后，中国香港的制造业部门的就业率再次下降 1.9%。这种迹象表明，这一部门的工作岗位的恢复步履维艰。自 2010 年中期出现强而持续的增长之后，8 月份，韩国制造业部门就业率下降了 0.7%，9 月份又下降了 1.2%。2011 年 8 月，中国台湾制造业部门就业增长率下降到 2.1%，这是自 2010 年 5 月以来首次低于 3.0%。由于制造业生产的疲软，中国澳门的制造业就业率继续快速下降，2011 年 5 月下降了 15.6%。

图 23　制造业部门的就业情况（年同期百分比变化）

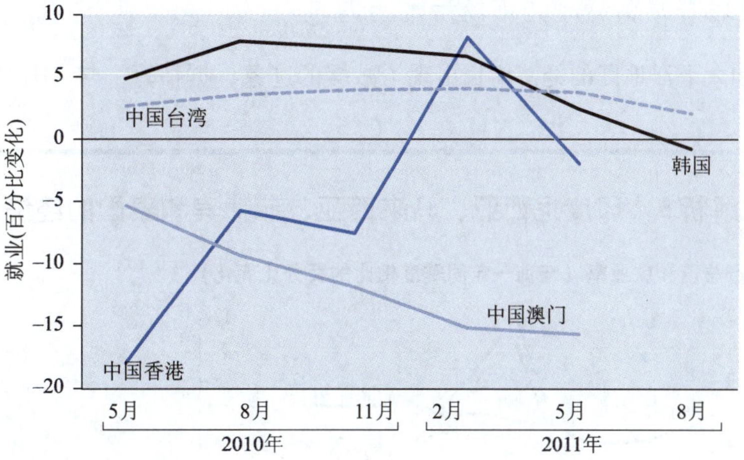

注：15 岁及以上，不含中国澳门（16 岁及以上）。

资料来源：国际劳工组织，《国际劳工年鉴》；国家统计局。

面对全球性的不利形势，2012 年的经济活动和就业增长可能进一步放缓，加剧就业面临的挑战，对年轻人而言尤为如此

短期来看，世界贸易市场将决定劳动力市场的表现。东亚对美国和欧元区关键的贸易和投资合作伙伴有严重的依赖性，而美国的劳动力市场和消费者信心仍然十分羸弱，欧元区的主权债务危机正在抑制经济的复苏，鉴于此，根据预测，东亚的经济活动将进一步放缓，但有望于 2012 年保持 8.2% 的强劲增长，表现出色的国家和地区有蒙古（11.8%）、中国（9.0%）、中国台湾（5.0%）、韩国（4.4%）和中国香港（4.3%）（见图 24）。

在此背景下，根据预测，东亚的就业增长的下降幅度将从 2011 年的 0.8% 减小到 2012 年的 0.6%，而就业人口/总人口比率将几乎没有变化（从 2011 年的 70.2% 降至 2012 年的 70.1%），与此同时，据预测，东亚的失业率将在 2012 年保持在 4.1% 的水平不变（男性为 4.7%，女性为 3.4%）。然而，青年失业率将依然居高不下，2012 年达到 8.9%（年轻男性为 10.5%，年轻女性为 7.1%）。

图 24　实际国内生产总值（年同期百分比变化）

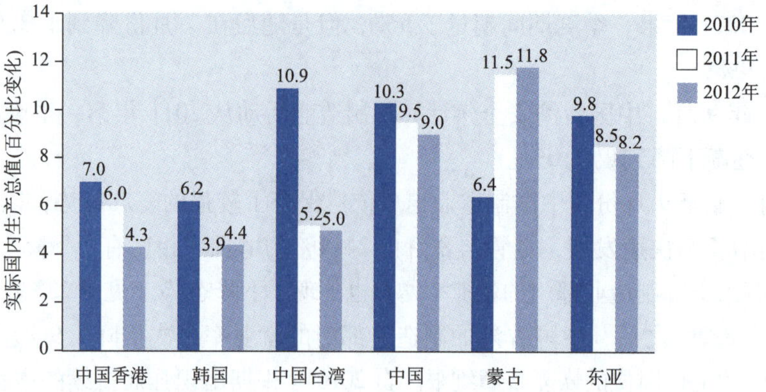

注：2011 年和 2012 年的数据为预测数据。

资料来源：国际货币基金组织，《世界经济展望》，2011 年 9 月。

东南亚和太平洋地区

经济增长减缓开始给劳动力市场带来压力

东南亚和太平洋地区的经济增长出现了减缓的迹象，据估算，与 2010 年 7.5% 的增

国家概况解析 5　印度尼西亚、马来西亚、菲律宾和泰国的经济增长和就业情况

国内生产总值和就业率（与前一年同季度相比的百分比变化）

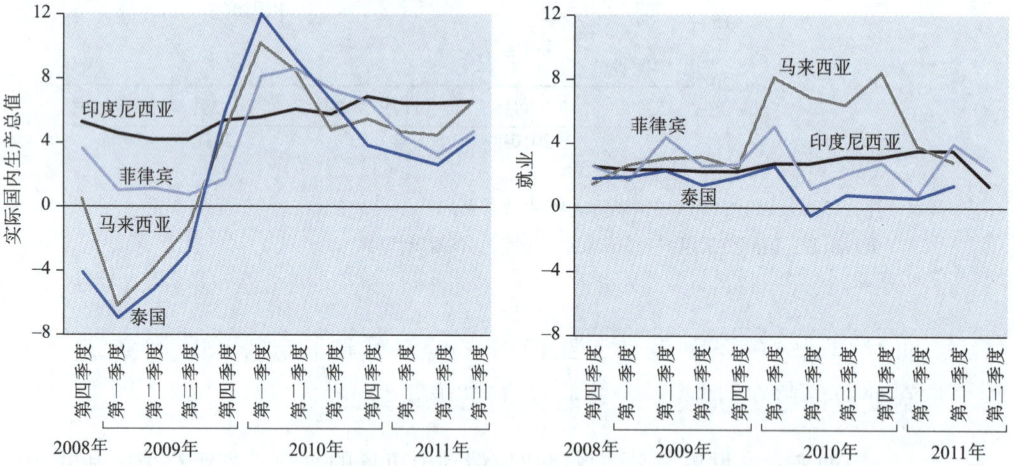

资料来源：国际货币基金组织，《世界经济展望》，2011 年 9 月；国际劳工组织，《国际劳工年鉴》；马来西亚统计局；泰国国家统计局；印度尼西亚统计数据。

全球经济危机使马来西亚和泰国的经济增长急剧萎缩。同时，虽然菲律宾和印度尼西亚的经济活动也出现了减缓迹象，但却努力维持了正增长。2010 年前期，增长出现了强劲的反弹，马来西亚和泰国在 2010 年第一季度均以 10% 以上的速度增长（与 2009 年第一季度相比）。2010 年第三季度至 2011 年第二季度期间，马来西亚的经济增长开始放缓。就经济增长而言，印度尼西亚并未受到这场危机的严重影响，一直在以 4% 以上的速度保持积极的产出增长水平。

除泰国在 2010 年第二季度的表现不佳之外，在整个危机期间，所有四个国家的就业增长保持了积极态势。2009 年第四季度，马来西亚的就业增长有重大好转，但增长率又于 2011 年上半年急剧下滑。与国内生产总值的增长相比，印度尼西亚和泰国的就业增长率差强人意。菲律宾发生的几场剧烈热带风暴对农业生产造成了不小的破坏，并使大量的工人无家可归，这无疑是造成其国内生产总值增长波动的部分原因。正因如此，菲律宾的就业增长也出现了起伏，尽管如此，就业增长一直保持了正增长态势。

专栏9　印度尼西亚的青年失业情况

最近几年，面临强劲的经济增长，印度尼西亚的失业率持续下降，即使发生了全球性经济危机也毫不例外，当时，失业率从2008年2月份的8.5%下降到2011年2月份的6.8%。在此期间，女性失业率出现了幅度相对较大的下降，从9.3%下降到7.4%（相差1.9个百分点），相比之下，男性的失业率从7.9%下降到6.4%（相差1.5个百分点）。

然而，年轻人（年龄介于15—24岁）的失业率并未随总的失业率呈现同样幅度的下降，这表明印度尼西亚的成年人从失业率下降中受益最大。如下图所示，青年失业率在2008年2月至2009年同期期间反而出现了上述态势，而尽管失业率在2009年2月至2010年同期期间出现了下降，但在2010年2月至2011年同期期间有快速上升，从19.9%上升至23.9%。在2008年2月至2011年同期期间，年轻女性的失业率增加了2.7个百分点，与此同时，年轻男性相应的失业率增加了2.8个百分点。如国际劳工组织在其发布的《全球青年就业趋势》中所阐述的那样，年轻女性和男性在劳动力市场面临着严峻的挑战。

印度尼西亚的总失业率及青年失业率，2008—2011年（百分比）

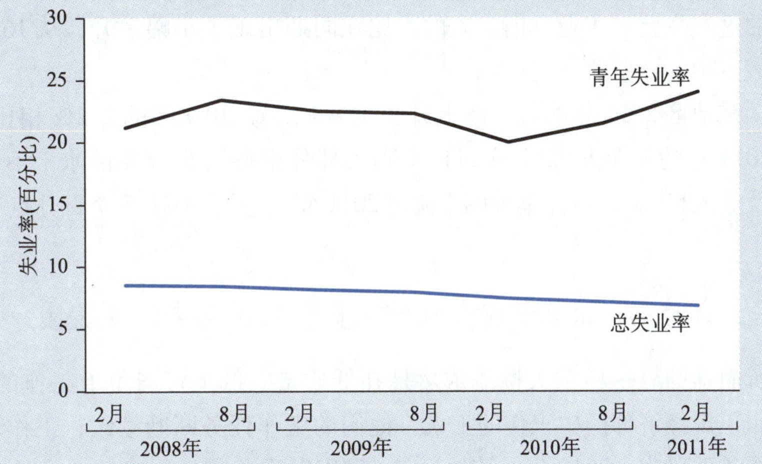

资料来源：国际劳工组织基于印度尼西亚中央统计局的数据的计算。

长率相比，2011年的增长仅为5.3%。这种平淡的增长部分反映出，在全球经济危机最剧烈期间推行的一揽子经济刺激方案及该地区许多国家所采取的货币紧缩政策的作用日渐消失，鉴于美国经济增长疲软，欧盟深陷债务危机的混乱之中，这尤其增强了全球经济的不确定性。鉴于上述态势，与此前一年同期进行比较，该地区2011年第二和第三季度的国内生产总值的增长大幅放缓。泰国经济增长放缓尤其让人注意，因为该国不仅受到上述因素的影响，而且在日本遭受东北部地震和海啸及泰国大部分地区遭受洪水袭击之后，其供应链生产活动受到巨大影响。2011年10月，泰国央行大幅调低了其2011年的国内生产总值增长预期，从4.1%修改为2.6%。在全球经济不确定性和增长疲软的整体环境下，菲律宾于2011年10月推行了总资金为721亿菲律宾比索（17亿美元）的一揽子经济刺激方案，与此同时，印度尼西亚已经准备在需要的情况下于2012年上半年推行一揽子刺激方案（亚普，2011年）。

2010年，该地区的劳动力市场开始复苏，但是在全球经济局势疲软的背景下，蹒跚不前的国内经济增长给这一复苏态势造成了更大压力。据估计，2011年该地区失业率变化幅度很小，与2010年的4.8%相比，2011年将保持在4.7%的水平（见表A2）。例如，在复苏的巅峰时期，马来西亚的失业率出现了大幅下降，之后在2011年大部分时间里均维持在了3.0%至3.2%的范围内。与前一年同季度的7.0%相比，菲律宾2011年第二季度的失业率小幅上升到7.1%（菲律宾劳动与就业统计局，2011年）。相比之下，该地区最大的经济体——印度尼西亚的失业率从2010年8月的7.1%下降到了2011年8月的6.6%（印度尼西亚中央统计局，2011年）。

与男性相比，该地区的女性失业率继续维持在较高的水平，据估算，2011年的女性失业率为5.1%，相比之下，男性则为4.4%。然而，根据所获得的数据来看，该地区许多国家的情况都与这种趋势相悖，例如，在菲律宾和泰国，与女性相比，男性更可能被解雇。同时，年轻人失业的情况也继续构成该地区所面临的一项重大挑战；2011年，青年失业率为13.4%，是成年人失业率的5倍多。例如在印度尼西亚，尽管最近几年的总失业率呈下降趋势，而青年失业率则持续攀升。该地区之所以出现年轻人失业的困境，部分原因在于该地区的教育和培训体系无法跟上所发生的结构性变革的步伐，因而无法满足日新月异的技能需求。该地区农业部门工人的占比从2000年的49.7%下降到2010年的42.5%，与此同时，服务部门的工人占比在同期从33.9%增加到39.2%，这无疑说明了该地区的这一变化。工业部门工人的占比在同期出现了小幅上升，从16.4%上升至18.2%（见表A10）。

据估计，该地区2011年的就业率上升了1.8%，与2010年的2.2%相比有所下降。而据估算，2011年的就业人口/总人口比率则大部分维持了66.8%的水平不变。与男性相比，女性就业人口/总人口比率大幅下降（2011年的差距为22.5个百分点）。

弱势就业呈上升趋势，而旨在减少工作人口贫困的努力进展缓慢

该地区所面临的另一项重大挑战依然是在低质量、低工资岗位上工作的大量工人，其中包括在非正规经济部门中工作的工人，他们的工作任务断断续续，工作环境缺乏安全措施，工作条件恶劣。2010年，该地区约有1810万人属于弱势就业，约占该地区工人总数的62.3%。与2009年的水平相比，增加了620万名工人，2009—2010年期间，弱势就业工人的占比增加了0.8个百分点。该地区弱势就业工人的占比从马来西亚的20.8%到菲律宾的40.2%、泰国的53.2%和印度尼西亚的60.7%不等。[1]

在最近几年中，东南亚和太平洋地区在减少工作人口贫困方面取得了巨大进展。尽管该地区2000年仍有7500万工人（占该地区工人的31.1%）及其家人生活在每天1.25美元的贫困线以下，但据估计，2011年的这一数字下降到了3300万（占该地区工人的11.1%）。同时，估计生活在每天2美元贫困线以下的工人占比从2000年的60.5%下降到2011年的32.3%（9600万名工人）。然而，该地区所面临的一项关键性挑战是，在最近几年，这个数字的下降幅度大幅减缓：2004—2007年期间，生活在每天1.25美元贫困线的工作贫困人口数量下降了27.6%，而据估计，2008—2011年期间，这一数字下降的幅度甚微，仅为10.1%。

2012年，该地区的经济增长有望稍见好转，上升到5.5%的水平（从2011年的5.3%），失业率也有望保持在4.7%的水平不变。在全球经济环境不确定且十分脆弱的情况下，由于该地区各国期望努力维持经济的复苏并力求保护最近几十年所取得的重要发展成果，因此各国的政策议程中可能需要首先考虑许多的挑战和问题。首当其冲的便

1　此数据为截止到2011年10月的2011年最新官方月度/季度数据。

图 25　按部门划分的每个工人的产出情况

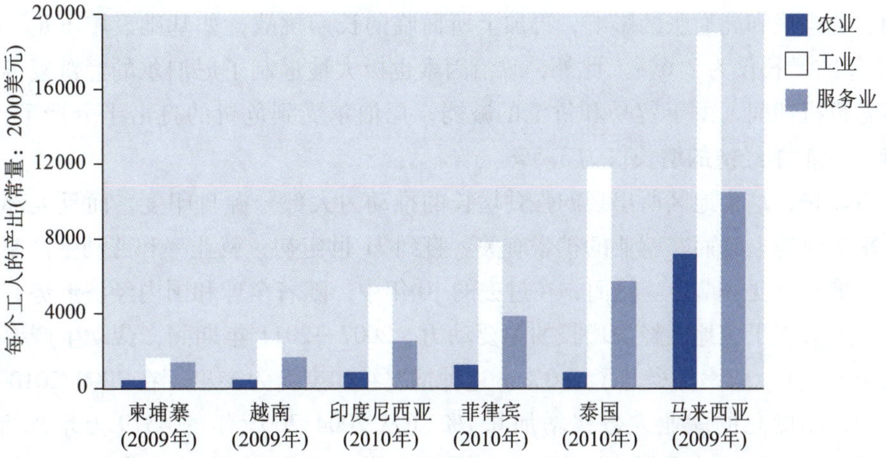

资料来源：国际劳工组织根据世界银行《世界发展指标》（2011 年）的计算；国家统计局。

是提高劳动生产率，劳动生产率的提高可转化为更高质量的工作岗位，其中包括更高的工资和更好的工作条件。尽管该地区的劳动生产率在 2002—2007 年期间每年平均以 2.6% 的速度增长，亚洲其他地区的劳动生产率的增长却极为缓慢（见表 3）。2000 年，南亚的生产率水平仅为东南亚和太平洋地区生产率水平的 65%，但是 2011 年却高居 81%。据预计，东亚与东南亚和太平洋地区的生产率水平比值将从 2011 年的 1.4 扩大到 2016 年的 1.7。为此，首要的步骤便是将重点放在生产率水平最低的部门上。图 25 中所有国家的农业部门生产率水平大幅低于服务部门的生产率水平。此外，工业部门的生产率水平又使服务部门的生产率水平相形见绌——印度尼西亚、菲律宾、泰国和马来西亚的工业部门生产率水平是服务部门的一倍或一倍以上。

对该地区而言，另一项重大挑战将是找到新的增长源，以推动创造就业和生产率增长，对此，部门或行业政策可产生促进作用。对于该地区最不发达国家而言，促进结构性改革、实现出口多元化及提升就业增长依然是一项重大挑战（国际劳工组织，2011e）。例如，在萨摩亚，两种产品——“绝缘电线电缆、光纤线缆”及“冷冻整鱼”——占萨摩亚总出口量的 83.7%，与此同时，萨摩亚 88.1% 的产品出口目的地仅有两个：澳大利亚和新西兰（联合国统计署，2011 年）。就产品种类而言，斐济的出口相对更加多样化，其出口的两大产品占总出口量的 35.4%，但是面向澳大利亚和新西兰的出口比例几乎与萨摩亚一样（联合国统计署，2011 年）。

南亚

强劲的经济增长得益于劳动生产率的提高，但地区内的差异巨大

南亚地区的经济增长在全球经济危机期间出现了暂时性的下降，但随后于 2011 年开始反弹，平均达 9.2%，仅次于东亚。从总体而言，在过去的 5 年中，南亚经济的平均增长率几乎达到 8%（2006—2010 年的增长率为 7.9%）。然而，由于全球经济局势持续恶化，预计 2011 年的增长将下降到 7.2%。

在总的数字背后，地区内还存在巨大的差异性：印度、斯里兰卡和孟加拉国的经济增长最为强劲，据估算，2011 年其经济分别增长了 7.8%、7.0% 和 6.1%。同时，马尔

代夫也从2009年的大幅萎缩（-7.5%）中恢复了过来，分别于2010年和2011年达到7.1%和6.5%。相比之下，由于受洪水（2010年和2011年均遭受洪水）、政治动荡、对安全问题的担忧和高通胀的影响，再加上所面临的长期挑战，如基础设施不足，巴基斯坦2011年的增长仅为2.6%。此外，政治因素也极大地遏制了尼泊尔的经济复苏，而在全球金融危机期间，由于贸易和侨汇的减弱，尼泊尔受到危机的打击十分严重，因此，2011年，尼泊尔经济的增长仅为3.5%。

一直以来，这个地区所出现的强劲增长的推动力大部分源自印度，而且大部分与劳动生产率的快速上升而非就业的扩张有关。直到21世纪初，就业率和劳动生产率仍以类似的速度增长（见图26）。然而，在过去的10年中，随着全球和国内经济形势好转，劳动生产率上升成了该地区经济增长的主要动力。2007—2011年期间，劳动生产率平均增加了6.4%，而就业率仅提升了1.0%。这种情况在印度尤为突出，在2009/2010年之前的5年中，印度总的就业人数仅增加0.1%（从2004/2005年的4579万增加到2009/2010年的4584万），然而劳动生产率在同期却增加了34%以上（乔德-哈里，2011年）。

最近几年内就业增长率下降的主要原因是该地区女性劳动力对经济活动的参与率的下降。印度的这一情况最为突出，其农村女性的参与率从2004/2005年的49.4%下降到2009/2010年的37.8%，城市女性的参与率从24.4%下降到19.4%。对于参与率的下降，唯一可提供的部分解释是教育入学率的大幅提升，因为各个年龄组的这种情况均十分明显。

因此，南亚面临的劳动力市场的主要挑战是双重的。为此，需要实现双重的目标，其一是提升劳动生产率，以确保收入的持续上升及贫困率的下降，其二是为日益增多的劳动年龄人口创造足够的工作岗位，因为劳动年龄人口每年约增加2%。南亚几乎60%的人口均不超过30岁，因此，各国政府正在努力利用这种人口优势，避免使其成为劳动力市场表现不佳的根源并最终引发冲突和不安因素（经济和社会事务部，2011年）。

图26　南亚地区劳动生产率和就业增长的分化，5年期平均值（1992—2011年）

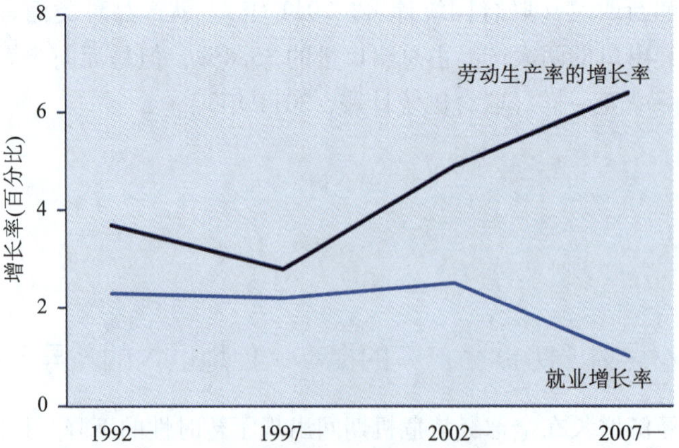

资料来源：国际劳工组织，《趋势计量经济学模型》，2011年10月（见附录4）。

主要的挑战不在于失业率，而在于强劲增长背景下持续高企的非正规就业

正如2011年《全球就业趋势报告》中所强调的那样，失业率并非是该地区劳动力市场的主要挑战。据估计，南亚地区2011年的失业率仅为3.6%，与此前一年相比下降了3.8%。与其他地区相似的是，年轻人（2011年9.9%）和女性（4.8%）的失业率更高。就国家层面而言，斯里兰卡在最近几年失业率下降的速度最快，从2004年的8.5%下降到2010年的4.9%，这反映出和平带来了颇丰的回报（见斯里兰卡人口普查和统计局，2011年，各期内容）。

对南亚整体而言，更加重要的是持续的低生产率、低工资就业岗位，这些情况大多存在于农村和城市的非正规部门中。就这个方面而言，南亚大多数的人口继续依靠农业为生。2010年，在该部门就业的人数占总就业人数的51.4%，尽管与1991年时的占比（62.2%）相比几乎下降了11个百分点。相比之下，东亚农业部门工人的占比在同期从56.9%下降到34.9%。截至2010年，南亚地区工业和服务业部门工人的占比分别仅为20.7%和27.9%。其中一些国家正在进行结构性改革，例如：印度农业部门的就业占比从2000年的59.8%下降到2010年的51.1%。在孟加拉国，这一比重的下降速度甚至更快，从2000年的62.1%下降到2006年的48.1%。因此，加快贫困人口从农业部门到更高产的非农业部门工作岗位的迁移依然是该地区最为关键的重要政策选项之一。

鉴于农业部门中的就业占比很高，工作人口贫困情况依然严重。实际上，根据每天2美元的国际贫困线标准，南亚的工作性贫困比例位列全球之最，为67.3%（2011年估算值），与1991年的86.0%相比有所下降（若按绝对价值计算且依据每天2美元的定义，工作穷人则从1991年的3610万上升到2011年的4220万）。南亚地区工作贫困之所以下降，部分是由于在过去的数十年中实际工资的上升。例如，2004/2005年至2009/2010年期间，印度农村和城市地区男性和女性的实际工资都呈现出上升趋势；此外，工资上涨不仅涵盖了常见的雇佣工人和受薪工人，而且还涵盖了临时工。然而，由于东亚贫困率在过去数十年中出现了前所未有的下降（在此期间，工作贫困占比从83.4%下降到18.0%），如今南亚几乎占全球工作穷人的一半（据估计，2011年为46.2%）。

同时，该地区其他体面的工作岗位极其缺乏。在亚洲所有地区中，南亚的弱势就业（自给性工人加上贡献性家庭工人）比例最大。1991年，南亚自给性工人和贡献性家庭

图27　南亚居高不下的弱势就业率，1991年、2000年及2011年

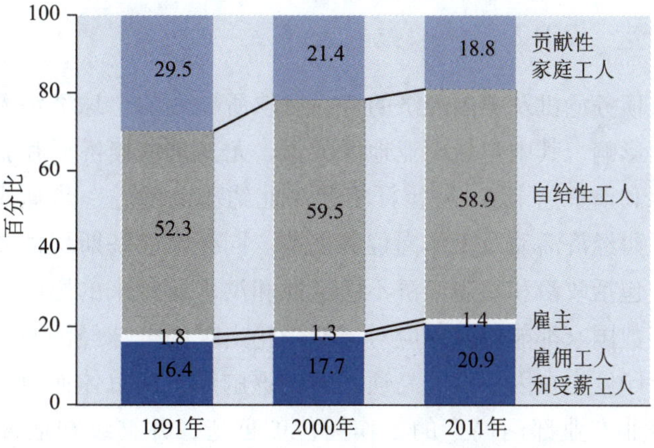

注：2011年的数据为初步估算数据。

资料来源：国际劳工组织，《趋势计量经济学模型》，2011年10月（见附录4）。

图 28　南亚各国就业状况分布，最近几年的数据

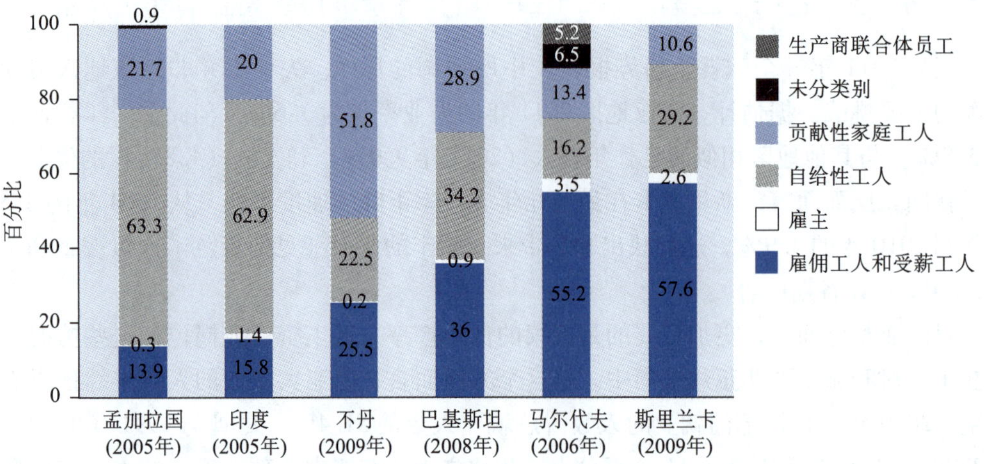

注：括号内为年度数据。由于对数据进行了四舍五入，总数可能有所差异。

资料来源：国际劳工组织，《劳动力市场关键指标》，第七版；各国数据。

工人占总就业量的 52.3% 和 29.5%，占弱势就业的比例为 81.8%（见图 27）。2011 年，总的弱势就业比例仅仅下降到了 77.7%。在过去的 20 年中，贡献性工人持续下降，2011 年的占比为 18.8%，但是，自给性工人上升到 58.9%，完全抵消了此前的下降趋势。因此，在经济增长颇为强劲的年代里，该地区雇佣工人和受薪工人占比几乎没有发生改变。此外，随着南亚女性弱势就业比率达到 83.8% 而男性达到 75.5%，性别差异持续扩大（2011 年估算值）。

南亚地区各国的就业状况模式存在巨大差异（见图 28）。根据所获取的最新数据，弱势就业，尤其自给性工人，在孟加拉国和印度的就业状况中占据主导地位（分别占总就业人口的 63.3% 和 62.9%）。不丹的贡献性家庭工人占了绝大多数，为总就业人数的 51.8%，而巴基斯坦雇佣工人和受薪工人、自给性工人和贡献性家庭工人的总占比约为总就业人数的 1/3。在马尔代夫和斯里兰卡，雇佣工人和受薪工人比例较高（分别为 55.2% 和 57.6%），因此弱势就业的比率较低。出现这种局面的原因是马尔代夫的旅游部门及斯里兰卡的公共部门等占据了主导性地位。

全球经济的不稳定令 2012 年的前景阴云笼罩

由欧元区主权债务危机及美国经济的持续疲软所导致的全球经济不稳定对所有国家的经济产生了负面影响，其中包括南亚地区国家，尤其是依赖侨汇和旅游业的国家（如马尔代夫、尼泊尔和斯里兰卡）。阿富汗将迎来北约部队的进一步撤军，这可能会破坏安全稳定并因此阻碍经济活动及工作岗位的创造。同样，巴基斯坦需要继续解决一系列的复杂挑战，其中包括政治和宏观经济不稳定性和洪水所带来的影响。印度国内经济规模大，可能比大多数国家都能更好地应对最新一轮出现的全球经济减缓，但是尽管采取了货币紧缩政策，印度也在因持续的高通胀而伤透脑筋。从总体而言，经济态势在继续恶化，如若要促进非农业部门高产的工作岗位的创造，并继续与居高不下的非正规就业、弱势就业及劳动力市场中女性和年轻人面临的具体障碍因素作斗争，南亚地区将面临更大的挑战。

中东

尽管经济增长迅速，该地区的失业率依然超过10%

据估计，2011年中东地区的经济增速为4.9%，相比之下，2010年为4.4%，而在2009年（全球经济危机的高峰期）则为2.2%（见表A1）。石油出口经济体，尤其伊拉克、沙特阿拉伯和卡塔尔，是这个地区经济复苏的领头羊。2011年，伊拉克的经济增长几乎达到了两位数（9.6%），卡塔尔继续了在过去10年大部分时间中以两位数的经济增长势头，2011年的增长率为18.7%。在所有三个国家中，经济增长均大幅超过了2000—2007年危机前的年均增长率。然而，今年年初在突尼斯和埃及发生的暴动浪潮也于2011年扩散到了西亚阿拉伯国家，致使其他许多国家的增长受到遏制。在叙利亚和也门，游行示威转变成了暴力冲突，因此其2011年的经济在政治社会动荡中出现了负增长。2011年，这两个国家是该地区唯一出现经济负增长的国家，即使如此，其溢出效应使邻国颇受其害。对这个整个地区而言，社会的动荡依然是经济下滑的主要风险（国际货币基金组织，2011a）。与发达经济体的预计经济增长相比，另一项下降风险较弱，将对石油和天然气出口产生抑制效应。

失业率是中东地区仍在面临的一个重大困境（见图29）。在过去的10年中，失业率于2003年达到12.6%的高位，此后呈下降趋势，2007年为10.3%。由于全球金融和经济危机的发生，这种逐渐向好的趋势于2008年陷入停滞，但是其失业率依然在2009年和2010年继续呈缓慢的下降态势。2011年，下降趋势再次发生了逆转，据估计，当年的失业率为10.2%，与2010年相比增加了0.3个百分点。同北非一样，中东地区是全球总失业率约超过10%的仅有的两个地区之一。

图29　既定国家的失业率（百分比），最近几年数据

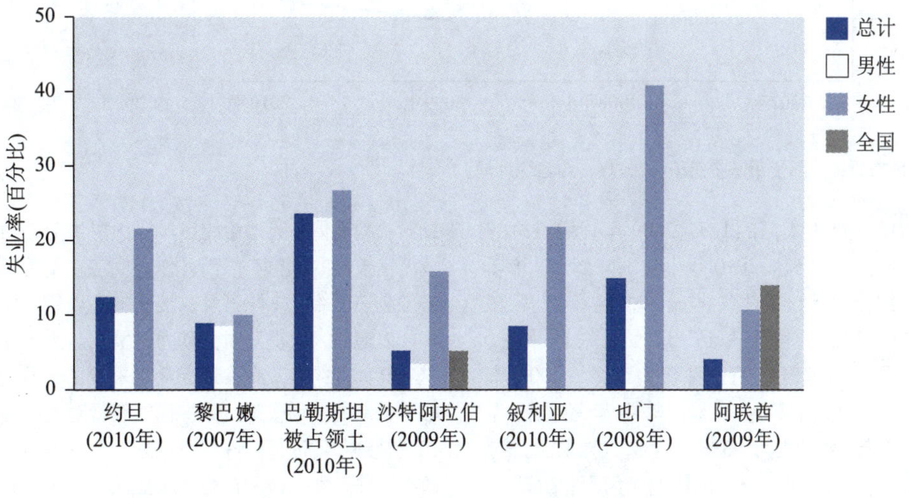

数据来源：国际劳工组织，《劳动力市场关键指标》，第七版；各国数据。

在劳动力市场，四个年轻人中至少有一个失业

年轻人继续首当其冲地承受着失业带来的冲击。2011 年，年轻人与成年人失业比率极高，为 4.0；相比之下，全球范围内的这一比率维持在 2.8。这是由青年失业率为 26.2%，而成年人失业率为 6.6% 造成的。换言之，中东地区每四个参加经济活动的年

专栏 10　约旦应对普遍存在的高失业率问题

约旦经济经过了一段时间的强劲增长，但全球经济减速及阿拉伯国家出现的暴动使如今的约旦经济处于风雨飘摇之中。这无疑将影响到劳动力市场。尽管政府为加快私营部门发展和促进就业而颇费心思，但失业率依然居高不下，青年失业率尤为如此（见下图）。2007—2009 年期间，约旦的劳动力增加了 11%，2009 年达到 200 万人；然而仅有 49.3% 的劳动年龄人口在从事经济活动。之所以出现这样的情况，部分原因是女性劳动力对经济活动的参与率极低，2009 年为 23.3%，还不到男性参与率（73.9%）的 1/3。2009 年，约旦总的失业率为 12.9%，2010 年小幅下降到 12.5%。根据约旦统计局的数据显示，这个比率在 2011 年第三季度上升到 13.1%。总的来说，失业是约旦年轻人的一种普遍现象，2009 年的青年总失业率为 27%，其中年轻男性为 23%，年轻女性为 45%，这令人难以置信。刚刚毕业的年轻人受到的影响尤为严重。

约旦实施了不计其数的项目和方案，以提升年轻人的就业市场预期。其中一个计划是"Injaz"——一个在约旦王后拉尼娅支持下于 1999 年建立起的非盈利组织。该组织的目标是通过实施一系列的课程与课外辅导计划，提高年轻人的领导能力、创业能力和解决问题及沟通技能。在此过程中，Injaz 与教育部和阿卜杜拉国王二世发展基金会开展密切合作，并与各种各样的私营和公共部门机构建立广泛联系。2010/2011 学年，Injaz 在全国 175 所公立学校、34 所大学和社区学院以及 13 个社会机构中开始运营，受益者多达 11.2529 万人。

把关注的重点放在提供就业技能上，将帮助解决教育体系无法给约旦年轻人提供劳动力市场所需技能的顾虑。然而，作为回应，私营部门必须创造出约旦求职者可以接受的高质量工作岗位，以最终大力提升对劳动力的需求。为了支持这项努力，约旦政府在最近几年采取了一系列积极的劳动力市场政策，其中包括有针对性的临时工资补贴和促进部门性就业计划。后者的目标是改善工作条件，鼓励合格的工业园区、农业部门和以往移民工人十分密集的部门招募约旦人。这些计划对约旦失业率的作用仍有待观察。

约旦国内生产总值的增长和失业率，2007—2010 年

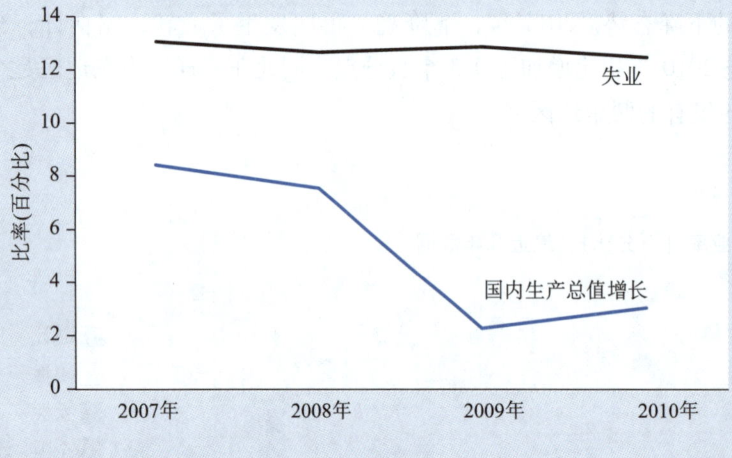

资料来源：国际货币基金组织，2011a；约旦统计局。

资料来源：约旦统计部；Injaz 计划《情况说明书（2010—2011 年）》。

轻人就至少有一人失业。尽管年轻人的受教育程度相对较高，但雇主常常认为，该地区年轻人缺乏工作经验是阻碍其就业的一项重要因素。与此同时，该地区所创造的工作岗位中的大部分仍然针对的是移民工人，工资和工作条件无法满足国民劳动力的期望。因此，该地区劳动力市场的双重性十分突出。这引发人们对该地区所创造就业质量的疑问，业主需要创造出求职者可以接收到的工作岗位。年轻人缺乏参与经济活动的机会与该地区肆虐的社会动荡浪潮不无关系。

女性面临的劳动力市场形势尤为严峻。在大多数地区，女性与男性的失业率之比都超过 1.0，但是在中东地区，这一比率在 2011 年高达 2.3。仅有北非才有这样高的比率。男性和女性劳动市场指标之间存在的巨大差异不仅仅局限在失业率上。实际上，据预测，2011 年女性在劳动力中的参与率仅为 18.4%，位居全球最低，相比之下，男性的参与率为 74%。文化、社会和经济活动中总的性别分工给中东地区的经济增长潜力造成了巨大的损失。

中东地区弱势就业和工作人口贫困的水平相对较低。2010 年，弱势就业率低于 30%，是所有发展中地区弱势就业率排名第二低的地区，仅比中欧和东南欧（非欧盟）以及独联体要高。然而，就该比率而言，与男性（27.3%）相比，女性的（42.7%）比率要高得多。在 2000—2008 年期间，弱势就业率下降了 3.7 个百分点，但自 2008 年以来，该比率便处于稳定状态，约占总就业工人的 30%（见表 A12）。2010 年，按每天 1.25 美元计算的工作人口贫困比例约为 1%，但是若按每天 2 美元计算，工作穷人占总就业人数的比率要高得多，2010 年为 6.8%（见表 A14a 和 A14b）。

据预测，在全球经济面临下滑风险的情况下，2012 年的经济增长有望达到 4.0%。2012 年，失业率将小幅上升到 10.3%。中东地区持续的政治动荡、疲软的经济增长及缺乏健康的劳动力市场态势等综合因素迫切需要当局采取包容性强的体面工作政策。

北非

尽管发生了“阿拉伯之春”，劳动力市场的长期挑战依然存在，如高失业率和女性在劳动力市场中的低参与率

2010 年年底，一名突尼斯年轻人的自杀引发了成千上万的民众走上突尼斯街头示威，令世界为之侧目。这些人进行示威游行的目的是捍卫他们的权利，并呼吁结束推行了数年却无需面对任何重大反对声音——或者更确切地说，能够压制反对意见并对人民实施牢牢控制——的体制。2011 年 1 月，埃及人（主要是具有各种不同背景的年轻人）开始实施革命行动，利比亚人随之揭竿而起。面对这种日益加大的压力，北非地区其他各国政府立即采取了措施，避免国内发生革命浪潮和社会暴动。例如，摩洛哥通过了一项新的宪法，推行更大程度的自由和性别平等。

关于“阿拉伯之春”事件及为何有那么多人在那么多年里保持了沉默的根本原因，人们对此进行了重要思索。为什么有那么多的年轻人参与其中，并在突然之间热衷政治问题，积极地捍卫他们的权利，甚至不惜牺牲自己的生命？这些问题的答案包含多个方面，但是对于该地区的各个国家而言，可以清晰地确定其中的一个共同因素：年轻人觉得他们的未来十分暗淡，因为他们获得一份满意工作的机会十分渺茫（而且将持续如此）。尽管他们与前代人相比受到了更好的教育，但为他们提供的工作机会却十分有限，因此，他们过上经济独立生活的可能性很小。国际劳工组织曾多次呼吁需要注意这种情

国家概况解析 6　埃及和摩洛哥的经济增长和就业情况

国内生产总值和就业（与此前一年同季度相比的百分比变化）

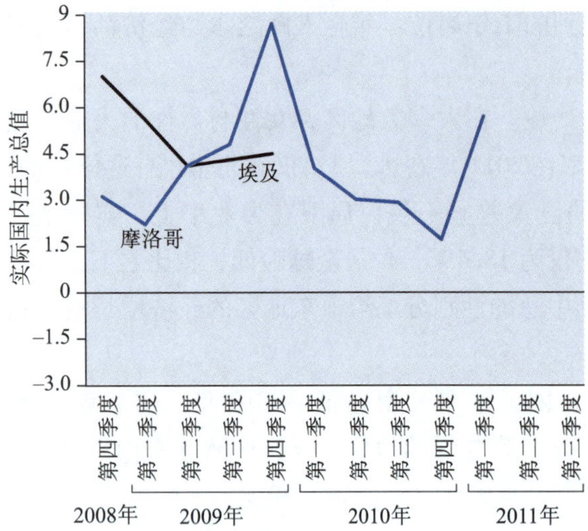

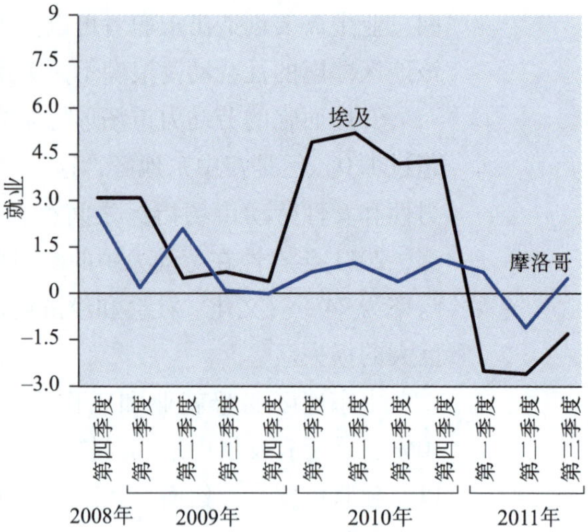

资料来源：国际货币基金组织，《国际金融统计》，2011 年 11 月；埃及中央公众动员和统计局；摩洛哥统计数据。

在北非地区，只有埃及和摩洛哥有季度就业数据。2009 年前两个季度，埃及国内生产总值的增长大幅放缓，但是依然保持了正增长，并在该年度其余时间里开始转好。相比之下，摩洛哥的经济在 2009 年第一季度仅小幅减缓（与 2008 年第一季度相比）；此后，增长开始加速，该年度最后一个季度达到近 9%，但在 2010 年全年又大幅下降，2010 年第四季度又降至 2% 的最低点。随后于 2011 年第一季度又出现了大幅反弹。

2009 年，两个国家的就业增长都出现了下降，2009 年最后一个季度的增长率最低。2011 年第一季度，埃及就业率出现大幅下降，第二季度持续了这种趋势，在该国政治动荡最严重的时期达到近 –3%，随后，埃及在 2010 年全年内的就业率出现了快速增长。2011 年第三季度的最新数据显示，就业方面仍面临持续的损失。2009 年年初，摩洛哥的就业增长有所下降，就业率并没有恢复到危机前的水平。2011 年第二季度（与 2010 年第二季度相比），该国出现负的就业增长率，但于 2011 年第三季度再次回升为正增长。

况，并坚持认为，缺乏体面的就业机会可能会导致社会动荡和民众对政府和社会信任感的降低（国际劳工研究所，2011 年）。

北非地区在人类发展方面取得了重要进展。教育和医疗服务大幅提升，极端贫困有所下降。尽管取得了这一进步，仍面临一些挑战，尤其是不平等和排外主义。这些挑战反映在性别歧视、各国经济发展巨大的地区性差异及享受服务的不平等，其中包括教育。日益增加的不平等和持续的排外主义正在成为该地区人民心生不满的驱动力。同时，对政府不满的驱动力还来源于自由受到限制、社会公正和民主的缺失及决策流程缺乏透明度，所有这些都加剧了人们对社会的不安全感。这些社会很多方面的不足都与该地区劳动力市场及体面工作岗位的数量和可及性不足有关。因此，通过提供体面的工作岗位，解决劳动力市场存在诸多问题，可帮助人们实现自己的愿望，并将有助于为民主、和平的体制奠定基础。

北非的年轻人面临着劳动力市场的严峻挑战

该地区存在哪些影响到劳动力市场的挑战，为什么这些挑战持续存在？[1] 在发生全球性经济危机之前，该地区大多数国家的经济增长率都十分稳定，而且一些地区还成功地实施了经济改革。但是，这种增长并没有转化为充足的就业岗位，而且所创造的常常是生产率较低的就业岗位，对于提升受过良好教育的年轻人在劳动力中的就业占比并没有任何实际的意义。以下分析可使人管窥一豹。

北非的劳动力增长位居全球第三（见图30）。在过去的20年中，为了满足这种快速增长的劳动力供应，工作岗位的数量也几乎增加了一倍。然而，20年前的劳动力规模为4350万人，2011年的经济活跃人口已经增加至7240万人。

一些人或许会认为，出现这种情况的原因是女性劳动力参与率的上升——许多国家常常利用这一观点阻碍旨在提升该地区女性参与率的努力——但事实并非如此。这是20世纪80年代和90年代人口高增长率的直接结果，导致大量的年轻人在最近几年涌入劳动力市场。然而，若将这一切都归咎于人口的增长，则也并不十分准确，因为其他地区成功地将不断增加的劳动力转化为了持续的经济增长。然而在北非地区，年轻人大量流入劳动力大军，导致年轻人面临高失业率和非经济活动率。

2000—2008年期间，失业率经历了一个缓慢的下降过程，随后于2009年和2010年出现停滞，2011年，该比率从2010年的9.6%上升到10.9%。据预测，2012年的失业率仍将出现小幅的上升，估计为11.0%。然而，假如埃及、利比亚和突尼斯的经济继续以2011年的缓慢步伐复苏，这个比率完全可能进一步上升。年轻人和女性失业是一个主要问题。2011年，该地区青年失业率为27.1%，女性的失业率为19.0%，而年轻女性的失业率为41.0%。上述三种失业率是在所有地区中最高的数字。年轻女性面临的形势尤为让人担忧，因为她们中很少有人正在实际参与工作或谋职。根据国际劳工组织的估算，北非地区2010年的年轻女性劳动力参与率从阿尔及利亚的不超过8.9%到（前）苏丹的仍居低位的26.9%不等（国际劳工组织，2011d）。同时，值得重视的是，在各个收入群体中，失业率基本相似。鉴于受教育水平与每户家庭的收入具有密切联系，这表明受教育水平较高的人不易失业。在该地区的有些国家中，高技能人员的失业率甚至比拥有低水平技能的人员的失业率更高。

图30 劳动力，1991—2015年（指数，1991年=100）

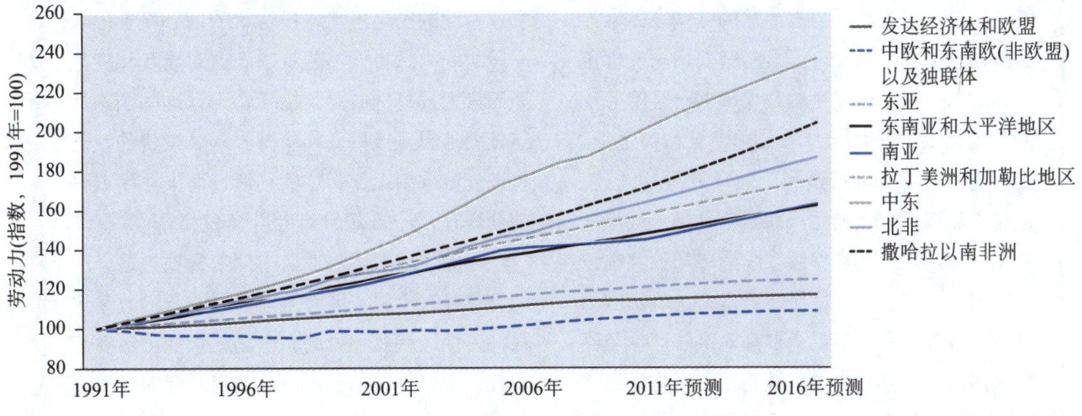

资料来源：国际劳工组织，《趋势计量经济学模型》，2011年10月；国际劳工组织，《经济活跃人口预计和测算》（见附录4）。

---

1 如欲了解更详细的分析，请参见扎南托斯等人（2011年）及施密特和哈桑宁（2011年）。

女性较低的劳动力参与率，以及各人口群组普遍较高的失业率已经导致就业人口/总人口比率下降。就业人口/总人口比率是衡量一个国家利用其生产力潜能有效性的一个指标，北非地区2011年的这一数字为43.6%（相比之下，世界的平均水平为60.3%）。一些未就业的人或许接受了教育，即便如此，如此低的就业人口/总人口比率导致了异常高的就业依赖率，即太多的人从经济上依赖那些有工作的少数人。

失业和非经济活动仅仅是北非国家所面临的劳动力市场挑战的一部分。另一项重大挑战是已就业人员中体面工作职位的大幅减少。2011年，北非地区每10个就业的人中就有近4个属于弱势就业，要么是自给性工人，要么是没有薪水的家庭工人。在所有的国家中，女性的弱势就业比率比男性要高很多。同样，2011年，按每天2美元计算的工作贫困人口的占比为27.2%。一直以来，高质量工作岗位下降的一项主要原因是有限的生产率增长。在过去的20年中，该地区的劳动生产率（按每个就业人员的产出来衡量）仅仅增加了约20%，而东亚地区在同期的劳动生产率却达到最高值，增加了300%。东亚的生产率水平几乎已经达到了北非的水平，并且有望在未来五年内超过北非（见图13）。然而，该地区有限的结构性变革对生产率的提高造成了巨大的束缚。2011年，农业部门继续发挥着重要作用，占总就业人口的28.4%。最大的就业领域是服务部门，占总就业量的近一半。对于大多数国家而言，这个部门的工作根本无法保障体面的就业，因为许多服务部门的工作岗位质量十分低下，而且薪水很少，如旅游部门中的非正规工作职位和家庭工人。此外，按国际标准来看，服务部门的工作岗位（如教师、护士和其他教育及医疗卫生工作岗位）的工资很低。鉴于这些工作岗位均主要由女性担任，这无疑成为引发人们对性别问题担忧的另一个领域。生产率增长缓慢的另一项促成因素是公共部门就业的占比持续攀升（由于发生了“阿拉伯之春”事件，一些国家的这一比率出现了进一步的增加）。

阻碍体面就业发展的其他挑战还包括羸弱的社会保障体系和公共就业服务体系及其他劳动力市场机构不佳的表现。此外，在大多数国家中，环境对中小型企业的发展并不向好，限制了许多年轻人创建新企业的动力。在发生阿拉伯之春之前，社会对话机制要么十分弱化，要么根本不存在，而直到如今仍未强大到足以发挥明显作用的地步。最

专栏11　革命和政治变革的影响

人们普遍认为，北非地区劳动力市场所面临的挑战更多是出于自然而然的结构性因素而非周期性因素。然而，通过对经济增长发挥负面影响力，最近所发生的几大事件已经给劳动力市场造成了更大压力。在利比亚和突尼斯，生产基地和基础设施遭到了破坏并亟需重建。这些国家以及埃及的生产和出口受到了严重的干扰，而且现在仍在继续。股票市场的大幅波动、货币疲软、通货膨胀、资本外逃以及因为这些事件而大量外流的人群都对经济产生了不可估量的破坏作用。人们最初预测，这场经济骚乱将会迅速得以解决，但是事实证明，其对经济增长的影响力将至少持续到2012年中期。人们最大的担心是，由于发生了经济骚乱并引发了持续的安全担忧，投资者的信心将在很长一段时间内保持低迷的状态。这对埃及和突尼斯而言尤其将构成重大挑战，因为这些国家严重依赖外国直接投资和旅游收入。投资的缺乏将进一步限制工作岗位的创造，而失业率或许继续攀升，一如2011年上半年的情形。

尽管面临上述短期至中期的各项挑战，人们仍然存在希望，因为逐渐开展的政治改革进程将为促进就业和劳动力市场政策的出台奠定基础，那些开展社会对话，增强社会保障体系及提升女性的经济和社会权利，从而充分考虑弱势群体利益的地区尤其充满了希望。

后，对劳动力市场和劳动力市场政策缺乏科学合理的分析阻碍了合理决策的进程。

在21世纪初，北非的社会经济局势所具备的一项有利因素是该地区的年龄结构趋于成熟。在1990—2020年期间，经济活跃人口（15岁至64岁）的增长远远超过经济依赖人口的增长。这种潜在的人口利好因素为该地区提供了一次加速经济增长的机会，尤其鉴于年轻的一代接受了更好的教育。然而，除非体面就业岗位的创造跟上劳动力供应的速度，否则这个机会将日益成为一项负担，并将继续威胁到社会安定。最近所发生的几起政治事件对经济的破坏力恶化了人们对该地区短期前景的看法（见专栏11）。然而，希望依然存在，因为从长期来看，民主的进程将会对北非地区增加体面就业产生积极影响。

撒哈拉以南非洲

缺乏结构性改革及人口的快速增长限制了体面就业的机会

在经济危机最严重的2009年，撒哈拉以南非洲地区的经济增长下降到2.8%，但是于2010年强劲反弹至5.4%。2001年，该地区经济继续复苏，增长率为5.2%。占该地区经济体绝大部分的许多低收入国家从容地应对了这场危机，其主要原因是它们与全球经济的贸易和金融联系十分有限，但同时也得益于用作反周期性措施的更加充足的财政空间（见国际货币基金组织，2011a，图2.14；国际货币基金组织，2010b）。几个国家的经济增长率出现了加速增长的态势，超过了危机前的水平，其中包括厄立特里亚、加纳和津巴布韦。厄立特里亚的经济增长从2010年的2.2%加速到2011年的8.2%，与此同时，在2010年实现了9.0%的增长之后，据估计，津巴布韦2011年的增长为6.0%。两个国家都在21世纪初经历了几年的负增长，而津巴布韦则从2002—2008年的整个时间段内都是负增长。2011年，加纳成为全球仅有的增长率达两位数的三个国家之一，其余两个为蒙古和卡塔尔。加纳的经济增长于2011年达到了13.5%，远远超过了2000—2007年仅5%的平均水平。

在上述三个2001年的经济增长达两位数的国家中，这种增长的推动力主要源自石油出口，加纳于2011年开始出口石油，并因此帮助这个国家脱离了根据世界银行国家分类中的低收入国家，进入中低收入国家的行列。在撒哈拉以南的非洲地区，除纳米比亚和该地区最大的经济体南非之外，大部分中等收入水平经济体的经济增长都超过了危机前的水平。南非的经济增长从2010年的2.8%加速到2011年的3.4%，但是仍低于危机前4.3%的水平。同样，2011年，纳米比亚的经济增长为3.6%，远低于危机前5.2%的水平。

撒哈拉以南非洲地区在21世纪初经济增长的加速并未给劳动力市场的表现带来任何明显的促进作用，尽管与20世纪90年代相比取得了一些进展。21世纪初，弱势就业率下降了3.8个百分点，相比之下，20世纪90年代仅下降了1.4个百分点。尽管在21世纪初出现了这种向好表现，但2009年的弱势就业率增加了0.4个百分点，是自21世纪初以来仅有的一次上升。然而，该地区的弱势就业率仍然很高，2011年为76.6%。按每天1.25美元计算的工作人口贫困率有了更加巨大的进步，20世纪90年代期间上升了1.3个百分点，随后在2001—2010年期间下降了15.7个百分点。然而，在减少工作人口贫困方面取得的进展并不足以实现第一个“千年发展目标”（MDG）中所规定的将工作人口贫困减少一半的目标。同南亚一样，撒哈拉以南非洲地区是两个不太可能实现这

国家概况解析7　南非的经济增长和就业情况

国内生产总值和就业（与前一年同季度相比的百分比变化）

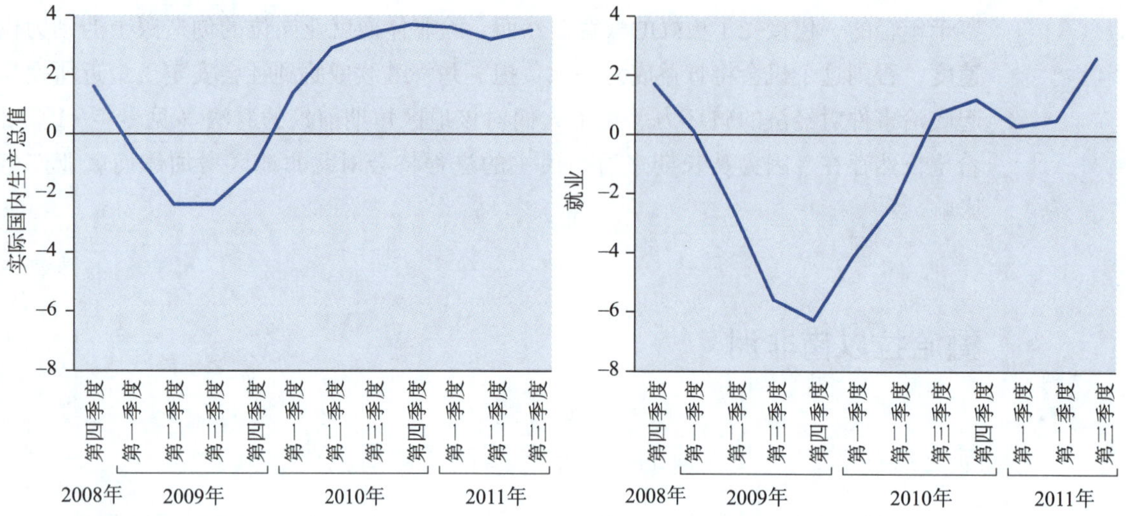

资料来源：国际货币基金组织，《世界经济展望》，2011 年 9 月；南非统计数据。

在撒哈拉以南非洲地区，只有南非有季度就业数据。2009 年全年的国内生产总值增长为负数，而 2009 年第二和第三季度降至最低点，为 −2.4%（与 2008 年第二和第三季度相比）。随后，增长出现了复苏，2010 年第四季度达到最高水平，但是自此又有所减缓。

按百分比来看，与经济增长的下降相比，就业损失要严重得多，而且持续性更强。2010 年第一季度，就业增长大幅反弹，2010 年第三季度再次实现正增长。2011 年第三季度，该国经历了强劲的就业增长。

一目标的地区之一，按每天 1.25 美元的水平衡量，2011 年的就业人口的工作人口贫困率为 38.1%，在所有地区中比例依然最大。同样，由于体面工作和其他领域（如医疗卫生和教育）的关系密切，因此如要实现其他许多 MDG 所规定的目标，依然面临重重考验。

在最近所做的几项报告中，其中包括为国际劳工组织在 2011 年 10 月份召开的第十二届非洲区域会议而制备的报告（国际劳工组织，2011f、2011g），已经对撒哈拉以南非洲地区在劳动力市场完善方面所取得的有限进展进行了分析。在诠释所取得的有限性进展的几项因素中，颇为重要的是该地区缺乏结构性改革及持续的人口高增长率。

缺乏结构性改革的问题反映在总的部门中就业的分布情况，即使工业活动在国内生产总值中的占比一直在上升。除尼日利亚和南非之外，撒哈拉以南非洲地区的工业活动在国内生产总值中的占比从 1990 年的 25.1% 上升到了 2010 年的 30.2%，其主要的推动力为全球经济危机发生之前的几年中采掘业和建筑业的发展。然而，制造业活动在国内生产总值中的占比在同期却从 12.2% 下降到 9.8%（世界银行，2011 年）。在撒哈拉以南非洲地区的总就业人口中，工业部门的就业人数不超过 8.5%，20 世纪 90 年代期间，这一占比有小幅下降。21 世纪初，这个占比出现了一定程度的增长，

10 年内增加了 0.6 个百分点，但与其他地区相比，这个水平仍然很低。只有南亚和太平洋地区的这一占比低于就业人数的 20%。这意味着，撒哈拉以南非洲地区农业部门的就业占比的减少——自 20 世纪 90 年代以来，下降了 5.8 个百分点——几乎被完全转化为了服务部门中的增长。2010 年，撒哈拉以南非洲地区服务部门的就业人数占总就业人数的约 30%。

21 世纪初，撒哈拉以南非洲地区的劳动年龄人口增长率平均为 2.8%，并有望在 2010—2015 年保持在这个较高的水平。在此期间，撒哈拉以南非洲地区将超越中东，成为劳动年龄人口增长率最高的地区。人口增长给青年劳动力市场造成了巨大的压力，尤其是在体面工作机会十分短缺的情况下。此外，与成年人相比，年轻人常常更难以获得体面的工作，其中的原因包括他们工作经验和职业联系十分有限。在大多数可获取工作人口贫困率数据的国家中，与成年人相比，年轻人的工作人口贫困比率相对较高。例如，在塞内加尔、塞拉利昂和刚果民主共和国，年轻人和成年人按每天 1.25 美元计算的工作人口贫困率差值超过 8 个百分点，而且在上述每一个国家中，一半以上的年轻人都属于工作穷人。在布隆迪和利比里亚，超过 85% 的就业年轻人都属于工作穷人。换言之，撒哈拉以南非洲国家的劳动力市场挑战并不一定仅仅与年轻人有关，但对于在劳动力市场中处境依然极端艰难的年轻人而言，他们往往受到的影响最大。

在撒哈拉以南非洲的大部分地区，就业质量是比就业数量更为重要的一项议题（总体就业量不足）。如前所述，工作穷人在总的就业人数中的占比为 39.1%，假如将工作人口贫困率作为劳动力的一部分来计算，这个数字稍微低一些（35.9%）。后一百分比可与失业人口的比例相比较，而这一比例为 8.2%，要小得多。在一些国家中，失业率的确很低，如贝宁（2002 年）、布基纳法索（2006 年）和乌干达（2005 年）。在进行测量的年份中，这些国家年轻人和成年人的失业率都低于 5%。然而，就受到影响的经济活跃人口而言，其他国家的失业率与就业的质量同样重要。有几个国家的失业人数超过了劳动力的 25%，其中包括吉布提（2002 年）、莱索托（2008 年）、毛里塔尼亚（2004 年）和纳米比亚（2008 年）。2010 年，南非的失业率从全球经济危机之前的 22.3% 上升到 24.9%。同年，该国一半以上的经济活跃年轻人都处于失业状态。为了减轻危机带来的影响，政府推行了新的措施，以通过社会转移降低贫困水平和不平等程度，并且于 2010 年年底推行一套新的政策框架。这个所谓的“新增长框架”（NGP）根据以往的行动方案，谋求促进经济改革和能够转化为持续性就业创造的包容性增长（国际劳工组织，2011h），NGP 的目的是，在 2020 年前将失业率减少 10 个百分点。

第十二届非洲区域会议的决议突出强调了在国家和国际政策中采取有利于就业的宏观经济框架及设定明确而定量的就业目标的必要性（国际劳工组织，2011i）。区域会议同时指出，政府在设计加速经济增长和转变增长质量方面具有最为重要的作用。然而在许多国家中，整合就业政策的目标和目的受到劳动力市场数据和分析局限性的限制，因为撒哈拉以南非洲地区的市场信息和分析体系通常十分孱弱。专栏 12 提供了一个旨在分析经济和社会政策对体面工作创造所产生影响的工具实例，如若可获取有限的劳动力市场信息，也可采用这一工具。

据预测，撒哈拉以南非洲地区 2012 年的经济增长将为 5.8%，接近 2000—2007 年危机前的平均水平，但是（与其他地区的情形一样）这种意愿良好的预测从很大程度上有赖于全球经济的活力，尤其有赖于中等收入国家和石油出口国的经济增长。据目前预测，2011—2012 年的失业率变化幅度甚微（两个年度内均为 8.2%；见有关失业率预测方法的表 P1 和附录 5）。

专栏 12 LMIA 系统及利用 DySAM 来评估莫桑比克的就业岗位创造情况

由于该地区劳动力市场数据的可及性非常有限，撒哈拉以南非洲地区的劳动力市场信息和分析（LMIA）系统常常十分羸弱。这阻碍了对劳动力市场的监测，并限制了更高级分析方法的使用和适用性，其中包括计量经济学模型。世界各地都用此类方法和模型来为政策决定提供信息，但是其计算结果的质量取决于高质量统计数据的可用性，尤其劳动力市场指标的时间序列数据。例如，用于评估美国增加投资对就业影响的 LIFT 模型便具备数据高度密集型特征（见专栏6），尽管也曾根据类似技术采取更加简化的模型对发展中国家进行分析。

如若存在数据局限性，其中一个可分析劳动力市场的途径是利用所谓的社会动态会计矩阵（DySAM）。社会会计矩阵（SAM）跟踪经济体内各种不同市场参与者之间进行的所有交易和转让活动，尤其是从任何一个行业到其他行业、终端消费者及政府的产品和服务的销售。常见的 SAM 能够给出单个年份的总体经济概况，而 DySAM 则可显示出数年的发展轨迹。这可确保 DySAM 能够明确经济体中各部门之间不断变化的关系或价格另一种发展趋势所产生的影响。更为重要的是，DySAM 可确保评估经济和政策改变对工作岗位创造水平以及各种不同行业和职业中就业的分布情况。

国际劳工组织的目标是分析公共政策对就业的影响，因此针对莫桑比克开发了 DySAM。此 DySAM 包括 27 组活动（商品生产、货物和服务）、33 个生产要素和 43 项制度，而且考虑到了农村/城市地区的细目及针对首都马普托的单独细目。同时，该 DySAM 还包含一个就业数据账号，含 2004/2005 年劳动力调查数据。对就业—产出乘数进行了推算，以增强人们理解某特特殊活动对工作岗位创造的重要作用。这些乘数显示出了产品和服务生产与经济体中其余部分及生产流程劳动密集度（即经济乘数）的融合所产生的综合性效应。

下图显示的是非正规和低生产率活动——如商务和汽车修理以及收成仅够维持口粮的农产品（如木薯、大豆和玉米）——所主导的生产具有相对较大的劳动密集度。这些活动的就业—产出乘数很高，即使其经济乘数（可反映与经济的前向和后向联系）相对较低。正规工作岗位大多数都存在与数据条块高的产品和服务生产中，如金属和采矿行业、行政管理和教育。然而，这些活动的就业—产出乘数较低，即使他们的经济乘数比诸如农业等基本活动的乘数高。

人们已经将此 DySAM 用于衡量如何减少森林的乱砍滥伐，同时又能兼顾社会和经济利益。根据此项分析，提出了一项双重战略：（1）可持续性林业管理，其中包括劳动密集型更强的林业管理，可针对大多数农村地区缺乏技能的工人创造就业岗位；（2）安装太阳能电池板，从长期来看，这与经济具有更强的后向联系，并可有助于为拥有更高技能的工人创造工作岗位。这项战略将兼顾无技能工人的弱势劳动力市场地位，同时促进减少二氧化碳排放及面临自然灾害的脆弱性。

莫桑比克按部门划分的就业乘数

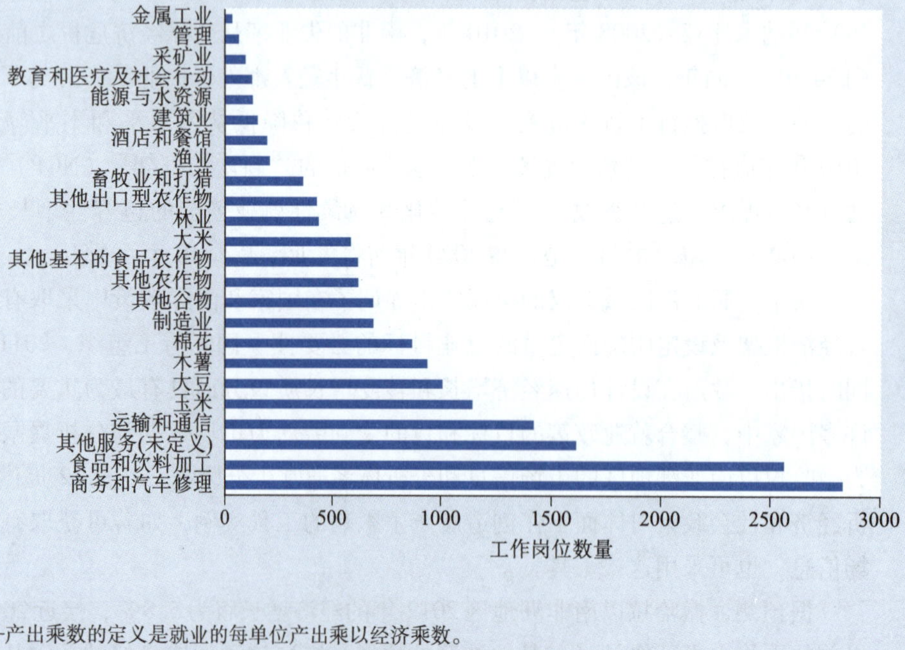

注：就业—产出乘数的定义是就业的每单位产出乘以经济乘数。

经济乘数系指某一个部门通过前向和后向联系与其他经济部门的整合程度。

示例：若投入 10 亿梅蒂卡尔，将产生 2829 个商务和汽车修理工作岗位及 36 个金属工业的工作岗位。

资料来源：根据恩斯特和伊图利萨的著述，2011 年；国家劳动力市场预测和信息中心，2011 年；斯巴布和阿尔比，2011 年。

第四章
刺激增长和促进就业的政策选择

危机导致的失业情况

世界面临严峻的就业挑战和普遍的体面工作赤字。随着世界步入2012年，11亿人口（即全球平均3个工人中就有1人）失业或生活在贫困状态。全球劳动力市场在经过连续3年的危机之后，在当前经济活动有可能继续恶化的前景之下，全球失业人数增加了2700万，在今后10年需要创造4亿个工作岗位，方能避免失业人数继续攀升。发达经济体的失业人数占全球失业人数的一半，东亚有500万，拉丁美洲和加勒比地区有300万，南亚有100万。与此同时，全球失业率从2007年的5.5%增加到了2009年的6.2%，发达经济体受到的冲击最为严重，其失业率在这段时间内从5.8%增加到了8.3%。在中欧和东南欧（非欧盟）以及独联体，失业率从8.4%增加到了10.2%，在东亚，失业率从3.8%增加到了4.3%，在拉丁美洲和加勒比，失业率从7.0%增加到了7.7%。此外，沮丧情绪急剧上升，劳动人口比预期减少2900万。结果，全球就业人口比例从61.2%下降到60.3%，发达经济体的就业人口比例下降得更为明显，从57.1%下降到55.5%，这意味着当前全球失业统计数据没有充分体现劳动力市场的就业难度。

随着全球经济动荡进入第四年，现在有迹象表明本次危机可分为三个阶段。面对危机带来的初始冲击，各国采取了相互协调的财政和货币刺激政策，尽管实现了经济增长恢复，但被证实不足以带来可持续的就业恢复，尤其在发达经济体更为明显。实际上，在2009—2010年间，发达经济体又有200万人失业，而且全球范围内的工作岗位创造几乎无法与劳动队伍增长保持同步。在发展中经济体，低收入劳动者人数——相比登记的失业人数，这是衡量发展中国家劳动力市场的更优指标——已停止下滑趋势，2011年低收入劳动者增加5000万人。此外，弱势就业群体（包括无偿家庭劳动力和自营工作者）的绝对数量在2007年达到15.2亿人后停止增长，2009年经济危机爆发后再次增加2300万人。本报告引用的证据显示，经济增长无法创造更多工作机会与刺激政策以挽救金融部门为目标有关，尤其是在发达经济体。这样做可能很有必要，但是会妨碍实体经济和就业增长。

在第二阶段，沉重的公共赤字和债务负担以及疲软增长要求增加财政紧缩措施，安抚资本市场和对抗不断上升的债券收益率。结果，财政刺激措施开始减少，发达经济体中的经济活动支持主要集中于量化宽松货币政策。产生的综合影响似乎是国内生产总值增长和就业疲软。全球国内生产总值增长呈下降趋势，从2010年的5%到2011的4%，并以发达经济体为首，国际货币基金组织在2011年9月将发达经济体2011年国内生产总值增长预测更改为1.4%。同时，这也开始影响新兴经济体。尽管随着工业订单减少，第一批疲软信号在2011年第四季度开始显现，但新兴经济体2011年的全年国内生产总值依然保持强劲增长。增长减速也意味着，2011 年失业率居高不下，要让失业率恢复到危机前的水平，必须进一步增加工作机会。

紧缩性政策和居高不下的失业率增加了出现危险的第三阶段的可能性，特征是发达经济体的经济增长和就业出现第二次探底，加剧了劳动力市场自危机爆发以来出现的严重衰退。在这种双底情况下，2013 年全球失业率将再次上升到 6.2%。2009 年，失业率曾达到过这一水平，但在 2011 年缓慢下降到了 6%。

年轻人就业危机加剧

年轻人因劳动力市场状况恶化遭受了极其严重的打击。2007—2011 年，全球青年失业率从 11.7% 上升到了 12.7%，其中发达经济体受到的冲击尤为严重，失业率在这段时间内从 12.5% 蹿升到 17.9%。除了 2011 年全球有 7470 万失业青年（其中处于长期失业状态的年轻人越来越多）以外，预计有 640 万年轻人放弃了找工作的希望，集体退出劳动力市场。已就业的年轻人可能越来越多的是从事兼职工作，通常签订的是临时合同。在发展中国家，年轻人在低收入劳动者中不成比例地增加。[1]

全球就业前景

在这种暗淡的就业前景之下，于 2011 年 9 月举行的 20 国集团（G20）戛纳峰会指出，国内生产总值恢复下行的风险在不断增加，导致失业率徘徊在难以接受的高水平。在峰会宣言中，G20 国家承诺对抗失业问题，促进体面工作，尤其是针对受危机影响最为严重的年轻人和其他群体。为实现这个目标，峰会成立了 G20 就业工作组，呼吁国际货币基金组织、经济合作与发展组织、国际劳工组织和世界银行向财务部报告全球就业前景，以及 G20 框架下的经济改革日程如何为创造工作机会做贡献。

刺激增长和促进就业的宏观政策选择

此时此刻，关键的政策问题是：增长和就业复苏是否需要刺激措施的复苏？考虑这个问题时，需要记住的是，在国际主权债券市场的当前压力水平下，几乎任何一个采取不协调刺激措施的国家都有可能立即面临高借贷成本，无论具体的政策行动如何。同时，在表面上看来，刺激措施带来的目标就业增长对长期恢复机会有着极其强烈的影响。实际上，本报告陈述的证据显示，因为危机带来的初始影响较小，以及发展中国家的大部分财政刺激政策用于支持实体经济，而发达经济体在很大程度上支持的是金融部门，所以新兴经济体和发展中经济体的恢复态势更为强劲。这强调了目标适当的刺激措施在增长和就业恢复中的效力，刺激政策选择依然有效和重要，尽管在中期内会受到预算宏观审慎政策的约束。

同时，从危机爆发到现在，政策空间明显缩小，尤其是在发达经济体。由于大部分可用的公共资金用于保护金融部门——该措施仅取得了有限的成功，如第一章所述——

1　青年就业危机将成为 2012 年 6 月国际劳工组织国际劳工大会的主题。

公共财政严重亏空，仅留下很少的空间启动第二轮刺激措施。更重要的是，这种将贷款从私营部门转移到公众手里的做法进一步加剧了危机，因为政府面临着在不进一步损害经济的情况下偿还贷款的严峻挑战。因此，过早公共干预的讽刺效应是，固化了高度不确定的经济环境，不能为更持久的恢复奠定基础，让世界面临就业双底，没有足够的能力作出响应。

1. 全球政策协调是关键所在

在这种政策空间缩小和经济挑战令人畏惧的环境中，回顾经济危机爆发时的经历可能有所帮助。实际上，针对危机作出的初步政策响应实现了前所未有的协调，发达经济体和新兴经济体构成的 G20 的重要性大幅增加。货币政策首先作出反应，大幅降低利率，开放银行的特殊流动资金机制，避免出现金融危机。至于公共财政，势不可挡的政策响应是 G20 国家采取财政刺激措施，并通过强大的示范作用实现，而不是影响经济体（包括发达经济体、新兴经济体和发展中经济体）。最终政策响应采取自动稳定器的形式，缓解发达经济体的失业状况，延伸和设计发达经济体、新兴经济体和一些发展中经济体的就业和收入保护。两种财政形式的政策响应带来了赤字支撑的公共刺激措施，帮助稳定全球经济，促进经济活动快速恢复，如果没有就业增长恢复的话。

如第一章所述，对于所有受影响的国家，赤字支撑的公共支出和货币宽松的同时使用已不再可行。实际上，危机的第一阶段过后，近期发展的特点是主权债务违规风险逐渐增加。这种风险增加了被金融市场认为有更高债务违规风险的国家的债券收益率——借款成本。第一批易受冲击的国家有希腊、爱尔兰、葡萄牙和西班牙，目前还包括意大利，而且法国的债券收益率也有明显增长。相比之下，几个大型经济体依然有操作空间，包括同样受到危机影响的德国、近期主权债务出现下滑的美国、得益于低公共债务 GDP 之比的中国。

因此，现在需要做的是依然有操作空间的国家达成一致，对抗任何进一步的不协调财政紧缩措施，而不是利用更多公共支出支撑本国和全球经济。来自这些大经济体的全球外溢效应极为可观，需要国内决策者给予充分考虑，以避免全球经济状况进一步恶化（国际货币基金组织，2011b）。此类分析也显示，此时货币政策在支持全球经济活动方面很有可能发挥不太重要的作用，这不仅因为许多发达经济体采取非常宽松的货币政策，还因为流动性创造在新兴经济体中触发了一些不平衡的发展。相反，需要利用彼此协调的公共财政措施支持全球经济向前发展。

2. 修复和监管金融系统

由于公共资金援助仅提供临时缓解，金融部门的难题已在私营部门重现。银行——使用公共资金支持全部买下公共部门债务——再次发现自己面临巨大压力，因为主权债务在许多国家已经达到了不可持续的水平。危机已经回到原地，使银行越来越不愿意而且也没有办法向私营部门借贷。结果，大型公司开始建立现金库，保护自身免受高度不确定性的影响，与此同时，由于信贷额度减少，信贷标准紧缩，中小企业（SME）面临着层出不穷的融资难题。有人声称，非金融企业在获得信贷方面遇到的困难与近期金融市场监管发生的变化有关，但是大部分变化——例如《巴塞尔协议 III》规定的更高资本充足率——只是逐渐实施，或者在生效之前仍在等待制定操作框架。相反，资金援助流程本身和主权国家从私营部门接管的债务导致前景严重恶化。

在这方面，本报告指出，对金融系统实施更大幅度的修复和监管，或许可以恢复信誉和信心，让银行克服随危机而来的信贷风险。这种做法会让所有企业受益，尤其是中小企业，它们不仅需要更多的信贷，还能够创造超过70%的就业机会。金融市场的泛利性改革——包括国内银行部门的更大安全系数和关于国际金融流动的更严格规则——将大大帮助劳动力市场，带来高达50%的就业增长，具体取决于国家环境。

3. 刺激措施需要以就业为目标，而增加的私营投资将为新工作机会创造发挥重要作用

此外，本报告还显示，以支持就业增长的实体经济为目标是目前最需要做的事情。低迷的工作机会创造和随后疲软的劳动收入增长是全球经济活动放慢和公共财政进一步恶化的核心原因。具体来说，国际劳工组织担心尽管有大量的刺激政策，但这些政策未能解决危机初始影响造成的2700万失业人口的再就业问题。显然，政策措施没有适当的目标，而且其效率需要重新评估。

本报告描述的分析显示，针对劳动力市场采取的支出措施确实非常有效。实际上，对发达经济体关于不同劳动力市场工具的评估显示，主动和被动劳动力市场政策证明在刺激工作机会创造和支持收入增长方面非常有效。涉及一系列劳动力市场政策——包括延伸失业救济和工作分担计划、再评估最低工资和工资津贴以及增强公共就业服务、公共工作计划和创业激励措施——的国家迹象显示了对就业和收入造成的影响（国际劳工组织，2009年）。因此，国家应当以此类支出项目为目标，（如果需要的话）减少在其他就业机会较少的市场工具上的支出。

同时，仅依靠额外的公共支持措施不足以促进可持续的就业恢复。决策者必须果断行动，以协调一致的方式减少阻碍私人投资的恐惧和不确定性，以便私营部门重新启动全球工作机会创造的主引擎。促使企业投资厂房和设备以及提高工资的激励措施是助推强劲、可持续就业恢复的关键。

在这方面，本报告反复强调，投资对于经济增长和可持续就业恢复十分关键。如第一章所述，要为危机带来的2700万失业人口创造再就业机会，投资份额需要在未来五年内增加1.8%才能弥补这一差距。在一定程度上，这要求生产力显著提升，尤其是在贸易部门，例如通过强化激励措施促使企业投资。然而截至目前，低迷的恢复和暗淡的前景却与疲软的生产力趋势同时出现。此外，从金融市场的剧烈波动来看，关于宏观经济前景的高度不确定性使投资者不愿意致力于投资项目。如第三章所述，在发达经济体，大型企业的短期贷款占据着大量的资金，限制了近期的投资前景，进而限制了工作机会创造。

4. 更高的政府支出不需要增加公共债务

考核财政紧缩和刺激措施之间的政策选择时，刺激措施促进增长和就业的效率在发达经济体没有得到很好地检测，那里的大部分部门刺激预算都用于支援金融部门。尽管这对于预防金融危机绝对重要，但它仅留下很少一部分预算用于创造产出和工作机会的实体经济。相比之下，新兴和发展中经济体展示了刺激措施创造增长和工作机会的效能，它们将大部分刺激预算投入到实体经济部门，增长和就业反弹幅度远远超出发达经济体。因此，有证据证明刺激预算能够高效地创造增长和就业机会。

有三个适用于刺激政策逻辑的附加说明。第一，新兴和发展中经济体基于刺激的增

长和就业恢复可能无法取代发达经济体的需求缺乏。在需求方面，新兴和发展中经济体较低收入的边际消费倾向不足以取代发达经济体产生的全球需求总量。此外，随着全球大部分投资从发达地区流向发展中地区，发展中经济体在短期内不可能弥补发达经济体中的投资差额。因此，即使新兴经济体开始在推动全球经济增长方面发挥越来越重要的作用，如第一章所述，考虑到发达经济体出现的大范围的经济恶化，这依然不足以改善全球增长和就业状况。

第二，紧缩参数将不可避免地限制任何刺激措施的效应。如果债券收益率形式的借款成本逐步升高，那么刺激措施在需求方面的影响不会得到供应方面充足的投资响应，带来的只能是通货膨胀，而不是产出和就业增长。制定行之有效的中期财政调控计划可能有助于降低借款成本和安抚市场。在很大程度上由于人口老龄化，许多发达经济体的公共财政变得更加紧张，当前主权债券市场的部分不确定性也与此有关。迅速实施有助于限制更多支出压力的改革——实际上不会降低今天的支出水平——将允许各国继续从更良性的融资条件中获益。

第三，由于平衡预算乘数，被税收增加完全抵消的公共支出依然能够刺激实体经济。在需求低迷时，扩大政府在总需求中的作用，有助于稳定经济，出台新的刺激措施，即使支出增加被同时存在的税收增长完全抵消也能实现。约瑟夫·斯蒂格利茨指出，这些平衡预算乘数会很大，特别是在产能得不到充分利用和失业率居高不下的当前环境下（斯蒂格利茨，2011 年）。同时，平衡支出与更高税收能够确保将预算风险保持在较低水平，满足资本市场的要求。因此，利率依然不受此类政策选择的影响，允许刺激措施充分发挥其经济效应。

参考文献

Admati, A.R. et al. 2011. *Fallacies, irrelevant facts, and myths in the discussion of capital regulation: Why bank equity is not expensive* (Stanford, CA, Stanford Graduate School of Business).

Ballon, P.; Ernst, E. Forthcoming. *Patterns of global growth* (Geneva, ILO).

Bassanini, A.; Duval, R. 2006. "The determinants of unemployment across OECD countries", in *OECD Economic Studies*, Vol. 42, No. 1, pp. 7–86.

BPS Statistics Indonesia. 2011. "Labor force situation in Indonesia, Jakarta". Available at: http://www.bps.go.id/brs_file/naker_07nov11.pdf [Nov. 2011].

Casselman, B.; Lahart, J. 2011. "Companies shun investment, hoard cash", in *Wall Street Journal*. Available at: http://online.wsj.com/article/SB10001424053111903927204576574720017009568.html [17 Sep. 2011].

Chowdhury, S. 2011. "Employment in India: What does the latest data show?", in *Economic and Political Weekly*, Vol. XLVI, No. 32, pp. 23–26.

Cochrane, J.H. 2008. "Financial markets and the real economy", in R. Mehra (ed.): *Handbook of the equity risk premium* (Elsevier Science), pp. 237–330.

—. 1991. "Production-based asset pricing and the link between stock returns and economic fluctuations", in *Journal of Finance*, Vol. 46, No. 1, pp. 207–234.

Eichengreen, B.; Park, D.; Shin, K. 2011. *When fast growing economies slow down: International evidence and implications for China* (Cambridge, MA, National Bureau of Economic Research).

Ernst, C.; Iturriza, A. 2011. *Tackling deforestation in Mozambique: Reconciling the social, economic and environmental agenda*, paper presented at the 14th ILO Regional Seminar for Labour Based Practitioners, Accra, Ghana, 5–9 Sept.

Ernst, E. 2011a. "The future of finance: Scenarios of financial sector reforms and their labour market implications", in *The global crisis. Causes, responses and challenges* (Geneva, International Labour Office) pp. 223–240.

—. 2011b. *Determinants of unemployment dynamics. Economic factors, labour market institutions and financial development* (Geneva, International Institute for Labour Studies).

Hungerford, T.; Gravelle, J.G. 2010. *Business investment and employment tax incentives to stimulate the economy* (Washington, DC, Congressional Research Service).

Institute of International Finance (IIF). 2010. *Interim report on the cumulative impact on the global economy of proposed changes in the banking regulatory framework* (Washington, DC).

Interindustry Economic Research Fund. 2011. *Development of scenarios gauging the effects of increased investment in the United States on growth and employment* (Washington, DC). Background paper produced for this report.

International Institute for Labour Studies (IILS). 2011. *World of Work Report 2011: Making markets work for jobs* (Geneva, ILO).

—. 2010. *World of Work Report 2010: From one crisis to the next?* (Geneva, ILO).

—. 2009. *The financial and economic crisis: A decent work response* (Geneva).

International Labour Office (ILO). 2011a. *The global crisis. Causes, responses and challenges* (Geneva).

—. 2011b. *Global Employment Trends for Youth: 2011 update* (Geneva).

—. 2011c. *Economically Active Population Estimates and Projections*, 6th edition. Available at: http://laborsta.ilo.org/applv8/data/EAPEP/eapep_E.html.

—. 2011d. *Key Indicators of the Labour Market*, 7th edition (Geneva).

—. 2011e. *Growth, productive employment and decent work in the least developed countries* (Geneva).

—. 2011f. *Efficient growth, employment and decent work in Africa: Time for a new vision* (Geneva).

—. 2011g. *Empowering Africa's peoples with decent work. Report of the Director General* (Geneva).

—. 2011h. *South Africa. Growth and equity through social protection and policy coherence (G20 reports)* (Geneva). Available at: http://www.ilo.org/global/about-the-ilo/how-the-ilo-works/multilateral-system/g20/lang--en/index.htm.

—. 2011i. *Conclusions of the 12th African Regional Meeting* (Johannesburg, South Africa, 11–14 Oct.). Available at: http://www.ilo.org/wcmsp5/groups/public/---ed_norm/---relconf/documents/meetingdocument/wcms_165250.pdf.
—. 2010. *Global Employment Trends 2010* (Geneva).
—. 2009. *Protecting people and promoting jobs. A survey of country employment and social protection policy responses to the global economic crisis* (Geneva).
—. World Bank. Forthcoming. *Policy responses to the global financial crisis* (Geneva, ILO).
International Monetary Fund (IMF). 2011a. *World Economic Outlook (September). Slowing growth, rising risks* (Washington, DC).
—. 2011b. *Consolidated Spillover Report. Implications from the analysis of the systemic-5* (Washington, DC).
—. 2010a. *Fiscal Monitor. Navigating the fiscal challenges ahead* (Washington, DC).
—. 2010b. *Regional Economic Outlook: Sub-Saharan Africa* (April) (Washington, DC).
—. 2008. *World Economic Outlook (April). Housing and the business cycle* (Washington, DC).
Kashyap, A.K.; Stein, J.C.; Hanson, S. 2010. *An analysis of the impact of "substantially heightened" capital requirements on large financial institutions* (Chicago, IL, University of Chicago).
Malaysia Department of Statistics. 2011. "Principal statistics of labour force, Kuala Lumpur". Available at: http://www.statistics.gov.my/portal/images/stories/files/LatestReleases/employment/Labour_Force_Indicator_Malaysia_Aug2011_BI.pdf.
National Centre for Labour Market Forecast and Information. 2011. *Viet Nam Employment Trends 2010* (Hanoi, Ministry of Labour, Invalids and Social Affairs).
OECD. 2011. *Divided we stand: Why inequality keeps rising* (Paris).
—. 2010. *Economic Survey: Germany* (Paris).
—. 2009. *Economic Outlook* (Paris).
Philippines Bureau of Labor and Employment Statistics. 2011. "Current labor statistics" (Manila). Available at: http://www.bles.dole.gov.ph/PUBLICATIONS/Current%20Labor%20Statistics/index.html.
Reinhart, C.M.; Rogoff, K.S. 2009. *This time is different: A panoramic view of eight centuries of financial crises* (Princeton, NJ, Princeton University Press).
Rothstein, J. 2011. *Unemployment insurance and job search in the Great Recession* (Cambridge, MA, National Bureau of Economic Research).
Schmidt, D.; Hassanien, D. 2011. "In need of a future. Causes and consequences of high youth unemployment – the case of North Africa", in *Youth for Democracy – Learning from nonviolent struggles around the world* (Copenhagen, Humanity in Action Denmark). Available at: http://www.apply.humanityinaction.org/files/101-YouthinNorthAfrica-Abstract.pdf.
Sparreboom, T.; Albee, A., 2011. *Towards decent work in sub-Saharan Africa. Monitoring MDG employment indicators* (Geneva, ILO).
Spiezia, V. 2000. "The effects of benefits on unemployment and wages: A comparison of unemployment compensation systems", in *International Labour Review*, Vol. 139, No. 1, pp. 73–90.
Sri Lanka Department of Census and Statistics. 2011. *Quarterly Labour Force Surveys* (Colombo).
Stiglitz, J. 2011. "After-shocks of the global financial crisis and the way forward", UNDESA Expert Group Meeting on the World Economy, 24 October.
Stockhammer, E.; Onaran, O.; Ederer, S. 2009. "Functional income distribution and aggregate demand in the Euro area", in *Cambridge Journal of Economics*, Vol. 33, No. 1, pp. 139–159.
Tzannatos, Z.; Haq, T.; Schmidt, D. 2011. "The labour market in the Arab States: Recent trends, policy responses and future challenges", in ILO (ed.): *The global crisis. Causes, responses and challenges* (Geneva, ILO), pp. 51–65.
UN Department of Economic and Social Affairs. 2012. *World Economic and Social Prospects* (New York)
—. 2011. *World Population Prospects: The 2010 revision* (New York, NY, United Nations). Available at: http://esa.un.org/unpd/wpp/index.htm.
United Nations Statistics Division. 2011. *International Merchandise Trade Statistics* (New York).
Woodford, M. 2010. *Simple analytics of the government expenditure multiplier* (Cambridge, MA, National Bureau of Economic Research).
World Bank. 2011. *Africa Development Indicators 2011* (Washington, DC).
Yap, K. 2011. "Aquino unveils stimulus plan as Philippine growth forecasts cut", *Bloomberg*.
Zoega, G. 2010. "The financial crisis: Joblessness and investmentlessness", in *Capitalism and Society*, Vol. 5, No. 2. Available at: http://www.bepress.com/cas/vol5/iss2/art3.

附录1　全球和地区性数据图表[1]

表 A1　全球和各地区国内生产总值实际年均增长率（百分比）

地区	2006年	2007年	2008年	2009年	2010年	2011年*	2012年*	2013年*	2014年*	2015年*	2016年*
全球	5.3	5.4	2.8	-0.7	5.1	4.0	4.0	4.5	4.7	4.8	4.9
发达经济体和欧盟	3.0	2.6	0.1	-3.9	2.6	1.4	1.7	2.2	2.5	2.6	2.6
中欧和东南欧（非欧盟）以及独联体	8.2	7.8	4.2	-5.9	5.3	4.9	3.8	4.1	4.1	4.2	4.2
东亚	10.9	12.1	7.8	7.1	9.8	8.5	8.2	8.6	8.6	8.6	8.6
东南亚和太平洋地区	6.2	6.7	4.5	1.6	7.5	5.3	5.5	5.7	5.8	6.0	5.9
南亚	8.9	9.4	5.9	6.2	9.2	7.2	7.1	7.6	7.8	7.8	7.8
拉丁美洲和加勒比地区	5.6	5.8	4.3	-1.7	6.1	4.5	4.0	4.1	4.1	4.0	3.9
中东	6.0	7.1	4.4	2.2	4.4	4.9	4.0	4.4	4.7	4.7	4.8
北非	5.9	5.8	5.0	3.5	4.4	1.9	2.5	4.0	5.0	5.5	5.8
撒哈拉以南非洲	6.5	7.1	5.6	2.8	5.4	5.2	5.8	5.5	5.4	5.2	5.1

* 2011年数据为初步预估数据；2012—2016年数据为预测数据。

资料来源：国际货币基金组织，《世界经济展望》，2011年9月。

1　除非另行指明，否则本报告中此处所显示和分析图表的资料来源均为：国际劳工组织，《趋势计量经济学模型》，2011年10月。如欲了解此处所采用的劳动力市场指标及《全球就业趋势》报告中其他指标的全球性和地区性总数据的估算方法，请参见附录4。

表 A2　全球和各地区按性别划分的失业率（百分比）

两性	2000 年	2005 年	2006 年	2007 年	2008 年	2009 年	2010 年	2011 年*		
								CI 下限值	初步预估数据	CI 上限值
全球	6.3	6.2	5.8	5.5	5.6	6.2	6.1	5.7	6.0	6.3
发达经济体和欧盟	6.7	6.9	6.3	5.8	6.1	8.3	8.8	8.1	8.5	8.7
中欧和东南欧（非欧盟）以及独联体	10.8	9.2	9.1	8.4	8.4	10.2	9.5	8.1	8.6	9.3
东亚	4.4	4.1	3.9	3.8	4.2	4.3	4.1	3.9	4.1	4.3
东南亚和太平洋地区	5.0	6.4	6.1	5.5	5.3	5.2	4.8	4.4	4.7	5.0
南亚	4.4	4.7	4.2	3.8	3.7	3.9	3.9	3.6	3.8	4.1
拉丁美洲和加勒比地区	8.6	7.9	7.6	7.0	6.6	7.7	7.2	6.7	7.2	7.6
中东	10.5	11.2	10.9	10.3	10.4	10.1	9.9	9.5	10.2	10.8
北非	13.6	11.5	10.5	10.1	9.6	9.6	9.6	10.3	10.9	11.6
撒哈拉以南非洲	9.2	8.3	8.2	8.1	8.1	8.2	8.2	7.9	8.2	8.5
男性	**2000 年**	**2005 年**	**2006 年**	**2007 年**	**2008 年**	**2009 年**	**2010 年**	**2011 年***		
								CI 下限值	初步预估数据	CI 上限值
全球	6.1	5.8	5.6	5.2	5.4	6.0	5.8	5.5	5.8	6.0
发达经济体和欧盟	6.3	6.6	6.1	5.5	6.0	8.7	9.1	8.4	8.7	9.0
中欧和东南欧（非欧盟）以及独联体	10.6	9.4	9.2	8.6	8.6	10.6	9.8	8.2	8.8	9.4
东亚	4.9	4.6	4.5	4.3	4.8	4.9	4.7	4.5	4.7	4.9
东南亚和太平洋地区	5.1	6.0	5.7	5.3	5.2	5.2	4.5	4.2	4.4	4.7
南亚	4.4	4.2	4.1	3.6	3.5	3.7	3.5	3.3	3.5	3.7
拉丁美洲和加勒比地区	7.3	6.4	6.1	5.6	5.3	6.4	5.9	5.8	6.2	6.6
中东	8.8	9.3	9.0	8.4	8.6	8.2	8.1	7.8	8.3	8.8
北非	11.5	9.0	8.2	8.1	7.5	7.3	7.4	7.7	8.2	8.8
撒哈拉以南非洲	8.5	7.8	7.7	7.6	7.6	7.7	7.7	7.4	7.7	7.9
女性	**2000 年**	**2005 年**	**2006 年**	**2007 年**	**2008 年**	**2009 年**	**2010 年**	**2011 年***		
								CI 下限值	初步预估数据	CI 上限值
全球	6.6	6.6	6.2	5.8	5.9	6.4	6.5	6.1	6.4	6.7
发达经济体和欧盟	7.3	7.3	6.7	6.1	6.2	7.9	8.4	7.9	8.2	8.5
中欧和东南欧（非欧盟）以及独联体	11.0	9.0	8.8	8.0	8.1	9.7	9.2	8.0	8.5	9.1
东亚	3.8	3.4	3.3	3.1	3.6	3.6	3.5	3.3	3.4	3.6
东南亚和太平洋地区	4.9	7.0	6.6	5.8	5.5	5.2	5.2	4.8	5.1	5.4
南亚	4.6	5.7	4.4	4.3	4.2	4.4	5.0	4.5	4.8	5.1
拉丁美洲和加勒比地区	10.8	10.1	9.8	9.0	8.6	9.6	9.1	8.0	8.5	9.0
中东	18.9	19.3	19.3	18.6	18.9	18.7	18.5	17.4	18.7	20.0
北非	20.8	19.6	18.0	16.1	16.0	16.5	16.4	18.0	19.0	20.1
撒哈拉以南非洲	10.0	9.0	8.9	8.8	8.8	8.7	8.7	8.5	8.8	9.1

* 2011 年数据为初步预估数据；CI = 置信区间。

资料来源：国际劳工组织，《趋势计量经济学模型》，2011 年 10 月；如欲了解更多详情，请参见附录 4 和“劳动力市场指标的估算和预测”，尤其是《趋势计量经济学模型》：可从以下网站获取“研究方法综述”：http：//www. ilo. org/empelm/what/projects/lang -- en/WCMS_114246/index. htm。与早前估算数据之间存在的差异系因世界银行和国际货币基金组织对国内生产总值的估算及模型中用到的相关要素进行了修改，以及所采用的劳动力市场信息有了数据更新。后者的更新所依据的是国际劳工组织的《劳动力市场关键指标》（2011 年第七版）。

表 A3　全球和各地区年轻人和成年人的失业率（百分比）

年轻人	2000 年	2005 年	2006 年	2007 年	2008 年	2009 年	2010 年	2011 年*		
								CI 下限值	初步预估数据	CI 上限值
全球	12.8	12.9	12.4	11.7	11.9	12.8	12.8	12.0	12.7	13.3
发达经济体和欧盟	13.5	14.2	13.3	12.5	13.3	17.3	18.1	17.1	17.9	18.4
中欧和东南欧（非欧盟）以及独联体	20.0	18.7	18.6	17.6	17.0	20.5	19.5	16.7	17.7	18.9
东亚	9.1	8.5	8.3	8.0	8.9	9.0	8.8	8.4	8.8	9.2
东南亚和太平洋地区	13.2	17.7	17.0	14.9	14.2	13.9	13.6	12.6	13.4	14.3
南亚	10.2	10.0	9.3	8.6	8.6	9.1	10.2	9.3	9.9	10.6
拉丁美洲和加勒比地区	15.8	15.7	15.3	14.1	13.7	15.7	14.6	12.5	13.3	14.2
中东	23.8	25.4	25.5	24.9	25.7	25.2	25.4	24.5	26.2	27.9
北非	28.8	27.2	25.2	23.8	23.0	23.6	23.0	25.7	27.1	28.6
撒哈拉以南非洲	14.2	12.9	12.8	12.8	12.8	12.9	12.8	12.4	12.8	13.2
成年人	**2000 年**	**2005 年**	**2006 年**	**2007 年**	**2008 年**	**2009 年**	**2010 年**	**2011 年***		
								CI 下限值	初步预估数据	CI 上限值
全球	4.6	4.5	4.2	4.0	4.1	4.7	4.6	4.3	4.6	4.8
发达经济体和欧盟	5.6	5.8	5.3	4.8	5.0	7.1	7.5	6.9	7.2	7.5
中欧和东南欧（非欧盟）以及独联体	8.9	7.4	7.3	6.7	6.8	8.4	7.9	6.7	7.2	7.7
东亚	3.4	3.1	3.0	2.9	3.3	3.3	3.2	3.1	3.2	3.3
东南亚和太平洋地区	2.6	3.3	3.2	3.1	3.1	3.0	2.7	2.5	2.7	2.8
南亚	2.6	3.0	2.6	2.4	2.3	2.4	2.3	2.2	2.3	2.4
拉丁美洲和加勒比地区	6.3	5.6	5.4	5.1	4.8	5.7	5.4	5.3	5.7	6.0
中东	6.1	6.8	6.6	6.3	6.5	6.3	6.3	6.1	6.6	7.0
北非	8.7	6.5	6.2	6.2	6.0	6.0	6.3	6.6	7.0	7.5
撒哈拉以南非洲	7.3	6.6	6.5	6.4	6.4	6.4	6.5	6.3	6.5	6.7

* 2011 年数据为初步预估数据；CI = 置信区间。

资料来源：国际劳工组织，《趋势计量经济学模型》，2011 年 10 月；同时参见表 A2 资料来源。

表 A4　全球失业人口（百万）

	2000 年	2005 年	2006 年	2007 年	2008 年	2009 年	2010 年	2011 年*		
								CI 下限值	初步预估数据	CI 上限值
合计	175.5	187.5	180.0	170.7	176.4	197.7	197.3	187.3	197.2	206.8
男性	101.8	106.2	103.1	97.6	101.4	115.3	113.2	107.8	113.5	119.0
女性	73.6	81.3	76.9	73.0	75.0	82.4	84.1	79.5	83.7	87.8
年轻人	73.4	78.7	75.5	70.7	71.6	76.3	75.8	70.9	74.7	78.5
成年人	102.0	108.8	104.5	99.9	104.8	121.4	121.5	116.4	122.5	128.3

* 2011 年数据为初步预估数据；CI = 置信区间。

注：由于对数据进行了四舍五入，总数或有差异。

资料来源：国际劳工组织，《趋势计量经济学模型》，2011 年 10 月；同时参见表 A2 的资料来源。

表 A5　全球和各地区按性别划分的就业人口占总人口的比重（百分比）

两性	2000 年	2005 年	2006 年	2007 年	2008 年	2009 年	2010 年	2011 年*		
								CI 下限值	初步预估数据	CI 上限值
全球	61.2	61.1	61.2	61.2	61.0	60.3	60.2	60.1	60.3	60.5
发达经济体和欧盟	56.6	56.2	56.7	57.1	57.1	55.5	55.0	55.0	55.2	55.4
中欧和东南欧（非欧盟）以及独联体	52.5	52.4	52.7	53.5	53.8	53.0	53.5	53.9	54.3	54.6
东亚	72.7	71.4	71.4	71.3	70.6	70.4	70.4	70.1	70.2	70.4
东南亚和太平洋地区	66.9	65.9	65.9	66.2	66.4	66.4	66.7	66.6	66.8	67.0
南亚	57.2	58.2	57.8	57.2	56.5	55.6	54.9	54.8	54.9	55.1
拉丁美洲和加勒比地区	58.5	60.3	60.5	60.9	61.3	60.7	61.4	61.2	61.5	61.8
中东	41.1	42.5	42.4	42.6	41.9	42.3	42.7	42.6	42.9	43.3
北非	41.8	43.2	43.2	43.8	44.1	44.1	44.2	43.3	43.6	43.9
撒哈拉以南非洲	63.3	64.1	64.2	64.4	64.5	64.5	64.4	64.3	64.5	64.7
男性	**2000 年**	**2005 年**	**2006 年**	**2007 年**	**2008 年**	**2009 年**	**2010 年**	**2011 年***		
								CI 下限值	初步预估数据	CI 上限值
全球	73.8	73.4	73.4	73.6	73.4	72.6	72.6	72.5	72.7	72.9
发达经济体和欧盟	65.8	64.4	64.9	65.2	64.9	62.5	61.8	61.8	62.0	62.2
中欧和东南欧（非欧盟）以及独联体	62.1	61.8	62.0	63.0	63.6	62.3	63.1	63.7	64.1	64.5
东亚	78.1	76.9	76.9	76.9	76.2	75.9	75.9	75.7	75.8	76.0
东南亚和太平洋地区	78.6	77.7	77.7	77.7	77.6	77.6	78.2	78.0	78.2	78.4
南亚	79.6	79.9	79.7	79.7	79.3	78.7	78.5	78.3	78.5	78.7
拉丁美洲和加勒比地区	74.8	75.1	75.2	75.4	75.7	74.6	75.1	74.5	74.7	75.1
中东	67.4	67.1	67.0	67.3	66.6	67.1	67.6	67.4	67.8	68.2
北非	66.3	68.4	68.1	68.1	68.6	68.7	68.6	67.6	68.0	68.4
撒哈拉以南非洲	70.4	70.0	70.1	70.3	70.4	70.3	70.2	70.2	70.4	70.5
女性	**2000 年**	**2005 年**	**2006 年**	**2007 年**	**2008 年**	**2009 年**	**2010 年**	**2011 年***		
								CI 下限值	初步预估数据	CI 上限值
全球	48.6	48.9	48.9	48.9	48.6	48.1	47.8	47.7	47.9	48.0
发达经济体和欧盟	48.0	48.4	49.0	49.5	49.7	48.9	48.6	48.6	48.7	48.9
中欧和东南欧（非欧盟）以及独联体	44.0	44.1	44.5	45.1	45.3	44.7	45.1	45.3	45.6	45.9
东亚	67.1	65.7	65.6	65.6	64.8	64.6	64.6	64.3	64.4	64.5
东南亚和太平洋地区	55.6	54.3	54.4	55.1	55.5	55.5	55.5	55.5	55.7	55.9
南亚	33.4	35.2	34.7	33.6	32.5	31.4	30.1	30.2	30.3	30.4
拉丁美洲和加勒比地区	42.9	46.1	46.5	47.2	47.7	47.5	48.4	48.7	48.9	49.2
中东	13.2	15.3	15.1	15.1	14.3	14.5	14.8	14.7	15.0	15.2
北非	17.5	18.2	18.6	19.8	19.9	19.8	20.0	19.3	19.6	19.8
撒哈拉以南非洲	56.4	58.3	58.5	58.6	58.8	58.8	58.7	58.6	58.8	59.0

* 2011 年数据为初步预估数据；CI = 置信区间。

资料来源：国际劳工组织，《趋势计量经济学模型》，2011 年 10 月；同时参见表 A2 的资料来源。

表 A6　全球和各地区年就业增长率（百分比）

地区	2001—2006 年	2007 年	2008 年	2009 年	2010 年	2011 年*		
						CI 下限值	初步预估数据	CI 上限值
全球	1.8	1.7	1.1	0.5	1.3	1.2	1.6	1.9
发达经济体和欧盟	0.9	1.5	0.6	-2.2	-0.2	0.5	0.8	1.2
中欧和东南欧（非欧盟）以及独联体	0.9	2.1	1.2	-1.2	1.5	1.0	1.7	2.3
东亚	1.2	1.2	0.1	0.7	0.9	0.6	0.8	1.0
东南亚和太平洋地区	1.7	2.4	2.0	1.7	2.2	1.5	1.8	2.1
南亚	2.5	1.1	0.8	0.6	0.7	1.9	2.1	2.4
拉丁美洲和加勒比地区	2.5	2.4	2.4	0.7	2.8	1.4	1.9	2.4
中东	4.6	3.9	1.7	4.0	3.8	2.3	3.1	3.9
北非	3.4	3.7	2.9	2.2	2.2	0.0	0.8	1.5
撒哈拉以南非洲	3.1	3.0	3.0	2.7	2.7	2.6	2.9	3.2

* 2011 年数据为初步预估数据；CI = 置信区间。

资料来源：国际劳工组织，《趋势计量经济学模型》，2011 年 10 月；同时参见表 A2 的资料来源。

表 A7　每个工作者的产出、水平和年增长率

	每个工作者的产出（2010 年）	2001—2006 年	2007 年	2008 年	2009 年	2010 年	2011 年*		
							CI 下限值	初步预估数据	CI 上限值
全球	22213	2.3	3.4	1.6	-1.1	3.7	1.7	2.1	2.4
发达经济体和欧盟	72467	1.5	1.0	-0.3	-1.4	3.0	0.2	0.6	0.9
中欧和东南欧（非欧盟）以及独联体	24925	6.1	5.6	3.0	-5.0	3.6	2.5	3.1	3.8
东亚	13347	8.1	11.3	8.3	6.9	8.7	7.2	7.4	7.6
东南亚和太平洋地区	9722	4.1	4.2	2.2	-0.3	5.4	2.7	3.0	3.3
南亚	7782	4.9	8.1	4.0	7.7	8.2	4.3	4.5	4.8
拉丁美洲和加勒比地区	22847	1.1	3.1	1.7	-2.5	2.9	1.5	2.0	2.5
中东	38184	0.7	2.1	3.5	-1.9	0.7	0.5	1.3	2.0
北非	17912	1.4	1.8	2.3	2.4	1.9	0.1	0.8	1.5
撒哈拉以南非洲	5435	2.2	3.6	2.2	-0.2	2.1	1.5	1.8	2.1

* 2011 年数据为初步预估数据；CI = 置信区间。

注：产出的计算基于 2005 年经购买力平价调整后的国际定值美元。

资料来源：国际劳工组织，《趋势计量经济学模型》，2011 年 10 月；同时参见表 A2 的资料来源。

表 A8　全球和各地区按性别划分的劳动参与率（百分比）

两性	2000年	2001年	2002年	2003年	2004年	2005年	2006年	2007年	2008年	2009年	2010年	2011年*
全球	65.3	65.2	65.1	65.0	65.1	65.2	65.0	64.8	64.6	64.3	64.1	64.1
发达经济体和欧盟	60.7	60.5	60.3	60.2	60.2	60.3	60.6	60.6	60.8	60.5	60.3	60.3
中欧和东南欧（非欧盟）以及独联体	58.8	58.2	58.2	57.5	57.4	57.7	57.9	58.4	58.7	59.0	59.2	59.4
东亚	76.0	75.7	75.4	75.0	74.7	74.5	74.3	74.1	73.8	73.6	73.4	73.3
东南亚和太平洋地区	70.5	70.8	70.5	70.6	70.6	70.4	70.2	70.1	70.1	70.0	70.1	70.1
南亚	59.9	60.1	60.3	60.5	60.7	61.0	60.3	59.5	58.6	57.9	57.1	57.1
拉丁美洲和加勒比地区	64.0	64.3	64.6	64.5	65.2	65.4	65.5	65.5	65.7	65.8	66.2	66.3
中东	46.0	46.2	46.5	46.9	47.4	47.9	47.6	47.5	46.8	47.1	47.5	47.8
北非	48.4	47.8	47.5	48.1	48.5	48.8	48.3	48.7	48.8	48.8	48.8	48.9
撒哈拉以南非洲	69.7	69.8	69.9	69.9	69.9	69.9	70.0	70.1	70.2	70.2	70.2	70.3
男性	2000年	2001年	2002年	2003年	2004年	2005年	2006年	2007年	2008年	2009年	2010年	2011年*
全球	78.6	78.4	78.2	78.0	78.0	78.0	77.8	77.6	77.5	77.3	77.1	77.1
发达经济体和欧盟	70.2	69.8	69.4	69.1	69.0	69.0	69.1	69.1	69.0	68.4	68.0	67.9
中欧和东南欧（非欧盟）以及独联体	69.4	68.6	68.1	67.5	67.8	68.2	68.3	68.9	69.5	69.7	70.0	70.3
东亚	82.1	81.7	81.5	81.2	80.9	80.7	80.5	80.3	80.0	79.8	79.6	79.6
东南亚和太平洋地区	82.8	83.1	82.8	83.1	83.2	82.7	82.4	82.1	81.9	81.8	81.9	81.8
南亚	83.3	83.3	83.3	83.3	83.3	83.4	83.1	82.6	82.2	81.7	81.4	81.3
拉丁美洲和加勒比地区	80.7	80.5	80.3	80.0	80.2	80.2	80.1	79.9	80.0	79.7	79.8	79.7
中东	74.0	73.8	73.7	73.8	73.8	74.0	73.6	73.5	72.8	73.1	73.6	74.0
北非	74.9	74.2	74.1	74.5	75.0	75.2	74.1	74.1	74.1	74.1	74.1	74.1
撒哈拉以南非洲	77.0	76.7	76.5	76.2	75.9	75.9	75.9	76.0	76.2	76.1	76.1	76.2
女性	2000年	2001年	2002年	2003年	2004年	2005年	2006年	2007年	2008年	2009年	2010年	2011年*
全球	52.0	52.0	52.1	52.1	52.2	52.4	52.2	52.0	51.7	51.4	51.2	51.1
发达经济体和欧盟	51.8	51.7	51.7	51.9	52.0	52.2	52.5	52.7	53.0	53.0	53.0	53.1
中欧和东南欧（非欧盟）以及独联体	49.4	49.0	49.4	48.6	48.3	48.5	48.8	49.1	49.2	49.6	49.7	49.9
东亚	69.7	69.4	69.1	68.7	68.3	68.0	67.8	67.7	67.2	67.0	66.9	66.7
东南亚和太平洋地区	58.5	58.8	58.4	58.4	58.4	58.5	58.3	58.5	58.7	58.5	58.6	58.7
南亚	35.0	35.4	35.8	36.3	36.8	37.4	36.3	35.1	33.9	32.8	31.7	31.8
拉丁美洲和加勒比地区	48.1	48.7	49.6	49.8	50.8	51.3	51.5	51.8	52.1	52.6	53.2	53.5
中东	16.3	16.7	17.2	17.8	18.4	19.0	18.7	18.5	17.7	17.8	18.1	18.4
北非	22.1	21.7	21.2	21.9	22.4	22.6	22.7	23.6	23.7	23.8	24.0	24.2
撒哈拉以南非洲	62.7	63.1	63.5	63.8	64.0	64.1	64.2	64.2	64.4	64.4	64.4	64.5

* 2011 年数据为初步预估数据。

资料来源：国际劳工组织，《趋势计量经济学模型》，2011 年 10 月；国际劳工组织，《经济活跃人口预计和测算》；同时参见表 A2 的资料来源。

表 A9　全球和各地区成年人和年轻人的劳动参与率（百分比）

年轻人	2000年	2001年	2002年	2003年	2004年	2005年	2006年	2007年	2008年	2009年	2010年	2011年*
全球	52.9	52.5	52.2	51.9	51.9	51.9	51.3	50.7	50.1	49.4	48.8	48.7
发达经济体和欧盟	52.7	51.8	50.9	50.0	49.9	50.0	50.4	50.1	50.0	48.8	47.5	47.7
中欧和东南欧（非欧盟）以及独联体	43.5	42.2	41.8	40.2	40.0	40.0	40.2	40.6	42.1	42.3	42.0	42.3
东亚	65.6	64.4	63.6	62.9	62.4	62.1	61.8	61.6	60.8	60.6	60.3	60.2
东南亚和太平洋地区	56.3	56.8	55.9	56.0	55.9	55.3	54.3	53.5	53.0	52.7	52.5	52.3
南亚	48.0	48.1	48.3	48.4	48.5	48.6	47.3	45.6	44.1	42.7	41.3	41.2
拉丁美洲和加勒比地区	54.6	54.5	54.4	53.6	54.1	54.2	53.7	53.4	53.3	52.7	52.8	52.7
中东	32.7	32.8	32.9	33.1	33.1	33.3	32.3	31.5	30.4	30.2	30.3	30.4
北非	36.1	34.2	34.9	35.7	36.5	36.8	34.9	34.3	34.1	33.7	33.6	33.5
撒哈拉以南非洲	53.9	54.0	54.1	54.1	54.2	54.1	54.0	53.9	53.9	53.7	53.6	53.6
成年人	**2000年**	**2001年**	**2002年**	**2003年**	**2004年**	**2005年**	**2006年**	**2007年**	**2008年**	**2009年**	**2010年**	**2011年***
全球	69.5	69.5	69.5	69.5	69.5	69.6	69.5	69.5	69.3	69.1	69.0	68.9
发达经济体和欧盟	62.3	62.2	62.1	62.2	62.2	62.3	62.4	62.6	62.7	62.6	62.6	62.5
中欧和东南欧（非欧盟）以及独联体	63.2	62.8	63.0	62.5	62.5	62.8	63.1	63.4	63.3	63.4	63.6	63.6
东亚	78.8	78.7	78.5	78.3	78.1	77.9	77.7	77.6	77.3	77.0	76.8	76.5
东南亚和太平洋地区	76.2	76.4	76.2	76.3	76.2	76.1	76.1	76.2	76.2	76.0	76.1	76.0
南亚	65.2	65.3	65.5	65.8	66.0	66.3	65.9	65.2	64.6	64.0	63.4	63.4
拉丁美洲和加勒比地区	67.8	68.1	68.6	68.7	69.3	69.5	69.7	69.7	70.0	70.3	70.6	70.7
中东	53.2	53.5	53.9	54.3	54.8	55.3	55.2	55.2	54.4	54.5	54.7	54.9
北非	54.4	54.4	53.6	54.0	54.2	54.3	54.4	55.1	55.1	55.1	55.1	55.0
撒哈拉以南非洲	78.5	78.6	78.7	78.7	78.7	78.7	78.8	79.0	79.2	79.2	79.1	79.2

* 2011 年数据为初步预估数据。

资料来源：国际劳工组织，《趋势计量经济学模型》，2011 年 10 月；国际劳工组织，《经济活跃人口预计和测算》；同时参见表 A2 的资料来源。

表 A10　全球和各地区按部门和性别划分的就业份额（百分比）

两性	农业				工业				服务业			
	2000年	2007年	2010年	2011年*	2000年	2007年	2010年	2011年*	2000年	2007年	2010年	2011年*
全球	40.5	35.5	34.0	34.1	20.4	22.1	22.1	22.1	39.1	42.4	43.9	43.8
发达经济体和欧盟	5.5	3.9	3.7	3.8	27.3	25.0	22.4	22.1	67.3	71.1	73.8	74.1
中欧和东南欧（非欧盟）以及独联体	25.8	19.8	20.6	19.9	24.7	25.6	24.4	26.3	49.6	54.6	55.1	53.8
东亚	47.7	38.9	34.9	35.4	23.4	27.2	28.6	28.2	29.0	33.9	36.4	36.4
东南亚和太平洋地区	49.7	44.2	42.5	43.1	16.4	18.3	18.2	18.4	33.9	37.5	39.2	38.4
南亚	59.5	53.1	51.4	51.0	15.6	19.5	20.7	21.0	24.9	27.4	27.9	28.0
拉丁美洲和加勒比地区	20.5	17.1	16.2	16.0	21.6	22.5	22.2	22.0	58.0	60.4	61.6	62.0
中东	22.4	19.1	16.9	16.7	24.4	25.8	25.7	25.7	53.2	55.1	57.4	57.6
北非	30.5	29.2	28.5	28.4	19.4	21.0	21.8	21.9	50.1	49.8	49.7	49.6
撒哈拉以南非洲	66.3	62.9	62.0	62.0	7.9	8.5	8.5	8.5	25.9	28.6	29.6	29.5
男性	农业				工业				服务业			
	2000年	2007年	2010年	2011年*	2000年	2007年	2010年	2011年*	2000年	2007年	2010年	2011年*
全球	38.1	33.4	32.4	32.8	24.0	26.2	26.1	25.9	37.9	40.4	41.5	41.3
发达经济体和欧盟	6.0	4.5	4.4	4.4	36.4	34.8	32.0	31.5	57.6	60.7	63.7	64.0
中欧和东南欧（非欧盟）以及独联体	26.0	20.2	21.2	19.7	30.1	32.4	29.9	32.9	43.9	47.5	48.9	47.5
东亚	41.0	33.7	30.6	32.2	27.0	31.0	32.3	31.0	32.1	35.3	37.1	36.7
东南亚和太平洋地区	48.6	43.5	41.6	42.5	18.4	20.9	20.7	20.9	33.1	35.6	37.6	36.6
南亚	53.4	46.3	44.9	44.4	17.3	21.6	22.8	23.0	29.3	32.1	32.4	32.5
拉丁美洲和加勒比地区	25.2	21.6	20.9	20.8	26.2	28.2	28.1	27.9	48.6	50.2	51.0	51.3
中东	20.0	16.4	14.3	14.1	26.6	28.0	28.1	28.2	53.5	55.6	57.5	57.7
北非	29.9	27.5	27.1	27.2	21.6	23.9	25.0	25.1	48.5	48.6	47.9	47.7
撒哈拉以南非洲	65.2	62.5	61.6	61.9	9.7	10.5	10.4	10.4	25.1	27.0	28.0	27.7
女性	农业				工业				服务业			
	2000年	2007年	2010年	2011年*	2000年	2007年	2010年	2011年*	2000年	2007年	2010年	2011年*
全球	44.1	38.6	36.4	36.2	14.9	15.9	16.0	16.2	41.0	45.5	47.5	47.6
发达经济体和欧盟	4.7	3.2	2.9	2.9	15.5	12.8	11.0	10.7	79.7	84.0	86.1	86.3
中欧和东南欧（非欧盟）以及独联体	25.5	19.3	19.8	20.3	17.9	17.3	17.6	18.2	56.6	63.5	62.7	61.6
东亚	55.8	45.3	40.3	39.3	19.0	22.6	24.1	24.7	25.2	32.2	35.6	36.0
东南亚和太平洋地区	51.2	45.0	43.8	43.9	13.7	14.8	14.8	15.0	35.1	40.2	41.4	41.0
南亚	74.9	70.1	69.1	68.8	11.3	14.2	15.1	15.3	13.8	15.7	15.8	15.9
拉丁美洲和加勒比地区	12.5	10.3	9.1	9.0	13.8	13.8	13.6	13.5	73.7	75.8	77.3	77.5
中东	35.6	32.2	29.8	29.9	12.6	15.2	13.2	13.1	51.8	52.7	56.9	57.0
北非	32.8	35.2	33.3	32.7	10.9	11.1	10.9	11.0	56.3	53.8	55.8	56.4
撒哈拉以南非洲	67.5	63.5	62.4	62.1	5.7	6.2	6.2	6.2	26.7	30.4	31.4	31.7

* 2011 年数据为初步预估数据。

资料来源：国际劳工组织，《趋势计量经济学模型》，2011 年 10 月；同时参见表 A2 的资料来源。

表 A11 全球和各地区按部门和性别划分的就业（百万）

两性	农业				工业				服务业			
	2000年	2007年	2010年	2011年*	2000年	2007年	2010年	2011年*	2000年	2007年	2010年	2011年*
全球	1056.8	1048.2	1032.7	1053.1	532.8	651.7	671.9	680.8	1021.7	1252.7	1332.9	1350.9
发达经济体和欧盟	24.3	18.5	17.4	17.7	121.2	118.7	104.5	103.8	299.2	337.4	343.9	348.0
中欧和东南欧（非欧盟）以及独联体	38.1	31.4	33.1	32.7	36.5	40.6	39.3	43.1	73.3	86.7	88.7	88.1
东亚	354.5	314.1	286.9	293.0	174.0	219.4	235.2	233.3	215.5	273.6	299.1	301.4
东南亚和太平洋地区	120.3	121.3	123.9	127.8	39.7	50.3	53.1	54.6	82.1	103.1	114.2	114.0
南亚	304.4	319.0	314.8	319.2	79.8	117.2	126.9	131.2	127.7	164.6	171.3	175.6
拉丁美洲和加勒比地区	42.5	42.1	42.2	42.5	44.8	55.4	58.0	58.5	120.3	148.6	160.6	164.7
中东	9.2	10.6	10.3	10.5	10.0	14.3	15.7	16.1	21.9	30.6	35.0	36.2
北非	14.3	17.2	18.0	18.1	9.1	12.3	13.7	13.9	23.5	29.2	31.4	31.6
撒哈拉以南非洲	149.0	174.2	186.2	191.7	17.7	23.5	25.5	26.2	58.2	79.1	88.8	91.3
男性	农业				工业				服务业			
	2000年	2007年	2010年	2011年*	2000年	2007年	2010年	2011年*	2000年	2007年	2010年	2011年*
全球	599.0	592.3	592.7	609.5	378.0	464.5	478.3	482.0	595.5	715.0	759.2	767.3
发达经济体和欧盟	15.1	11.8	11.1	11.4	91.0	91.5	81.4	81.0	143.9	159.7	162.0	164.3
中欧和东南欧（非欧盟）以及独联体	21.3	17.7	18.9	17.8	24.7	28.3	26.6	29.8	35.9	41.5	43.4	43.0
东亚	167.2	149.7	138.4	147.2	110.0	137.4	146.2	141.7	130.9	156.7	167.8	167.7
东南亚和太平洋地区	68.1	69.1	70.0	72.7	25.7	33.2	34.9	35.8	46.3	56.5	63.3	62.5
南亚	196.1	198.6	201.3	203.4	63.5	92.8	102.1	105.4	107.8	137.7	145.3	148.9
拉丁美洲和加勒比地区	32.8	32.0	32.6	32.7	34.1	41.9	43.7	43.9	63.1	74.6	79.3	80.8
中东	6.9	7.6	7.3	7.4	9.2	12.9	14.4	14.8	18.6	25.7	29.3	30.3
北非	11.1	12.5	13.2	13.4	8.0	10.8	12.2	12.4	18.0	22.1	23.3	23.5
撒哈拉以南非洲	80.4	93.4	100.0	103.5	11.9	15.6	16.9	17.3	31.0	40.4	45.5	46.3
女性	农业				工业				服务业			
	2000年	2007年	2010年	2011年*	2000年	2007年	2010年	2011年*	2000年	2007年	2010年	2011年*
全球	457.7	455.9	440.0	443.7	154.8	187.2	193.6	198.8	426.3	537.8	573.7	583.6
发达经济体和欧盟	9.2	6.7	6.2	6.3	30.3	27.2	23.2	22.8	155.3	177.6	181.9	183.7
中欧和东南欧（非欧盟）以及独联体	16.8	13.7	14.3	14.8	11.8	12.3	12.7	13.3	37.3	45.2	45.3	45.1
东亚	187.3	164.4	148.5	145.8	64.0	82.0	89.0	91.6	84.5	116.9	131.3	133.8
东南亚和太平洋地区	52.2	52.2	53.9	55.1	13.9	17.1	18.2	18.8	35.8	46.6	50.9	51.5
南亚	108.3	120.4	113.5	115.8	16.4	24.4	24.8	25.8	19.9	26.9	26.0	26.7
拉丁美洲和加勒比地区	9.7	10.1	9.6	9.8	10.7	13.5	14.3	14.6	57.3	73.9	81.3	83.9
中东	2.3	3.0	3.0	3.1	0.8	1.4	1.3	1.4	3.3	4.9	5.6	5.9
北非	3.2	4.7	4.8	4.7	1.1	1.5	1.6	1.6	5.6	7.2	8.0	8.1
撒哈拉以南非洲	68.6	80.8	86.2	88.2	5.8	7.9	8.6	8.9	27.1	38.6	43.4	45.0

* 2011 年数据为初步预估数据。

资料来源：国际劳工组织，《趋势计量经济学模型》，2011 年 10 月；同时参见表 A2 的资料来源。

表 A12　全球和各地区按性别划分的弱势就业份额（百分比）

两性	2000 年	2005 年	2006 年	2007 年	2008 年	2009 年	2010 年	2011 年*
全球	52.8	52.0	51.7	51.1	50.0	49.8	49.6	49.1
发达经济体和欧盟	10.8	10.3	10.0	9.9	9.7	9.8	10.0	9.8
中欧和东南欧（非欧盟）以及独联体	25.5	22.7	21.9	20.6	20.4	20.6	20.9	20.6
东亚	58.0	55.8	55.6	54.8	52.4	50.9	49.6	48.7
东南亚和太平洋地区	65.3	62.8	62.6	62.3	62.2	61.4	62.3	61.6
南亚	80.9	80.6	80.3	80.0	78.9	78.2	78.4	77.7
拉丁美洲和加勒比地区	35.9	33.9	32.9	32.3	31.8	32.4	31.9	31.9
中东	33.8	32.4	31.8	31.0	30.1	30.1	29.8	29.5
北非	42.2	41.8	40.3	40.5	39.8	39.4	37.7	37.4
撒哈拉以南非洲	80.7	78.7	78.4	77.6	76.7	77.1	76.9	76.6
男性	**2000 年**	**2005 年**	**2006 年**	**2007 年**	**2008 年**	**2009 年**	**2010 年**	**2011 年***
全球	51.0	50.4	50.0	49.5	48.7	48.7	48.6	48.2
发达经济体和欧盟	11.4	11.3	11.0	10.9	10.7	10.8	11.2	11.0
中欧和东南欧（非欧盟）以及独联体	25.9	23.4	22.5	21.1	20.7	21.2	21.2	20.9
东亚	52.8	51.1	50.9	50.2	48.4	47.2	46.1	45.4
东南亚和太平洋地区	61.3	59.4	59.3	58.7	59.1	58.3	59.1	58.5
南亚	78.1	78.1	77.8	77.5	76.5	75.9	76.1	75.5
拉丁美洲和加勒比地区	35.4	33.6	32.5	31.8	31.2	31.7	31.6	31.6
中东	30.9	29.2	28.8	28.0	27.5	27.7	27.3	27.0
北非	37.7	36.4	34.8	34.6	33.9	33.7	32.6	32.2
撒哈拉以南非洲	75.1	71.9	71.6	70.8	69.8	70.4	70.3	70.0
女性	**2000 年**	**2005 年**	**2006 年**	**2007 年**	**2008 年**	**2009 年**	**2010 年**	**2011 年***
全球	55.7	54.5	54.1	53.5	52.0	51.5	51.0	50.5
发达经济体和欧盟	10.2	9.1	8.8	8.6	8.4	8.5	8.5	8.4
中欧和东南欧（非欧盟）以及独联体	25.1	21.8	21.1	20.1	19.9	19.8	20.5	20.2
东亚	64.3	61.6	61.4	60.5	57.4	55.5	53.9	52.7
东南亚和太平洋地区	70.7	67.5	67.1	67.3	66.3	65.6	66.7	65.9
南亚	88.1	86.5	86.4	86.3	85.0	84.3	84.6	83.8
拉丁美洲和加勒比地区	36.8	34.3	33.6	33.1	32.7	33.4	32.3	32.3
中东	49.3	47.6	46.6	45.8	43.3	42.7	42.7	42.1
北非	59.2	61.7	60.2	60.7	60.0	59.0	55.0	55.1
撒哈拉以南非洲	87.6	86.7	86.4	85.5	84.8	85.0	84.7	84.5

* 2011 年数据为初步预估数据。

资料来源：国际劳工组织，《趋势计量经济学模型》，2011 年 10 月；同时参见表 A2 的资料来源。

表 A13　全球和各地区按性别划分的弱势就业（百万）

两性	2000年	2005年	2006年	2007年	2008年	2009年	2010年	2011年*
全球	1379.7	1484.2	1499.4	1509.4	1493.9	1493.2	1505.6	1515.9
发达经济体和欧盟	48.2	47.4	47.0	47.0	46.2	45.5	46.3	46.1
中欧和东南欧（非欧盟）以及独联体	37.8	34.9	34.0	32.7	32.7	32.6	33.7	33.8
东亚	431.5	440.1	443.6	442.5	423.6	414.0	407.4	402.9
东南亚和太平洋地区	158.0	165.3	167.9	171.2	174.2	175.0	181.4	182.7
南亚	414.3	471.5	477.4	480.9	477.5	476.3	480.5	486.5
拉丁美洲和加勒比地区	74.5	79.6	79.1	79.5	80.1	82.2	83.1	84.6
中东	13.9	16.7	17.0	17.2	17.0	17.7	18.2	18.5
北非	19.8	23.1	22.8	23.8	24.1	24.3	23.8	23.8
撒哈拉以南非洲	181.6	205.6	210.7	214.7	218.5	225.5	231.2	236.9
男性	**2000年**	**2005年**	**2006年**	**2007年**	**2008年**	**2009年**	**2010年**	**2011年***
全球	801.3	861.2	870.3	877.7	874.0	877.5	889.8	896.6
发达经济体和欧盟	28.5	28.9	28.7	28.7	28.3	27.6	28.4	28.3
中欧和东南欧（非欧盟）以及独联体	21.2	19.9	19.3	18.4	18.4	18.5	18.8	19.0
东亚	215.5	221.3	223.2	222.9	215.2	211.3	208.7	207.3
东南亚和太平洋地区	85.9	91.0	92.4	93.2	95.4	95.8	99.3	100.1
南亚	286.9	322.5	327.3	332.8	333.1	335.1	341.5	345.4
拉丁美洲和加勒比地区	45.9	48.0	47.4	47.2	47.3	48.2	49.1	49.7
中东	10.7	12.5	12.8	12.9	13.0	13.7	13.9	14.2
北非	14.0	15.8	15.4	15.7	15.8	16.1	15.9	15.8
撒哈拉以南非洲	92.6	101.4	103.8	105.8	107.5	111.2	114.1	116.9
女性	**2000年**	**2005年**	**2006年**	**2007年**	**2008年**	**2009年**	**2010年**	**2011年***
全球	578.4	623.0	629.0	631.7	619.9	615.7	615.8	619.2
发达经济体和欧盟	19.8	18.5	18.3	18.3	17.9	17.9	17.9	17.8
中欧和东南欧（非欧盟）以及独联体	16.6	15.0	14.7	14.3	14.3	14.1	14.8	14.8
东亚	216.0	218.8	220.4	219.6	208.5	202.7	198.7	195.6
东南亚和太平洋地区	72.1	74.4	75.4	78.0	78.8	79.2	82.1	82.7
南亚	127.4	149.0	150.1	148.1	144.4	141.2	139.0	141.1
拉丁美洲和加勒比地区	28.6	31.6	31.7	32.3	32.8	34.0	34.0	35.0
中东	3.2	4.2	4.2	4.2	3.9	4.0	4.2	4.4
北非	5.9	7.2	7.4	8.1	8.2	8.2	7.9	7.9
撒哈拉以南非洲	89.0	104.2	106.9	108.9	111.1	114.4	117.1	120.0

* 2011 年数据为初步预估数据。

资料来源：国际劳工组织，《趋势计量经济学模型》，2011 年 10 月；同时参见表 A2 的资料来源。

表 A14a　全球和各地区的工作贫困指标（每天 1.25 美元）

两性	人口数量（百万）				占总就业人口的份额（百分比）			
	2000年	2007年	2010年	2011年*	2000年	2007年	2010年	2011年*
全球	689.2	493.5	459.1	455.8	26.4	16.7	15.1	14.8
中欧和东南欧（非欧盟）以及独联体	6.8	2.9	2.2	2.0	4.6	1.8	1.4	1.3
东亚	222.6	87.9	66.9	64.3	29.9	10.9	8.1	7.8
东南亚和太平洋地区	75.4	39.7	33.1	32.9	31.1	14.5	11.4	11.1
南亚	238.9	226.9	225.8	225.0	46.7	37.8	36.8	35.9
拉丁美洲和加勒比地区	14.5	10.3	9.0	8.8	7.0	4.2	3.5	3.3
中东	0.7	0.9	0.7	0.8	1.6	1.6	1.1	1.2
北非	7.0	4.7	4.1	4.3	15.0	8.0	6.5	6.7
撒哈拉以南非洲	123.3	120.2	117.4	117.7	54.8	43.4	39.1	38.1

* 2011 年数据为初步预估数据。

注：由于对数据进行了四舍五入，总数或有差异。

资料来源：国际劳工组织，《趋势计量经济学模型》，2011 年 10 月；同时参见表 A2 的资料来源。

表 A14b　全球和各地区的工作贫困指标（每天 2 美元）

两性	人口数量（百万）				占总就业人口的份额（百分比）			
	2000年	2007年	2010年*	2011年*	2000年	2007年	2010年*	2011年*
全球	1197.6	978.3	916.6	911.5	45.9	33.1	30.2	29.5
中欧和东南欧（非欧盟）以及独联体	19.3	8.8	7.7	7.4	13.0	5.5	4.8	4.5
东亚	396.0	206.7	157.1	148.9	53.2	25.6	19.1	18.0
东南亚和太平洋地区	146.5	105.3	96.1	95.7	60.5	38.3	33.0	32.3
南亚	415.5	425.5	421.1	421.6	81.2	70.8	68.7	67.3
拉丁美洲和加勒比地区	31.3	25.5	23.7	23.3	15.1	10.4	9.1	8.8
中东	3.4	4.4	4.1	4.4	8.3	8.0	6.8	7.0
北非	15.4	16.7	16.8	17.3	32.7	28.4	26.5	27.2
撒哈拉以南非洲	170.2	185.3	189.9	193.0	75.7	67.0	63.2	62.4

* 2011 年数据为初步预估数据。

注：由于对数据进行了四舍五入，总数或有差异。

资料来源：国际劳工组织，《趋势计量经济学模型》，2011 年 10 月；同时参见表 A2 的资料来源。

附录 2　预测数据

表 P1　2007—2011 年失业情况（比率）

地区	2007 年	2008 年	2009 年	2010 年	2011 年* CI 下限值	2011 年* 初步预估数据	2011 年* CI 上限值	2012 年* CI 下限值	2012 年* 初步预测数据	2012 年* CI 上限值	2015 年* CI 下限值	2015 年* 初步预测数据	2015 年* CI 上限值	2016 年* CI 下限值	2016 年* 初步预测数据	2016 年* CI 上限值
比率（百分比）																
全球	5.5	5.6	6.2	6.1	5.7	6.0	6.3	5.6	6.0	6.5	5.4	5.9	6.5	5.3	5.9	6.5
发达经济体和欧盟	5.8	6.1	8.3	8.8	8.1	8.5	8.7	7.7	8.5	9.2	7.0	7.9	8.8	6.7	7.7	8.6
中欧和东南欧（非欧盟）以及独联体	8.4	8.4	10.2	9.5	8.1	8.6	9.3	7.7	8.6	9.5	7.4	8.5	9.6	7.3	8.5	9.7
东亚	3.8	4.2	4.3	4.1	3.9	4.1	4.3	3.9	4.1	4.3	3.9	4.2	4.4	3.9	4.2	4.4
东南亚和太平洋地区	5.5	5.3	5.2	4.8	4.4	4.7	5.0	4.3	4.7	5.1	4.2	4.7	5.2	4.1	4.7	5.3
南亚	3.8	3.7	3.9	3.9	3.6	3.8	4.1	3.6	3.8	4.1	3.5	3.9	4.2	3.5	3.9	4.2
拉丁美洲和加勒比地区	7.0	6.6	7.7	7.2	6.7	7.2	7.6	6.5	7.2	7.9	6.5	7.3	8.1	6.4	7.3	8.1
中东	10.3	10.4	10.1	9.9	9.5	10.2	10.8	9.5	10.3	11.1	—	—	—	—	—	—
北非	10.1	9.6	9.6	9.6	10.3	10.9	11.6	10.0	11.0	12.0	9.4	10.6	11.9	9.1	10.5	11.8
撒哈拉以南非洲	8.1	8.1	8.2	8.2	7.9	8.2	8.5	7.8	8.2	8.6	—	—	—	—	—	—

地区	2008 年	2009 年	2010 年	2011 年* CI 下限值	2011 年* 初步预估数据	2011 年* CI 上限值	2012 年* CI 下限值	2012 年* 初步预测数据	2012 年* CI 上限值	2015 年* CI 下限值	2015 年* 初步预测数据	2015 年* CI 上限值	2016 年* CI 下限值	2016 年* 初步预测数据	2016 年* CI 上限值
与 2007 年数据相比的变化情况（百分点）															
全球	0.1	0.7	0.6	0.2	0.5	0.8	0.1	0.6	1.0	-0.1	0.5	1.0	-0.2	0.4	1.0
发达经济体和欧盟	0.3	2.6	3.0	2.4	2.7	3.0	1.9	2.7	3.5	1.2	2.1	3.0	0.9	1.9	2.9
中欧和东南欧（非欧盟）以及独联体	0.0	1.9	1.2	-0.2	0.3	0.9	-0.6	0.3	1.2	-0.9	0.2	1.3	-1.0	0.2	1.4
东亚	0.5	0.5	0.4	0.2	0.3	0.5	0.2	0.4	0.6	0.1	0.4	0.6	0.1	0.4	0.7
东南亚和太平洋地区	-0.2	-0.4	-0.7	-1.1	-0.9	-0.6	-1.2	-0.8	-0.4	-1.3	-0.8	-0.3	-1.4	-0.8	-0.2
南亚	-0.1	0.1	0.1	-0.2	0.1	0.3	-0.2	0.1	0.4	-0.3	0.1	0.4	-0.3	0.1	0.4
拉丁美洲和加勒比地区	-0.3	0.8	0.2	-0.3	0.2	0.6	-0.4	0.2	0.9	-0.5	0.3	1.1	-0.5	0.3	1.2
中东	0.1	-0.2	-0.3	-0.8	-0.1	0.6	-0.8	0.0	0.8	—	—	—	—	—	—
北非	-0.5	-0.5	-0.5	0.2	0.9	1.5	-0.1	0.9	1.9	-0.7	0.6	1.8	-0.9	0.4	1.8
撒哈拉以南非洲	0.0	0.0	0.0	-0.2	0.1	0.3	-0.4	0.0	0.4	—	—	—	—	—	—

* 2011 年数据为初步预估数据；2012—2016 年数据为预测数据；CI = 置信区间。

— = 数据无法获取。

资料来源：国际劳工组织，《趋势计量经济学模型》，2011 年 10 月；同时参见表 A2 的资料来源和附录 5 的资料来源。

表 P2　2007—2011 年的失业情况（人口数量）

地区	2007 年	2008 年	2009 年	2010 年	2011 年*			2012 年*			2015 年*			2016 年*		
					CI 下限值	初步预估数据	CI 上限值	CI 下限值	初步预测数据	CI 上限值	CI 下限值	初步预测数据	CI 上限值	CI 下限值	初步预测数据	CI 上限值
数量（百万）																
全球	170.7	176.4	197.7	197.3	187.3	197.2	206.8	185.0	200.2	215.4	186.0	205.0	223.9	185.6	206.3	227.1
发达经济体和欧盟	29.1	30.8	42.5	44.7	41.7	43.5	44.8	39.7	43.6	47.6	36.2	40.9	45.6	35.0	40.0	45.1
中欧和东南欧（非欧盟）以及独联体	14.5	14.7	18.1	17.0	14.6	15.5	16.6	13.9	15.5	17.2	13.6	15.6	17.6	13.4	15.6	17.8
东亚	31.6	35.8	36.7	35.6	34.0	35.5	37.1	34.1	35.9	37.8	34.4	36.6	38.8	34.3	36.7	39.0
东南亚和太平洋地区	16.1	15.7	15.5	14.7	13.7	14.6	15.5	13.6	14.9	16.2	13.9	15.6	17.3	13.8	15.8	17.7
南亚	23.6	23.3	24.5	25.0	23.4	25.0	26.6	23.6	25.5	27.4	24.8	27.1	29.5	25.1	27.7	30.2
拉丁美洲和加勒比地区	18.4	17.9	21.2	20.2	19.2	20.5	21.8	19.1	21.0	22.9	19.9	22.3	24.7	20.1	22.7	25.4
中东	6.4	6.6	6.6	6.7	6.7	7.1	7.6	6.8	7.4	8.0	—	—	—	—	—	—
北非	6.6	6.4	6.5	6.7	7.3	7.8	8.3	7.3	8.0	8.8	7.3	8.3	9.2	7.3	8.3	9.4
撒哈拉以南非洲	24.5	25.2	26.0	26.7	26.7	27.6	28.5	26.9	28.3	29.7	—	—	—	—	—	—

地区	2008 年	2009 年	2010 年	2011 年*			2012 年*			2015 年*			2016 年*		
				CI 下限值	初步预估数据	CI 上限值	CI 下限值	初步预测数据	CI 上限值	CI 下限值	初步预测数据	CI 上限值	CI 下限值	初步预测数据	CI 上限值
与 2007 年相比的变化情况（百万）															
全球	5.8	27.0	26.6	16.6	26.6	36.1	14.4	29.6	44.8	15.4	34.3	53.2	14.9	35.7	56.4
发达经济体和欧盟	1.7	13.4	15.6	12.6	14.4	15.7	10.6	14.5	18.5	7.1	11.8	16.5	5.9	10.9	16.0
中欧和东南欧（非欧盟）以及独联体	0.2	3.6	2.5	0.1	1.0	2.1	-0.5	1.1	2.7	-0.9	1.1	3.1	-1.1	1.1	3.3
东亚	4.2	5.1	3.9	2.4	3.9	5.5	2.5	4.3	6.2	2.8	5.0	7.2	2.7	5.1	7.4
东南亚和太平洋地区	-0.4	-0.6	-1.4	-2.4	-1.5	-0.6	-2.5	-1.2	0.1	-2.2	-0.5	1.2	-2.3	-0.3	1.6
南亚	-0.2	1.0	1.4	-0.1	1.5	3.1	0.1	2.0	3.9	1.2	3.6	6.0	1.5	4.1	6.7
拉丁美洲和加勒比地区	-0.5	2.8	1.8	0.7	2.1	3.4	0.6	2.6	4.5	1.5	3.9	6.3	1.6	4.3	6.9
中东	0.2	0.2	0.4	0.3	0.8	1.2	0.5	1.0	1.6	—	—	—	—	—	—
北非	-0.2	0.0	0.1	0.8	1.2	1.7	0.7	1.5	2.2	0.8	1.7	2.7	0.7	1.8	2.8
撒哈拉以南非洲	0.8	1.6	2.2	2.2	3.1	4.0	2.5	3.9	5.3	—	—	—	—	—	—

* 2011 年数据为初步预估数据；2012—2016 年数据为预测数据；CI = 置信区间。

— = 数据无法获取。

资料来源：国际劳工组织，《趋势计量经济学模型》，2011 年 10 月；同时参见表 A2 的资料来源和附录 5 的资料来源。

附录3　各地区数据[1]

全球

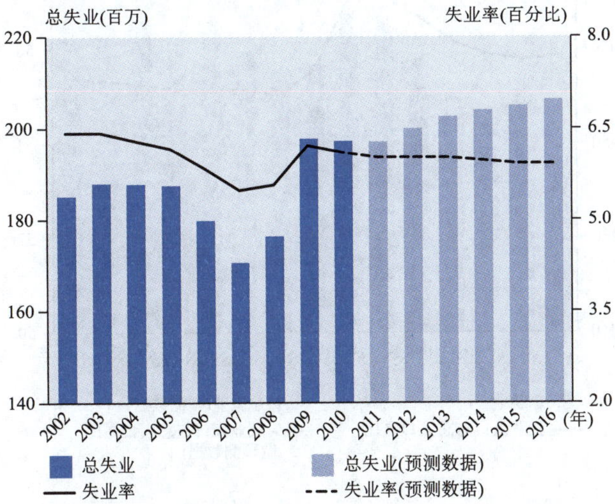

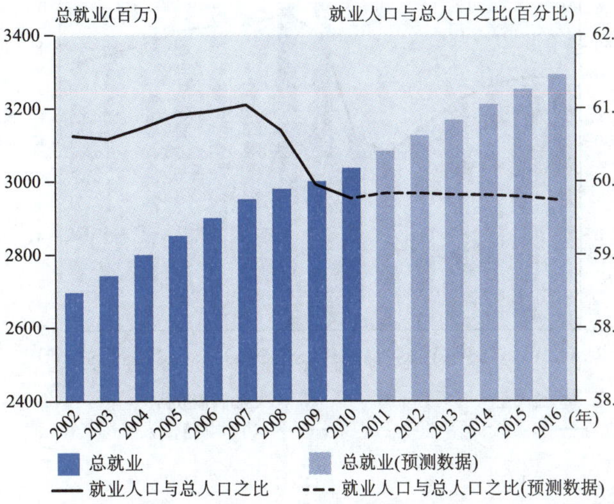

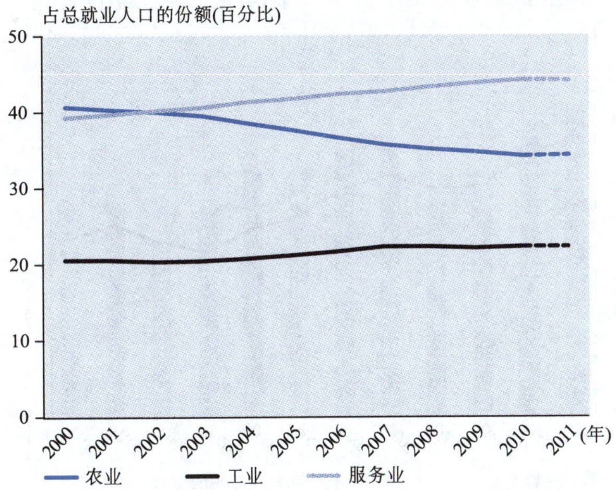

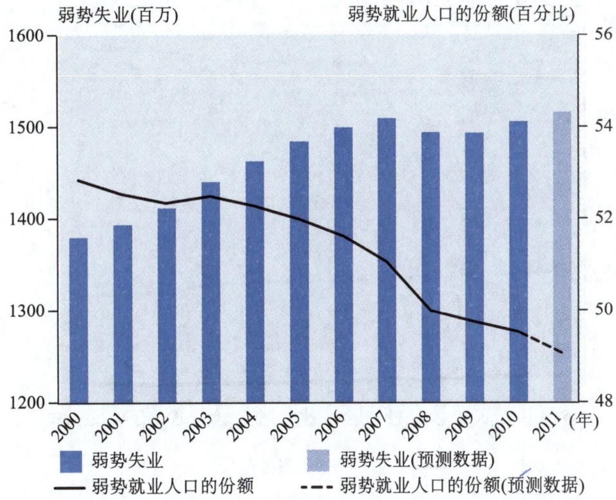

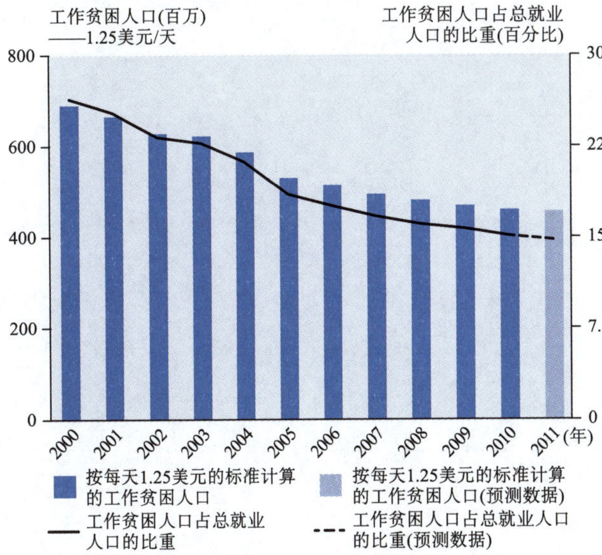

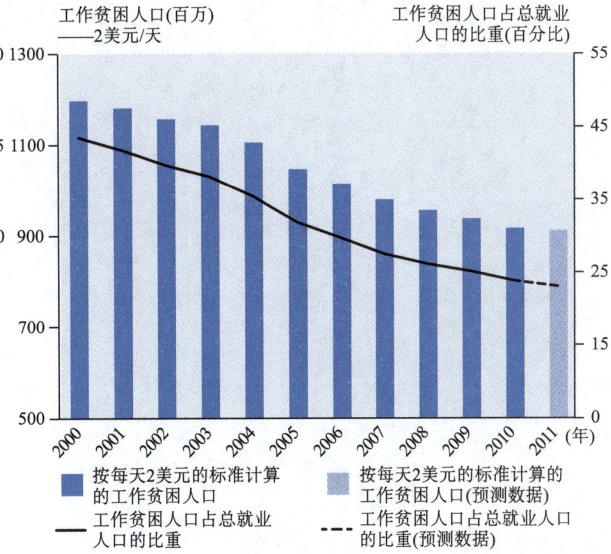

1　下列数据显示的是按地区划分的劳动力市场的选定指标，随后是本报告中所采用的地区性经济体的分组情况。所有的资料来源均为：国际劳工组织，《趋势计量经济学模型》，2011 年 10 月（同时参见表 A2 和附录 5 的资料来源）。

发达经济体和欧盟

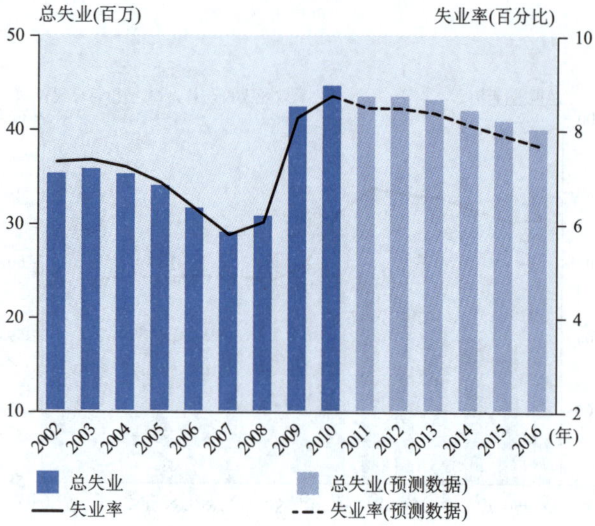

总失业(百万)
失业率(百分比)
50
40
30
20
10
10
8
6
4
2
2002
2003
2004
2005
2006
2007
2008
2009
2010
2011
2012
2013
2014
2015
2016
(年)
总失业
总失业(预测数据)
失业率
失业率(预测数据)

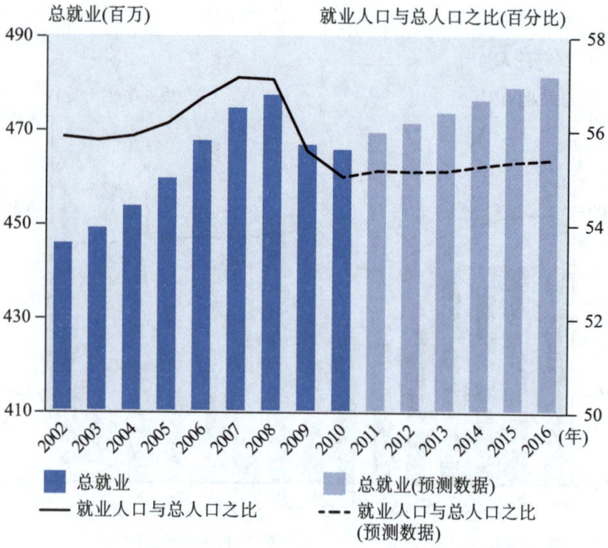

总就业(百万)
就业人口与总人口之比(百分比)
490
470
450
430
410
58
56
54
52
50
2002
2003
2004
2005
2006
2007
2008
2009
2010
2011
2012
2013
2014
2015
2016
(年)
总就业
总就业(预测数据)
就业人口与总人口之比
就业人口与总人口之比(预测数据)

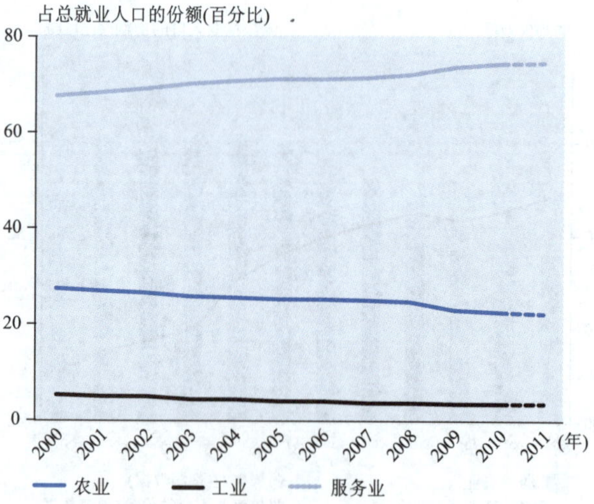

占总就业人口的份额(百分比)
80
60
40
20
0
2000
2001
2002
2003
2004
2005
2006
2007
2008
2009
2010
2011
(年)
农业
工业
服务业

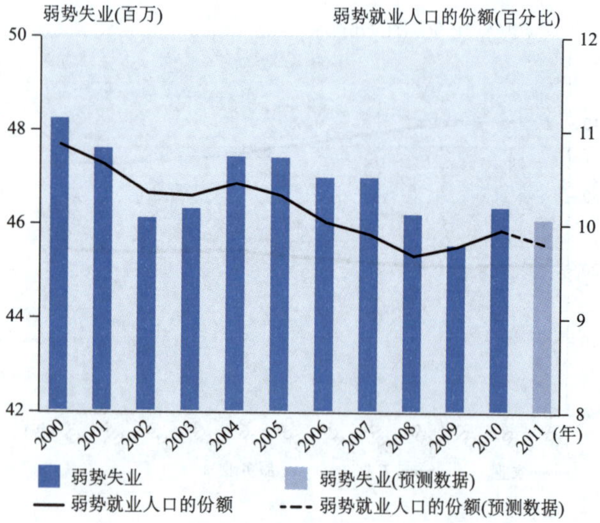

弱势失业(百万)
弱势就业人口的份额(百分比)
50
48
46
44
42
12
11
10
9
8
2000
2001
2002
2003
2004
2005
2006
2007
2008
2009
2010
2011
(年)
弱势失业
弱势失业(预测数据)
弱势就业人口的份额
弱势就业人口的份额(预测数据)

中欧和东南欧（非欧盟）以及独联体

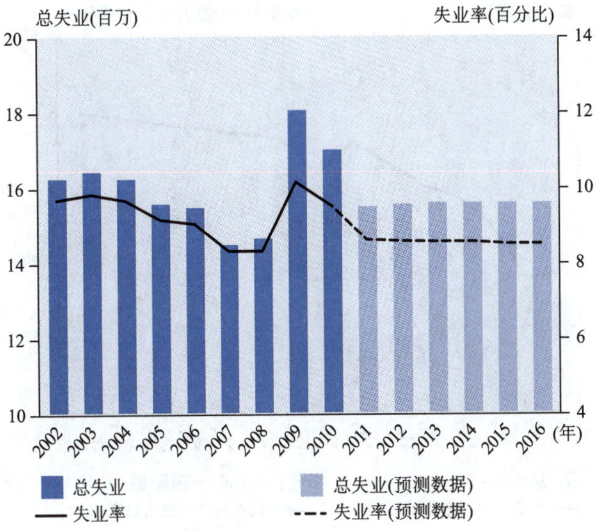

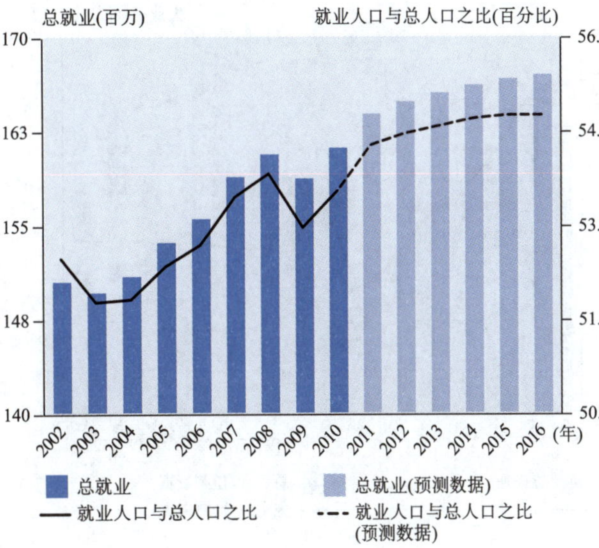

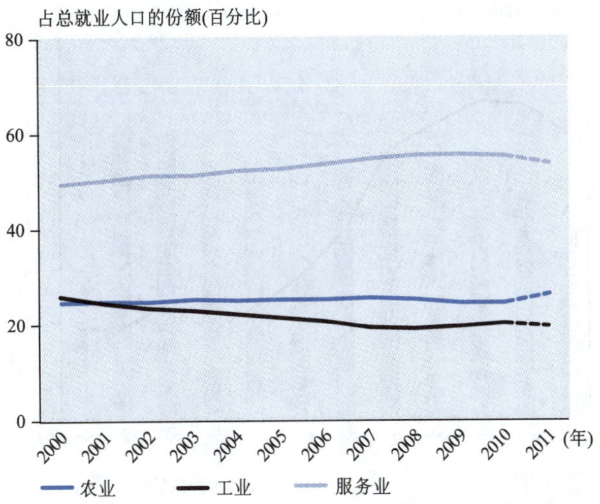

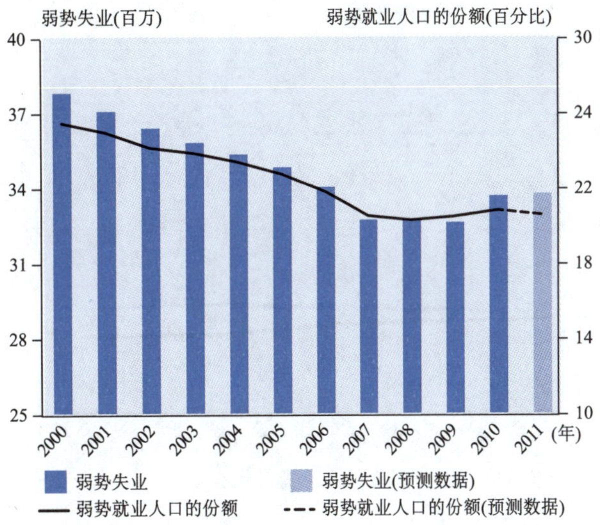

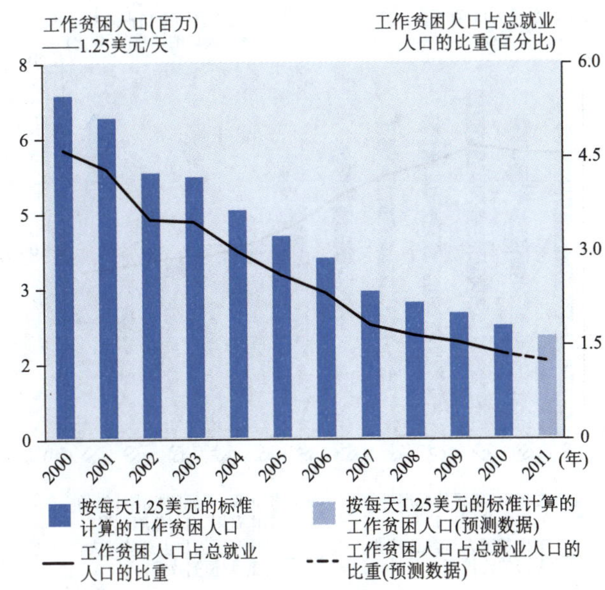

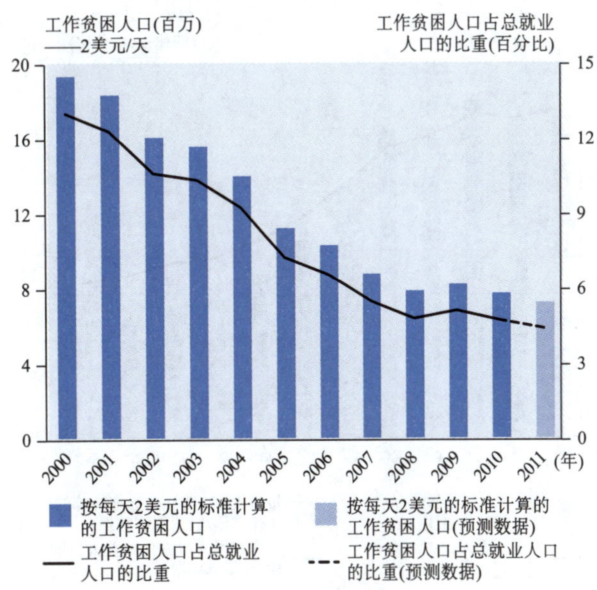

拉丁美洲和加勒比地区

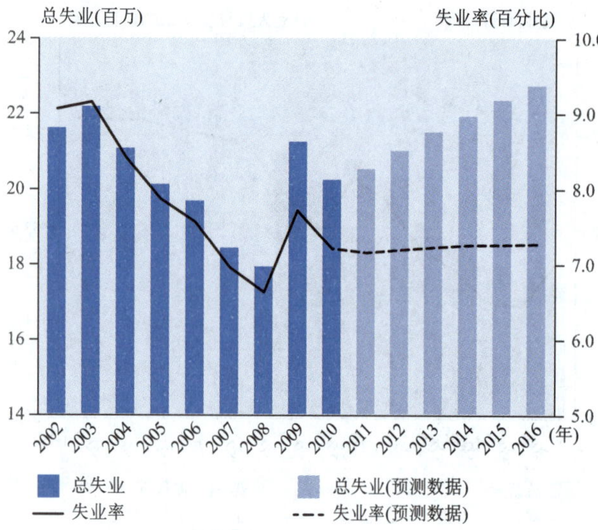

总失业(百万)
失业率(百分比)
总失业
总失业(预测数据)
失业率
失业率(预测数据)

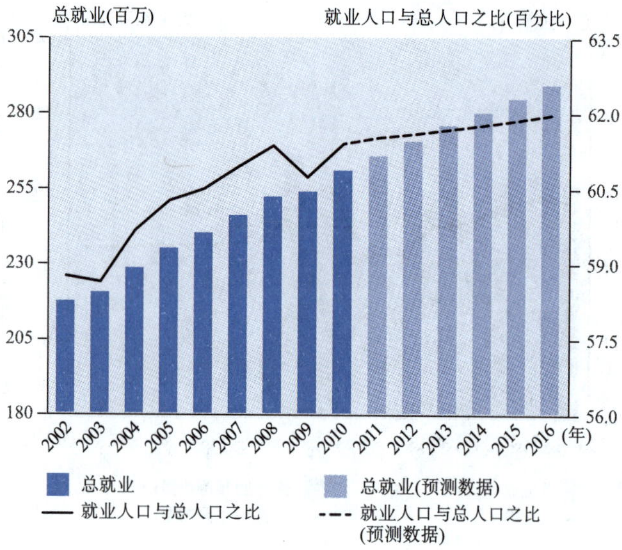

总就业(百万)
就业人口与总人口之比(百分比)
总就业
总就业(预测数据)
就业人口与总人口之比
就业人口与总人口之比(预测数据)

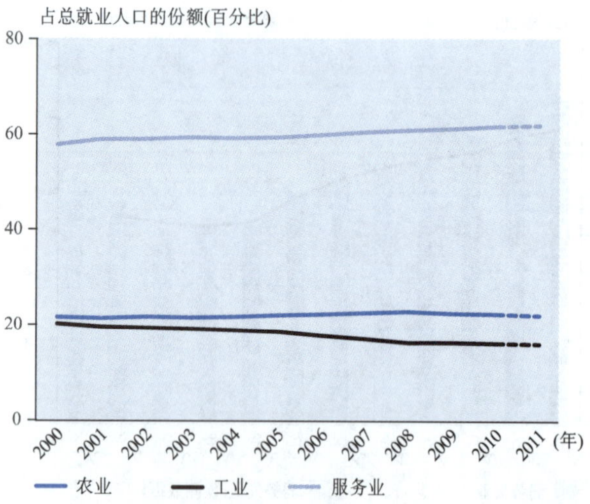

占总就业人口的份额(百分比)
农业
工业
服务业

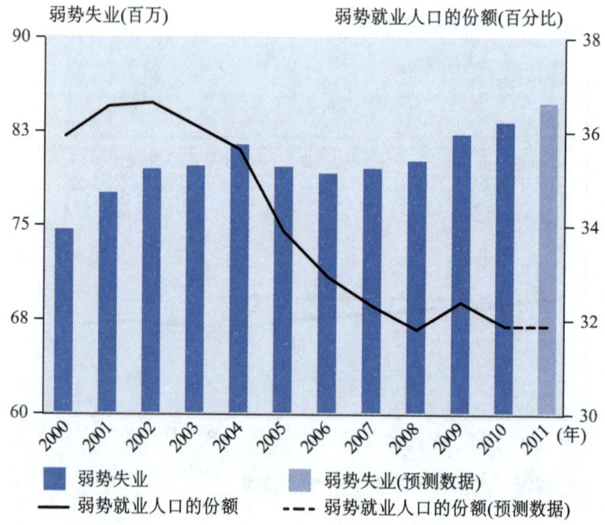

弱势失业(百万)
弱势就业人口的份额(百分比)
弱势失业
弱势失业(预测数据)
弱势就业人口的份额
弱势就业人口的份额(预测数据)

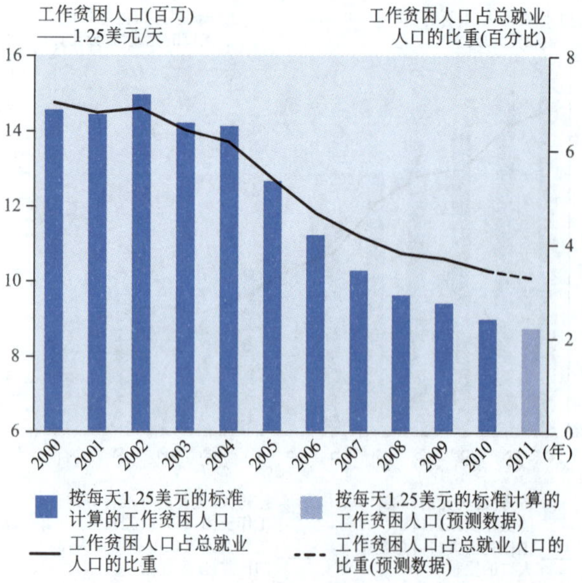

工作贫困人口(百万)
——1.25美元/天
工作贫困人口占总就业人口的比重(百分比)
按每天1.25美元的标准计算的工作贫困人口
按每天1.25美元的标准计算的工作贫困人口(预测数据)
工作贫困人口占总就业人口的比重
工作贫困人口占总就业人口的比重(预测数据)

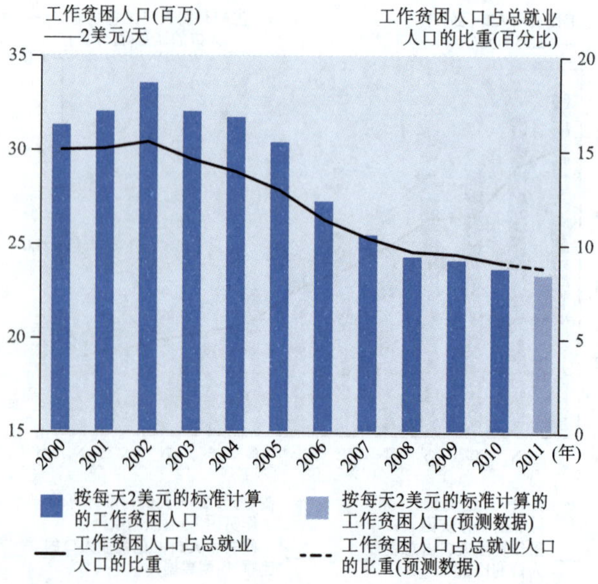

工作贫困人口(百万)
——2美元/天
工作贫困人口占总就业人口的比重(百分比)
按每天2美元的标准计算的工作贫困人口
按每天2美元的标准计算的工作贫困人口(预测数据)
工作贫困人口占总就业人口的比重
工作贫困人口占总就业人口的比重(预测数据)

东亚

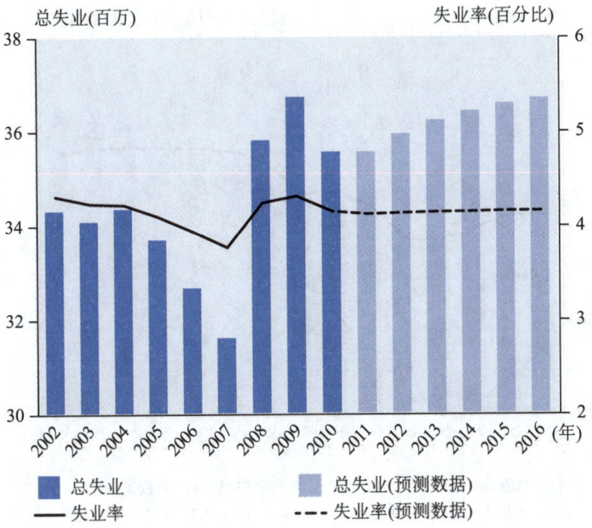
总失业(百万)
失业率(百分比)
38
36
34
32
30
6
5
4
3
2
2002 2003 2004 2005 2006 2007 2008 2009 2010 2011 2012 2013 2014 2015 2016 (年)
总失业
总失业(预测数据)
失业率
失业率(预测数据)

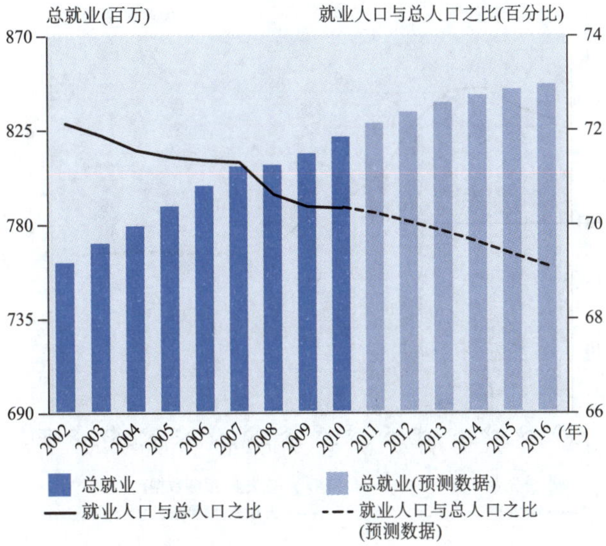
总就业(百万)
就业人口与总人口之比(百分比)
870
825
780
735
690
74
72
70
68
66
2002 2003 2004 2005 2006 2007 2008 2009 2010 2011 2012 2013 2014 2015 2016 (年)
总就业
总就业(预测数据)
就业人口与总人口之比
就业人口与总人口之比
(预测数据)

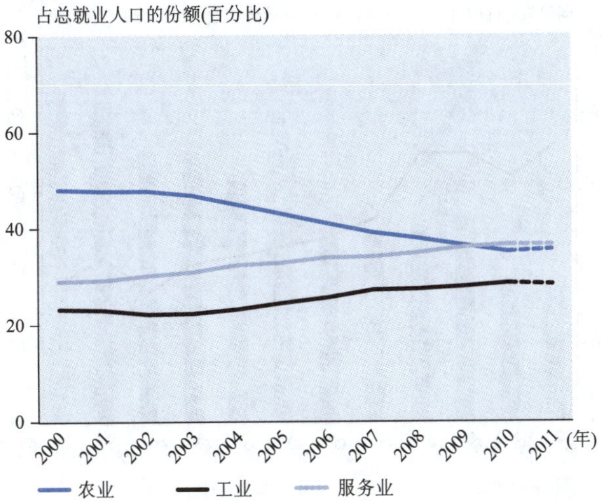
占总就业人口的份额(百分比)
80
60
40
20
0
2000 2001 2002 2003 2004 2005 2006 2007 2008 2009 2010 2011 (年)
农业
工业
服务业

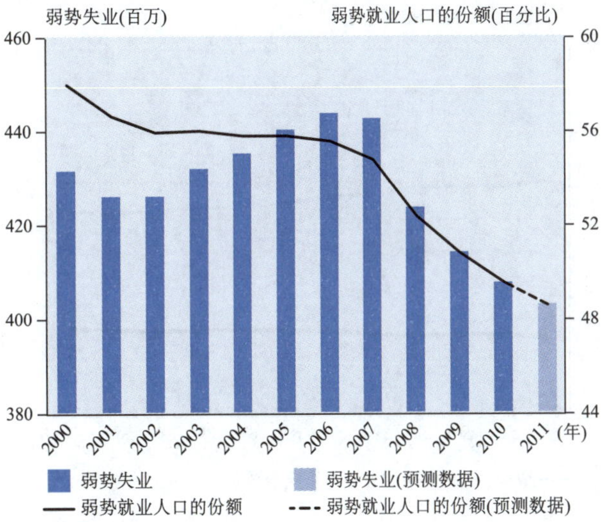
弱势失业(百万)
弱势就业人口的份额(百分比)
460
440
420
400
380
60
56
52
48
44
2000 2001 2002 2003 2004 2005 2006 2007 2008 2009 2010 2011 (年)
弱势失业
弱势失业(预测数据)
弱势就业人口的份额
弱势就业人口的份额(预测数据)

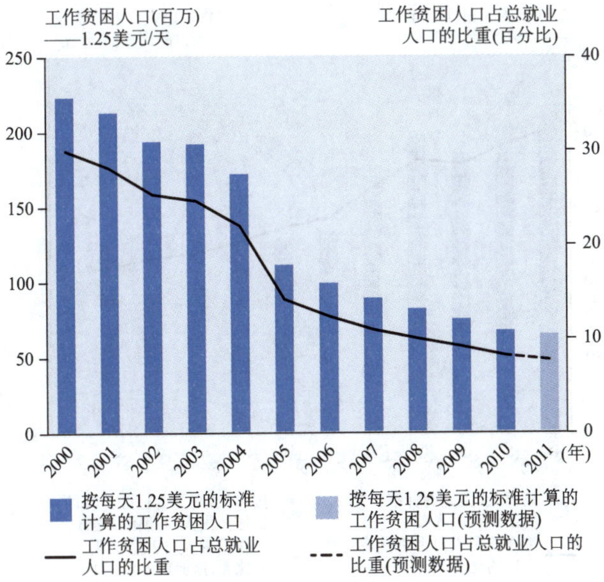
工作贫困人口(百万)
——1.25美元/天
工作贫困人口占总就业
人口的比重(百分比)
250
200
150
100
50
0
40
30
20
10
0
2000 2001 2002 2003 2004 2005 2006 2007 2008 2009 2010 2011 (年)
按每天1.25美元的标准
计算的工作贫困人口
按每天1.25美元的标准计算的
工作贫困人口(预测数据)
工作贫困人口占总就业
人口的比重
工作贫困人口占总就业人口的
比重(预测数据)

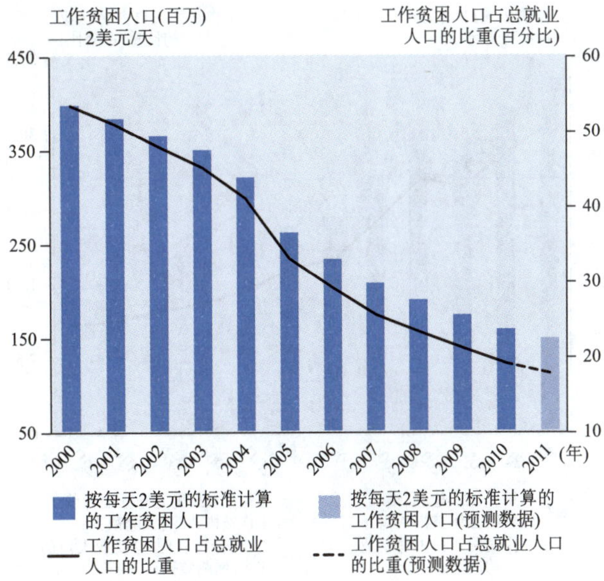
工作贫困人口(百万)
——2美元/天
工作贫困人口占总就业
人口的比重(百分比)
450
350
250
150
50
60
50
40
30
20
10
2000 2001 2002 2003 2004 2005 2006 2007 2008 2009 2010 2011 (年)
按每天2美元的标准计算
的工作贫困人口
按每天2美元的标准计算的
工作贫困人口(预测数据)
工作贫困人口占总就业
人口的比重
工作贫困人口占总就业人口
的比重(预测数据)

东南亚和太平洋地区

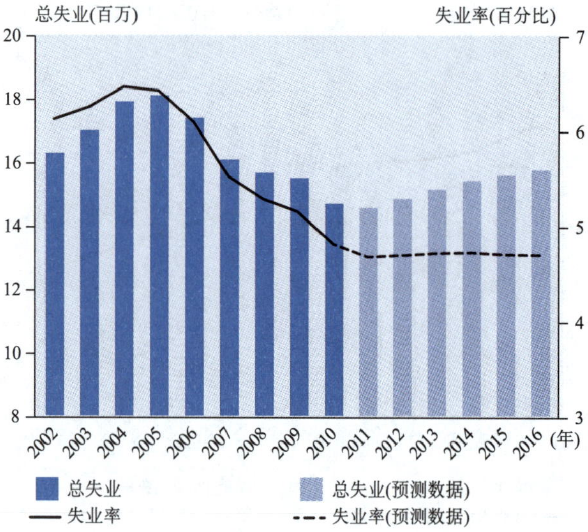

总失业(百万)
失业率(百分比)
20
18
16
14
12
10
8
7
6
5
4
3
2002 2003 2004 2005 2006 2007 2008 2009 2010 2011 2012 2013 2014 2015 2016 (年)
总失业
总失业(预测数据)
失业率
失业率(预测数据)

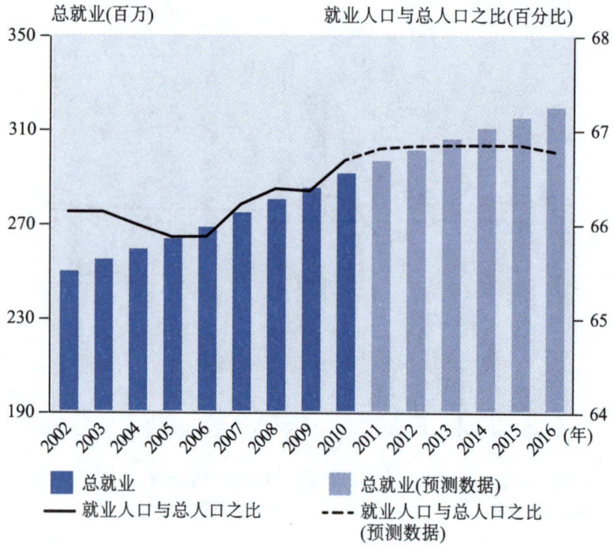

总就业(百万)
就业人口与总人口之比(百分比)
350
310
270
230
190
68
67
66
65
64
2002 2003 2004 2005 2006 2007 2008 2009 2010 2011 2012 2013 2014 2015 2016 (年)
总就业
总就业(预测数据)
就业人口与总人口之比
就业人口与总人口之比(预测数据)

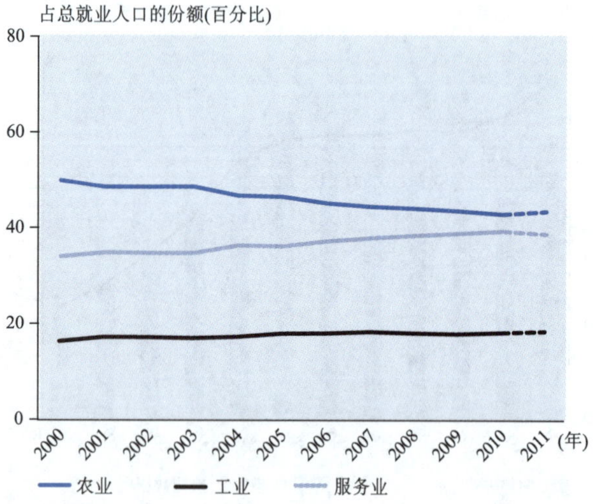

占总就业人口的份额(百分比)
80
60
40
20
0
2000 2001 2002 2003 2004 2005 2006 2007 2008 2009 2010 2011 (年)
农业
工业
服务业

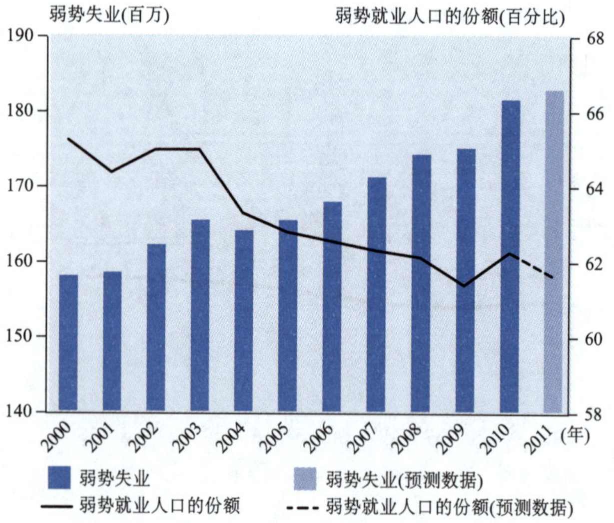

弱势失业(百万)
弱势就业人口的份额(百分比)
190
180
170
160
150
140
68
66
64
62
60
58
2000 2001 2002 2003 2004 2005 2006 2007 2008 2009 2010 2011 (年)
弱势失业
弱势失业(预测数据)
弱势就业人口的份额
弱势就业人口的份额(预测数据)

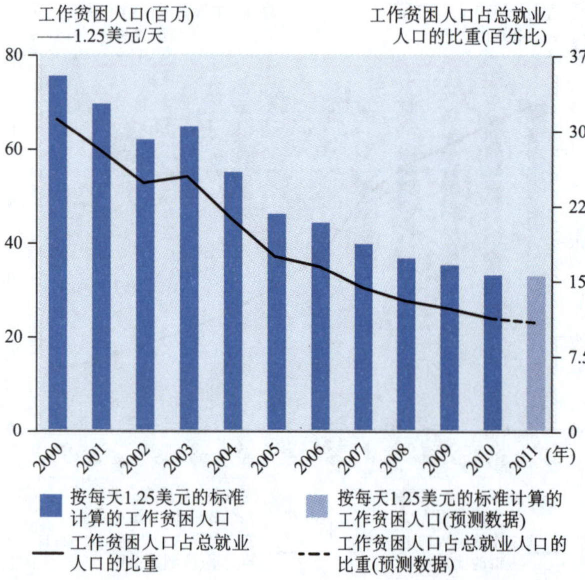

工作贫困人口(百万)
——1.25美元/天
工作贫困人口占总就业人口的比重(百分比)
80
60
40
20
0
37.5
30.0
22.5
15.0
7.5
0
2000 2001 2002 2003 2004 2005 2006 2007 2008 2009 2010 2011 (年)
按每天1.25美元的标准计算的工作贫困人口
按每天1.25美元的标准计算的工作贫困人口(预测数据)
工作贫困人口占总就业人口的比重
工作贫困人口占总就业人口的比重(预测数据)

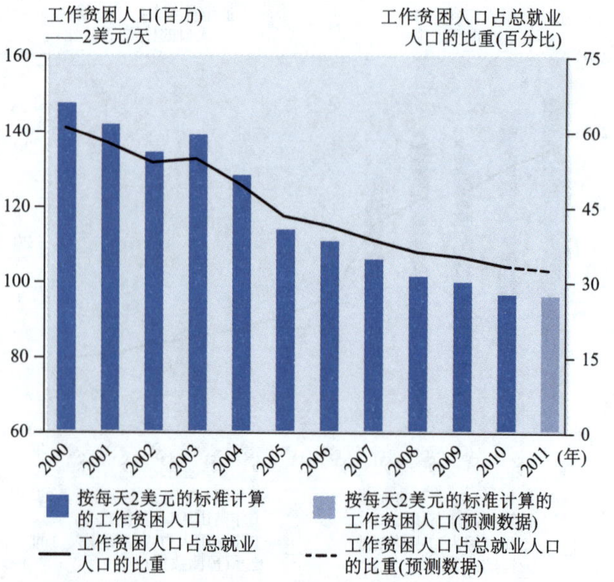

工作贫困人口(百万)
——2美元/天
工作贫困人口占总就业人口的比重(百分比)
160
140
120
100
80
60
75
60
45
30
15
0
2000 2001 2002 2003 2004 2005 2006 2007 2008 2009 2010 2011 (年)
按每天2美元的标准计算的工作贫困人口
按每天2美元的标准计算的工作贫困人口(预测数据)
工作贫困人口占总就业人口的比重
工作贫困人口占总就业人口的比重(预测数据)

南亚

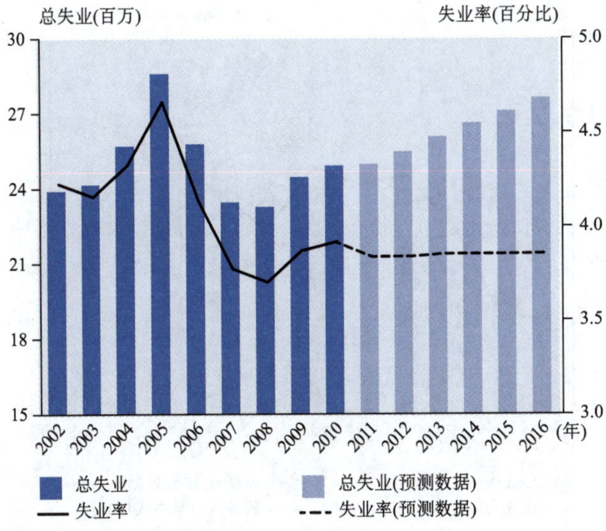

总失业(百万)
失业率(百分比)
30
27
24
21
18
15
5.0
4.5
4.0
3.5
3.0
2002
2003
2004
2005
2006
2007
2008
2009
2010
2011
2012
2013
2014
2015
2016
(年)
总失业
总失业(预测数据)
失业率
失业率(预测数据)

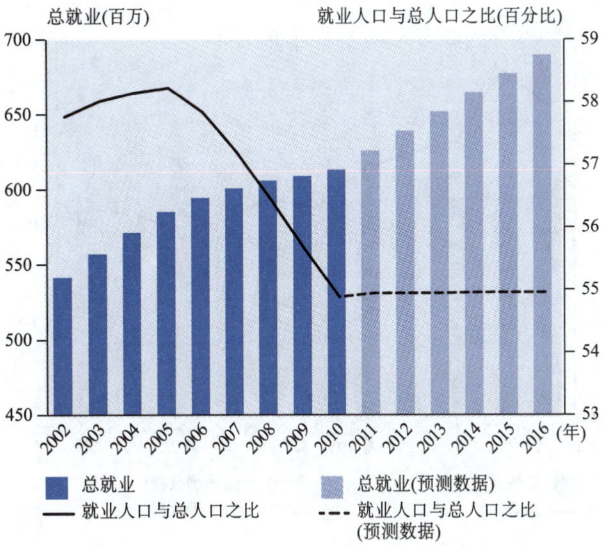

总就业(百万)
就业人口与总人口之比(百分比)
700
650
600
550
500
450
59
58
57
56
55
54
53
2002
2003
2004
2005
2006
2007
2008
2009
2010
2011
2012
2013
2014
2015
2016
(年)
总就业
总就业(预测数据)
就业人口与总人口之比
就业人口与总人口之比(预测数据)

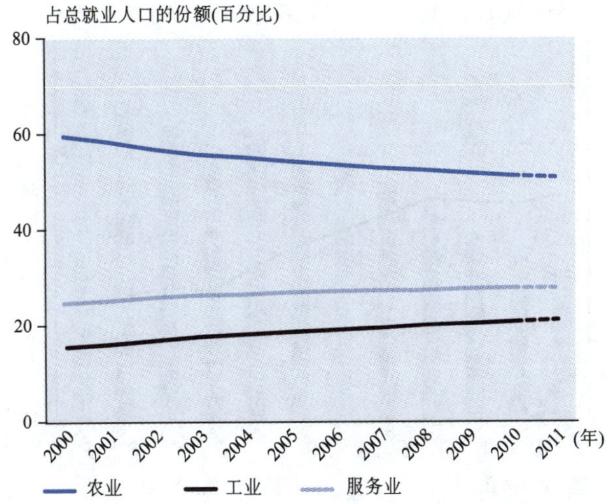

占总就业人口的份额(百分比)
80
60
40
20
0
2000
2001
2002
2003
2004
2005
2006
2007
2008
2009
2010
2011
(年)
农业
工业
服务业

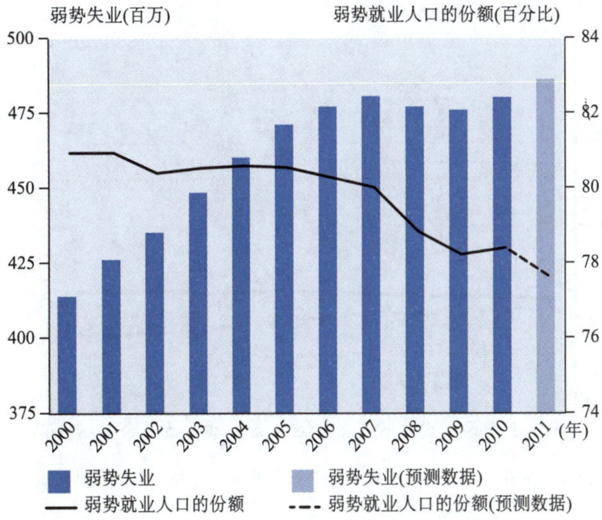

弱势失业(百万)
弱势就业人口的份额(百分比)
500
475
450
425
400
375
84
82
80
78
76
74
2000
2001
2002
2003
2004
2005
2006
2007
2008
2009
2010
2011
(年)
弱势失业
弱势失业(预测数据)
弱势就业人口的份额
弱势就业人口的份额(预测数据)

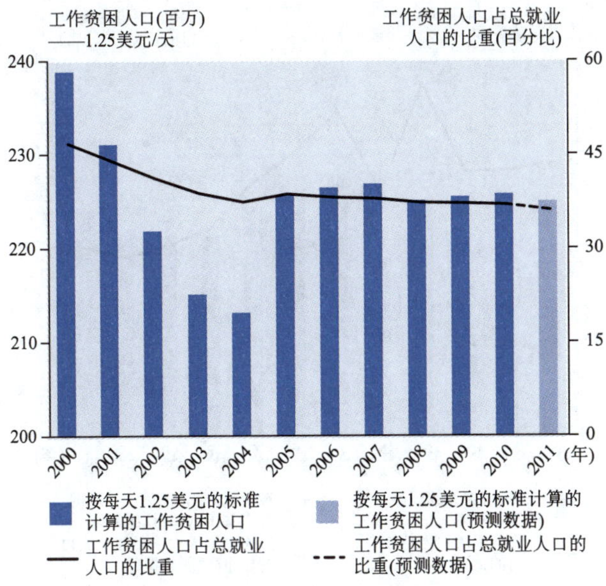

工作贫困人口(百万)——1.25美元/天
工作贫困人口占总就业人口的比重(百分比)
240
230
220
210
200
60
45
30
15
0
2000
2001
2002
2003
2004
2005
2006
2007
2008
2009
2010
2011
(年)
按每天1.25美元的标准计算的工作贫困人口
按每天1.25美元的标准计算的工作贫困人口(预测数据)
工作贫困人口占总就业人口的比重
工作贫困人口占总就业人口的比重(预测数据)

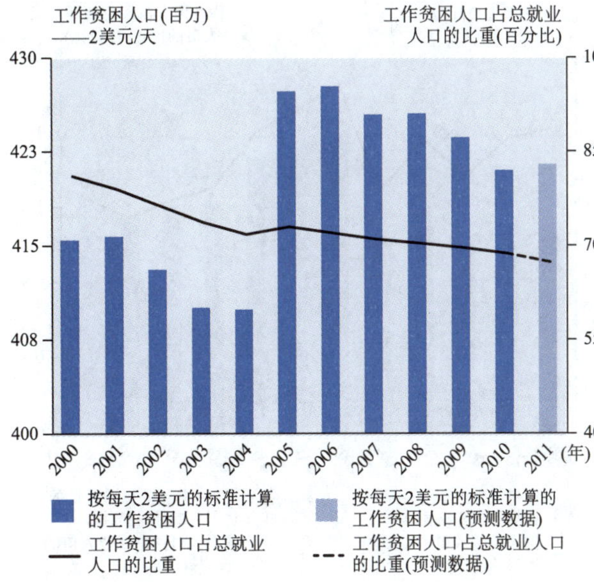

工作贫困人口(百万)——2美元/天
工作贫困人口占总就业人口的比重(百分比)
430
423
415
408
400
100
85
70
55
40
2000
2001
2002
2003
2004
2005
2006
2007
2008
2009
2010
2011
(年)
按每天2美元的标准计算的工作贫困人口
按每天2美元的标准计算的工作贫困人口(预测数据)
工作贫困人口占总就业人口的比重
工作贫困人口占总就业人口的比重(预测数据)

中东

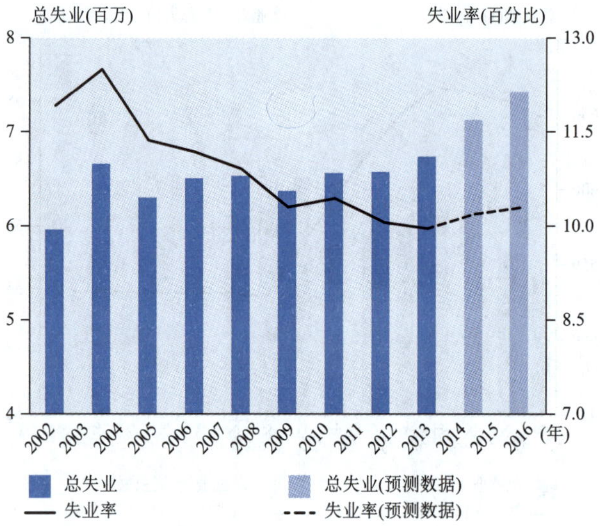
总失业(百万)
失业率(百分比)
8
7
6
5
4
13.0
11.5
10.0
8.5
7.0
2002 2003 2004 2005 2006 2007 2008 2009 2010 2011 2012 2013 2014 2015 2016 (年)
总失业
总失业(预测数据)
失业率
失业率(预测数据)

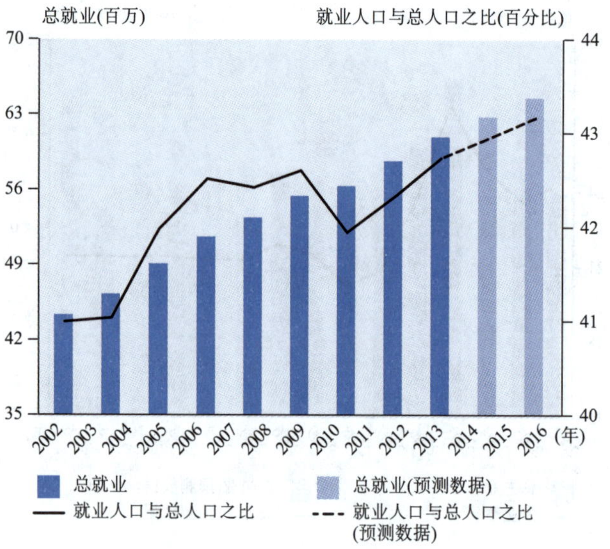
总就业(百万)
就业人口与总人口之比(百分比)
70
63
56
49
42
35
44
43
42
41
40
2002 2003 2004 2005 2006 2007 2008 2009 2010 2011 2012 2013 2014 2015 2016 (年)
总就业
总就业(预测数据)
就业人口与总人口之比
就业人口与总人口之比(预测数据)

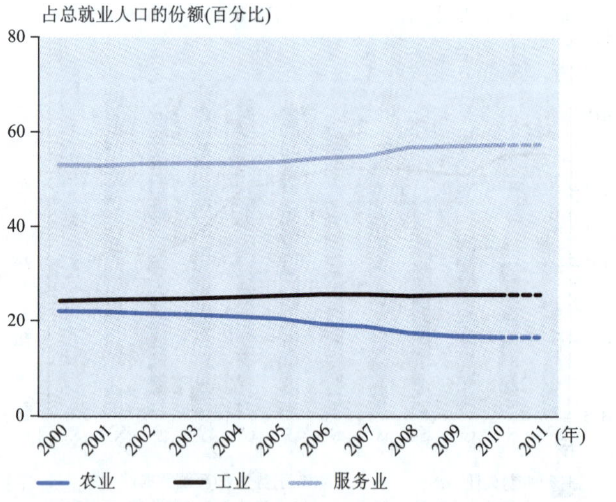
占总就业人口的份额(百分比)
80
60
40
20
0
2000 2001 2002 2003 2004 2005 2006 2007 2008 2009 2010 2011 (年)
农业
工业
服务业

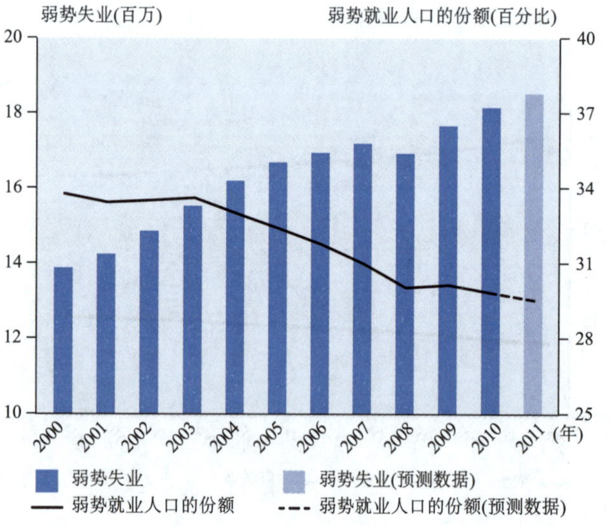
弱势失业(百万)
弱势就业人口的份额(百分比)
20
18
16
14
12
10
40
37
34
31
28
25
2000 2001 2002 2003 2004 2005 2006 2007 2008 2009 2010 2011 (年)
弱势失业
弱势失业(预测数据)
弱势就业人口的份额
弱势就业人口的份额(预测数据)

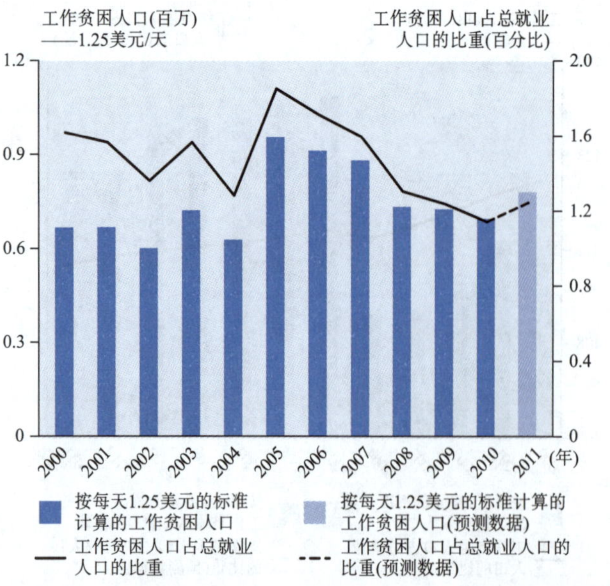
工作贫困人口(百万)
——1.25美元/天
工作贫困人口占总就业人口的比重(百分比)
1.2
0.9
0.6
0.3
0
2.0
1.6
1.2
0.8
0.4
0
2000 2001 2002 2003 2004 2005 2006 2007 2008 2009 2010 2011 (年)
按每天1.25美元的标准计算的工作贫困人口
按每天1.25美元的标准计算的工作贫困人口(预测数据)
工作贫困人口占总就业人口的比重
工作贫困人口占总就业人口的比重(预测数据)

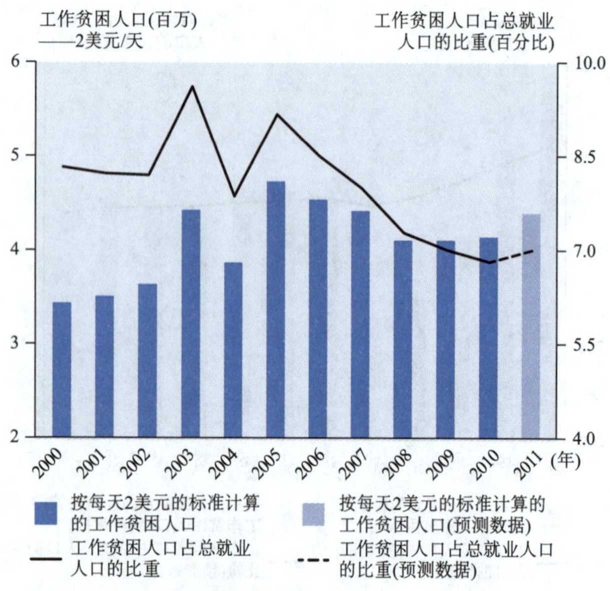
工作贫困人口(百万)
——2美元/天
工作贫困人口占总就业人口的比重(百分比)
6
5
4
3
2
10.0
8.5
7.0
5.5
4.0
2000 2001 2002 2003 2004 2005 2006 2007 2008 2009 2010 2011 (年)
按每天2美元的标准计算的工作贫困人口
按每天2美元的标准计算的工作贫困人口(预测数据)
工作贫困人口占总就业人口的比重
工作贫困人口占总就业人口的比重(预测数据)

北非

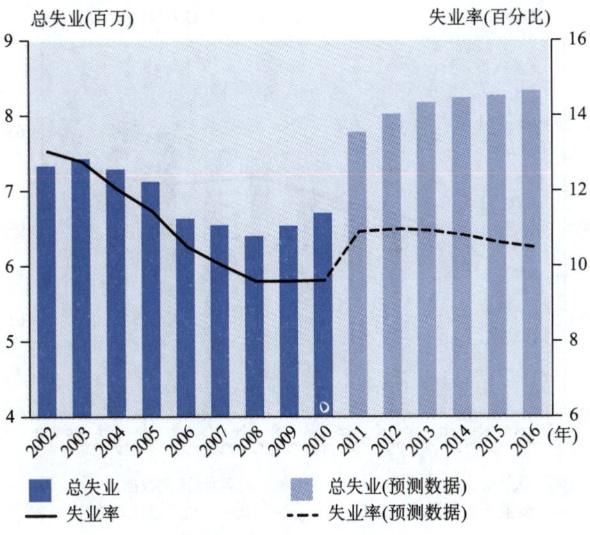
总失业(百万)
失业率(百分比)
9
8
7
6
5
4
16
14
12
10
8
6
2002 2003 2004 2005 2006 2007 2008 2009 2010 2011 2012 2013 2014 2015 2016 (年)
总失业
失业率
总失业(预测数据)
失业率(预测数据)

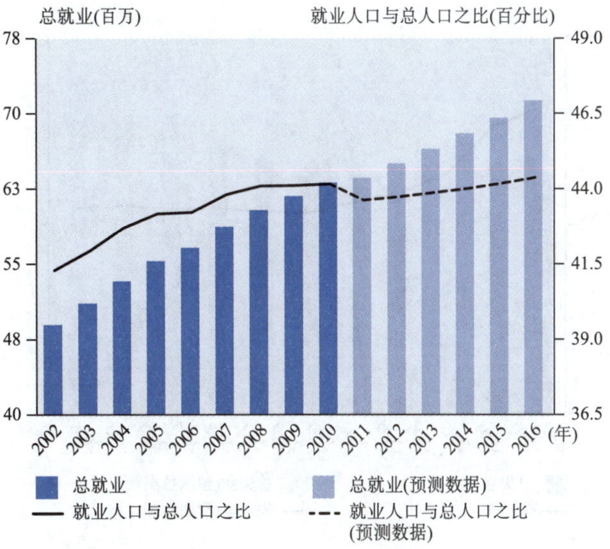
总就业(百万)
就业人口与总人口之比(百分比)
78
70
63
55
48
40
49.0
46.5
44.0
41.5
39.0
36.5
2002 2003 2004 2005 2006 2007 2008 2009 2010 2011 2012 2013 2014 2015 2016 (年)
总就业
就业人口与总人口之比
总就业(预测数据)
就业人口与总人口之比(预测数据)

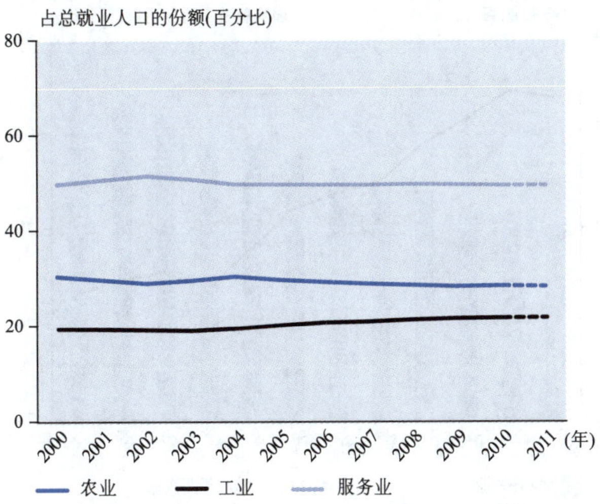
占总就业人口的份额(百分比)
80
60
40
20
0
2000 2001 2002 2003 2004 2005 2006 2007 2008 2009 2010 2011 (年)
农业
工业
服务业

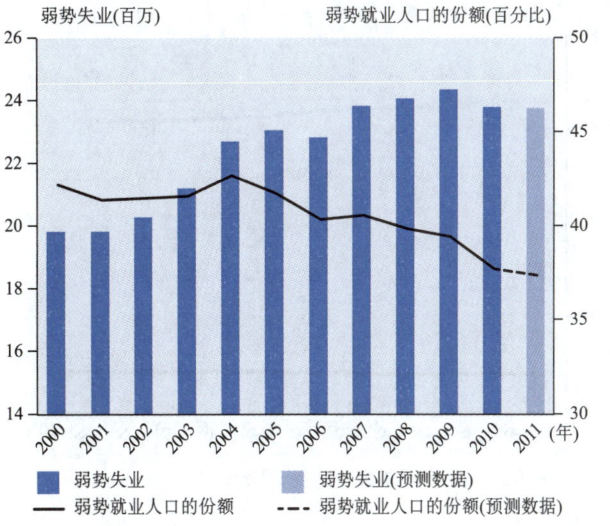
弱势失业(百万)
弱势就业人口的份额(百分比)
26
24
22
20
18
16
14
50
45
40
35
30
2000 2001 2002 2003 2004 2005 2006 2007 2008 2009 2010 2011 (年)
弱势失业
弱势就业人口的份额
弱势失业(预测数据)
弱势就业人口的份额(预测数据)

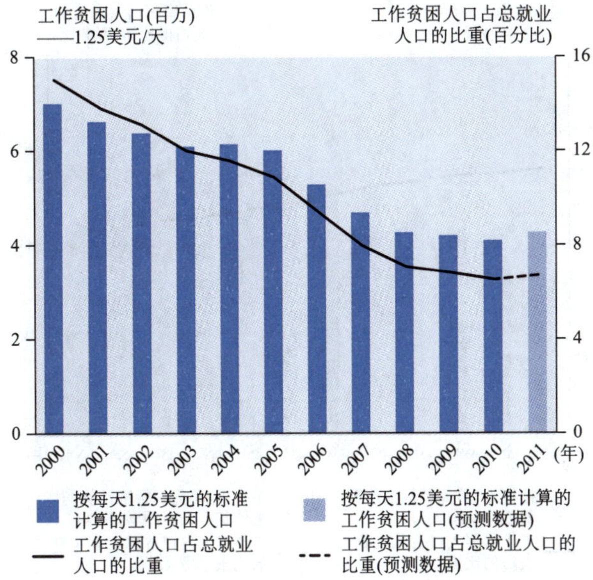
工作贫困人口(百万)
——1.25美元/天
工作贫困人口占总就业人口的比重(百分比)
8
6
4
2
0
16
12
8
4
0
2000 2001 2002 2003 2004 2005 2006 2007 2008 2009 2010 2011 (年)
按每天1.25美元的标准计算的工作贫困人口
工作贫困人口占总就业人口的比重
按每天1.25美元的标准计算的工作贫困人口(预测数据)
工作贫困人口占总就业人口的比重(预测数据)

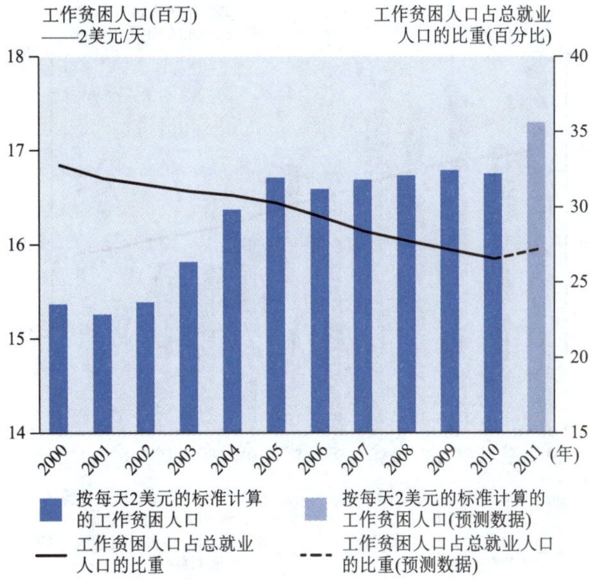
工作贫困人口(百万)
——2美元/天
工作贫困人口占总就业人口的比重(百分比)
18
17
16
15
14
40
35
30
25
20
15
2000 2001 2002 2003 2004 2005 2006 2007 2008 2009 2010 2011 (年)
按每天2美元的标准计算的工作贫困人口
工作贫困人口占总就业人口的比重
按每天2美元的标准计算的工作贫困人口(预测数据)
工作贫困人口占总就业人口的比重(预测数据)

撒哈拉以南非洲

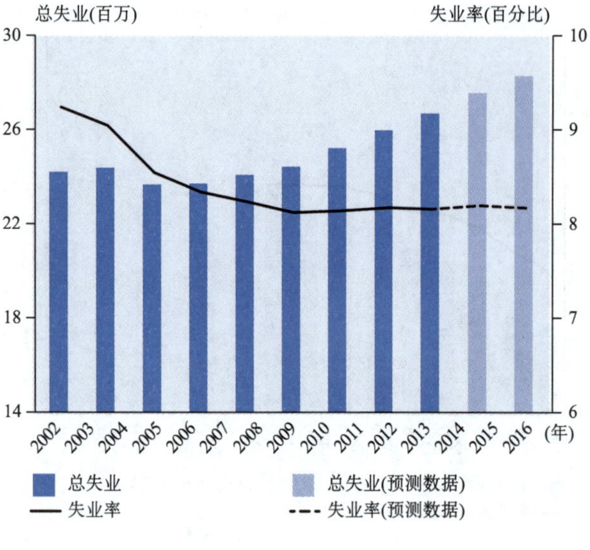

总失业(百万)
失业率(百分比)
(年)
总失业
总失业(预测数据)
失业率
失业率(预测数据)

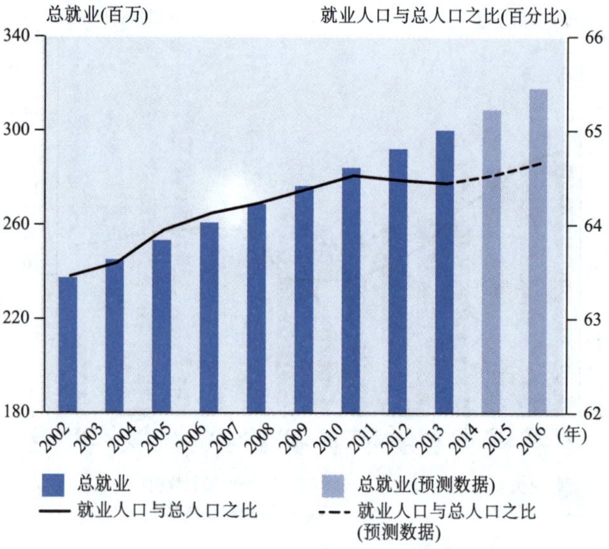

总就业(百万)
就业人口与总人口之比(百分比)
(年)
总就业
总就业(预测数据)
就业人口与总人口之比
就业人口与总人口之比(预测数据)

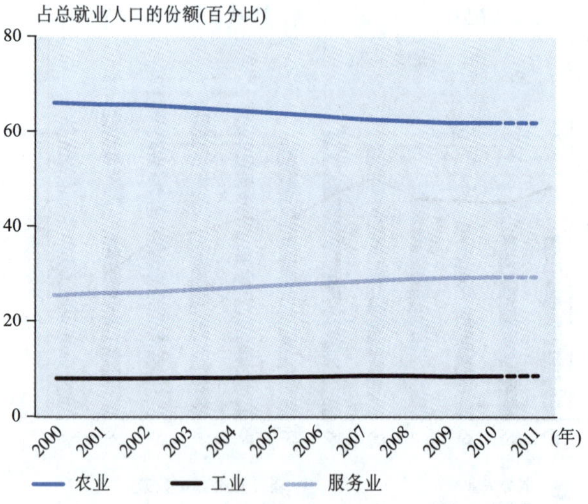

占总就业人口的份额(百分比)
(年)
农业
工业
服务业

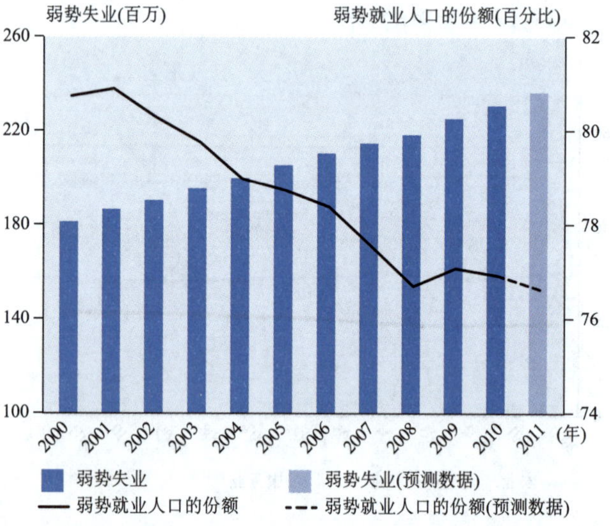

弱势失业(百万)
弱势就业人口的份额(百分比)
(年)
弱势失业
弱势失业(预测数据)
弱势就业人口的份额
弱势就业人口的份额(预测数据)

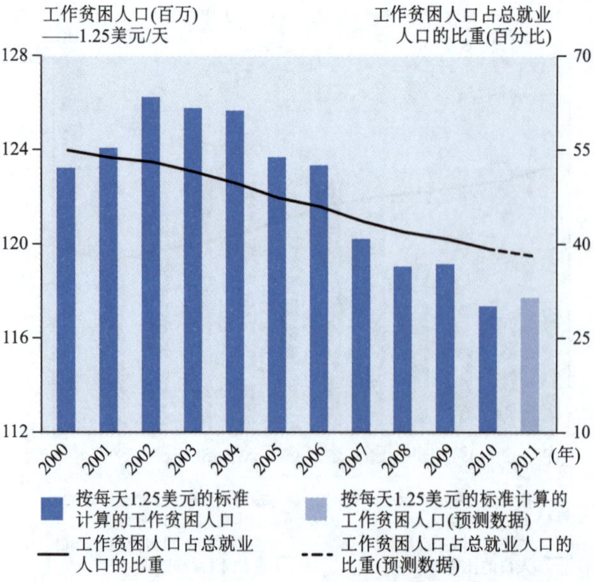

工作贫困人口(百万)
——1.25美元/天
工作贫困人口占总就业人口的比重(百分比)
(年)
按每天1.25美元的标准计算的工作贫困人口
按每天1.25美元的标准计算的工作贫困人口(预测数据)
工作贫困人口占总就业人口的比重
工作贫困人口占总就业人口的比重(预测数据)

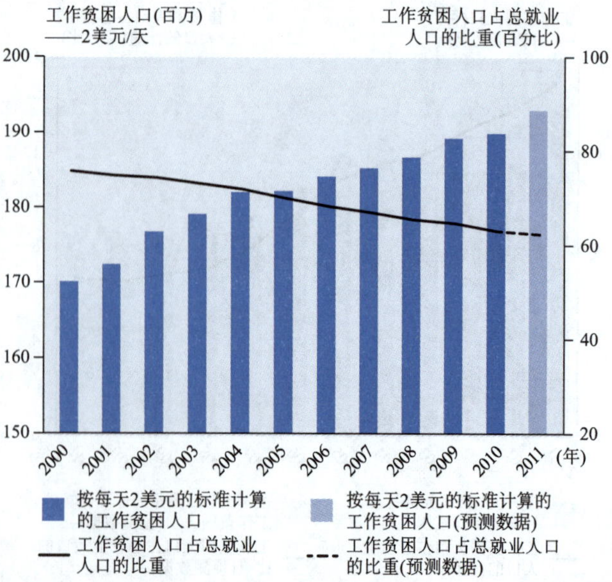

工作贫困人口(百万)
——2美元/天
工作贫困人口占总就业人口的比重(百分比)
(年)
按每天2美元的标准计算的工作贫困人口
按每天2美元的标准计算的工作贫困人口(预测数据)
工作贫困人口占总就业人口的比重
工作贫困人口占总就业人口的比重(预测数据)

附录4　针对全球和各地区估算数据的注释

在《全球就业趋势》报告中，所有的全球性和地区性劳动力市场估算数据均基于国际劳工组织《趋势计量经济学模型》(2011 年 10 月)。国际劳工组织就业趋势处设计并积极地维护了此计量经济学模型，针对无法从某些国家报告中获取的数据，可利用此计量经济学模型生成按国家和年份划分的劳动力市场指标的估算数据。这些数据可确保国际劳工组织具有生成和分析劳动力市场关键指标的全球性和地区性估算数据及相关趋势的能力。

该“全球就业趋势模型”(GET 模型) 用于生成失业率、就业率、就业状态和按部门划分的就业率等估算数据——如有需要，可按年龄和性别进行细分。该模型的输出值为 178 个国家的完整的数据矩阵。随后，可对国家层面的数据进行综合，以生成劳动力市场指标的地区性和全球性估算数据，如失业率、就业人口与总人口之比、部门层面就业份额、就业份额状态和弱势就业。

在运行 GET 模型之前，就业趋势处的劳动力市场信息专家与国际劳工组织驻地办事处的专家共同努力，对现有的国家上报数据进行评估，并仅仅选择那些被认为在各个国家中具有足够同类比较作用的观测数据——其标准包括：(1) 资料来源的类型；(2) 地理覆盖范围；(3) 年龄群组的范围。

- 对于第一项标准，为了使数据纳入到模型中，必须藉由劳动力人口调查或人口普查来获取上述数据。各个国家进行的劳动力人口调查通常十分相似，与从其他渠道获取的数据相比，从这些调查中获取的数据更具有可比性。因此，在选择过程中，往往优先考虑劳动力人口调查数据。然而，对于许多没有足够资源进行劳动力人口调查的发展中国家而言，将根据人口普查来报告劳动力市场信息数据。因此，鉴于需要对数据可比性和数据覆盖范围的相互冲突的目标进行平衡，故而需要在模型中加入一些从人口普查中所获取的数据。
- 第二项标准是指，仅采用具有国家代表性（即并非限于严格意义上的地理性）的劳动力市场指标。文中并未采用与纯粹城市或纯粹农村地区相对应的观测数据，因为农村和城市劳动力市场之间通常存在巨大的差异，如若仅采用农村数据，或仅采用城市数据，都将出现与基准性文件——如国内生产总值——不相一致的情况。
- 第三项标准是指，观测数据所覆盖的年龄群组必须具有针对各个国家的足够的可比性。各个国家在报告劳动力市场信息时通常针对各种年龄群组，因此，所选定的年龄群组可对某一给定劳动力市场指标的观测值产生影响。

除了各国所报告的劳动力市场信息之外，GET 模型还采用了下列基准性文件：

- 联合国《世界人口前景》(2010 年修订版) 中的人口估算和预测。

- 国际劳工组织《经济活动人口估算和预测》(第六版)中的劳动力估算和预测。
- 国际货币基金组织/世界银行从《世界发展指标》和《世界经济展望》(2011年9月数据库)中所获取的国内生产总值数据(购买力平价、人均国内生产总值和国内生产总值增长率)。
- 世界银行依据PovcalNet数据库所进行的贫困估算数据。

GET模型的第一个阶段生成了失业率的估算数据,同时也可计算出总的就业和失业量及就业人口与总人口之比。在对所有同类的失业率进行汇编之后,再针对世界不同地区单独进行多元回归,在此过程中,按年龄和性别(年轻男性、年轻女性、成年男性、成年女性)细分的失业率针对国内生产总值增长率进行回归。回归中采用了加权法,以便纠正因报告失业率的国家与未报告失业率国家之间经常存在的差异性(在具有重要作用的数据统计方面)所造成的偏差[1]。针对无法获取国家报告数据的国家和年份,回归以及根据地区毗邻特征所进行的考量用以填补相应的缺失值。

在此后的阶段内,将对按部门划分的就业和就业状态进行估算。此外,还采用其他的计量经济学模型,以生成劳动力参与率、工作贫困和就业弹性的全球性和地区性估算数据。这些模型采用与GET模型相类似的方法,以便生成国家层面的缺失值。

如欲了解生成全球性和地区性估算数据的方法的更多详情,请访问网站:www. ilo. org/trends。

1 例如,假定采用了某一给定地区报告国失业率的简单平均数来估算那一地区的失业率,而且没有报告失业率的国家与报告国在失业率方面存在不同特征,则如果没有这样一种修正机制,那么所生成的地区性失业率估算数据将会有偏差。GET模型中所采用的这种“加权最小二乘法”主要用于修正这种潜在问题。

附录 5　针对全球和各地区预测数据的注释

通过考察 1991—2005 年期间和相应的经济复苏时期，每一个国家在危机最严重/经济最低迷期，失业率和国内生产总值之间的历史关系，可以获得失业率的预测数据。[1] 为实现这一点，需要纳入国内生产总值固定效应面板回归的危机和复苏虚拟变量[2]。具体而言，经过逻辑转换的失业率针对一组协变量进行了回归，其中包括滞后失业率、国内生产总值增长率、滞后国内生长总值增长率和一组由危机虚拟变量及经济复苏虚拟变量与每一个其他变量之间交互作用组成的协变量。

根据下列条件，对三种不同组别的国家进行单独的面板回归：

（1）地理毗邻和经济/制度相似性；

（2）收入水平[3]；

（3）出口依赖程度（依照出口占国内生产总值的百分比来衡量）[4]。

这些分组的理论基础如下：位于同一地理区域内的国家或具有类似经济/制度特征的国家，受到危机影响的程度也可能相类似，并且在减轻危机对其劳动力市场影响的过程中，所采取的机制也相类似。由于处于同一地理区域的国家彼此间常常存在十分紧密的贸易和金融联系，因而危机可能在一个经济体产生溢出效应，从而波及其邻国（例如，加拿大经济和劳动力市场的局势与美国的局势具有密切的联系）。同样，具有相似收入水平的国家也可能有更加相似的劳动力市场机构（如社会保障措施）和实施财政激励及其他政策以应对危机影响的类似能力。最后，由于出口下降是危机从发达国家至发展中国家的主要传输渠道，因此根据受此渠道影响的程度，对各国进行分组。受此渠道影响的程度系根据其出口占国内生产总值的百分比来衡量。危机通过出口渠道对劳动力

1　危机时期包括从一个国家的国内生产总值增长遭受最大幅度的下降，到危机之后国内生产总值到达最低水平的“拐点年”（随后开始上升到危机前的水平）之间的一段时间。经济复苏时期包括从“拐点年”到增长恢复到危机前水平那一年之间的时间间隔。

2　为了预测当前经济复苏时期的失业情况，根据下述定义对危机年份和经济复苏年份的虚拟变量进行了调整：假如一个国家在 2007 年之后的国内生产总值增长大于 1991—2008 年期间国内生产总值增长标准差绝对值的 75%，且或超过 3 个百分点，则认为该国“目前处于危机之中”。

3　收入分组与世界银行四个收入类别的收入分组情况相对应，根据的是各国 2008 年的人均国民收入（利用图谱法来计算）：低收入国家，少于等于 975 美元；下中等收入国家，976—3855 美元；上中等收入国家，3856—11905 美元；高收入国家，11906 美元及以上。

4　出口依赖型组别为：最高出口型（出口占国内生产总值的比例≥70%）；高出口型（出口占国内生产总值的比例＜70%，但≥50%）；中等出口型（出口占国内生产总值的比例＜50%，但≥20%）；低出口型（出口占国内生产总值的比例＜20%）。

市场形成的影响还取决于出口的类型（受到影响的经济部门）、出口的国内附加值占比及国内消费的相对重要性（例如，印度和印度尼西亚等国家国内市场较大，因此与新加坡和泰国等国家相比，显得并不那么脆弱）。通过在回归中利用固定效应，对这些特征进行控制。

除了面板回归之外，还针对具有足够数据的国家进行国家层面的回归。采用普通最小二乘法的国家层面的回归包含与面板回归一样的变量。作为从三组面板回归、针对具有充足数据国家的回归和国家层面的回归中所获得估算值的简单平均数，得出最终的预测数据。

对全球性和地区性预测数据的修正

2011 年第四季度，正值《2012 年全球就业趋势》报告撰写之际，在 178 个国家的总样本中，有 67 个国家发布了 2011 年部分月度和季度的失业估算数据。其中 7 个国家的数据截至 3 月份（第一季度）；21 个国家的估算数据截至 6 月份（第二季度）；5 个国家的估算数据截至 7 月份；29 个国家的估算数据截至 8 月份；5 个国家的估算数据截至 9 月份（第三季度）。我们使用这些月度/季度性数据，以便生成 2011 年的年度失业率估算数据。如上所述，通过使用国家在经济复苏期之前的经济增长和失业率之间的关系，对 GET 模型进行扩展，从而生成样本中其余国家（无 2011 年数据的国家）的 2011 年预测数据及自 2012 年以后的预测数据。

对于提供有 2011 年数据的 67 个国家，在生成 2011 年的点估计数据的过程中，第一步是针对 2011 年提供有数据的月份和季度（被界定为点估计）的失业率进行不加权平均。针对这个点估计，根据自 2008 年年初以来月度或季度性失业率的标准差，生成一个置信区间，再乘以剩余月份或季度的个数与 12（生成每月的估算数据）或 4（生成每个季度的估算数据）的比值[1]。因此，在其他条件都相同的情况下，一个国家提供数据的月份越多，年度性的失业率估算数据的确定性越大，同时，不确定性随着可获取数据月份的增加而成比例下降。

为了在失业率的变动中整合进入短期和中期趋势，须视两种趋势是否相一致而对上述的点估计进行调整[2]。具体而言：

- 假如两种趋势均为积极（负面）的，那么将上述点估计重新计算为 60%（40%）上限值和 40%（60%）下限值的加权平均值；
- 假如两种趋势呈现相反的方向，则将可获取数据的最近一个月或季度的失业率赋予 2011 年的其余月份或季度，并将上述点估计重新计算为 2011 年度 12 个月或 4 个季度的不加权平均值。

基本的假设是，假如在连续的两个时期内出现了清晰的上升（下降）趋势，那么该趋势将比最近一个可获得数据月份的失业率稍高（低）一些。假如在过去的两个时期内

1　假如点估计和标准差之间的比值小于或等于 5，那么须针对 2009 年年初构建标准差。其基本原理是，全球金融危机早期极高的失业率波动不太可能在短期至中期内一直持续下去。相反，最近的波动幅度可望在短期至中期内持续下去。

2　对短期和更长期趋势的定义分别为，可获得数据的最近一个月 M（或季度 Q）的失业率与 M 月 -3（或 Q 季度 -1）之间的百分点差值，以及可获得数据的最近一个月 M（或季度 Q）的失业率与 M 月 -6（或 Q 季度 -2）之间的百分点差值。

均未出现任何明确的趋势，那么失业率有望在最近的水平上保持不变，因此给予可获得的最近信息以更大权重。针对这67个国家的2011年最终失业率估算数据等于经过调整的点估计数据。

对于具有2011年至少两个季度数据的国家而言，计算其年轻人子模块的数据可遵循同样的步骤（67个国家中的43个）。针对每一个子模块采用与计算总失业率时同样的模型参数，可对GET模型进行扩展，从而获得自2011年以后的其余子模块失业率的预测数据。对GET模型进行扩展，可估算出各种不同子模块的名义失业率，对其进行累加，可得出一个总的名义失业率，它或许不同于上述程序对总的名义失业率的估算数据。通过累加子模块数据得出的总的名义失业率与单独估算的总的失业率之间的差值在子模块中的分布与其在总失业率中所占的份额成正比。[1] 这些经调整的点估计值是针对子模块的最终点估计值。

对于提供有2011年数据的67个国家，其置信区间与上述情况并无二致。对于其余国家及自2012年以后的预测数据，预测期越长，围绕预测数据所生成置信区间的显著性水平也逐渐变小（限制性更强），以体现劳动力市场条件的不确定性随着时间的推移日益加大。具体而言，根据其从1998—2008年失业率与2011年失业率估算数据之间标准差的比率，将国家分为三组。比例越低的国家，显著性水平越低（因此置信区间越宽），显示出这些国家劳动力市场状况的更高不确定性。对于比率低于0.06的国家，则赋予其2011年的显著性水平为20%，逐渐降低至2016年的5%（2012年为15%）。对于比率介于0.06至0.20（含）的国家，则赋予其2011年的显著性水平为50%，逐渐降低至2016年的35%（2012年为45%）。对于具有最高比率的国家（历史标准差大于2011年失业率的20%），则给予其2011年的显著性水平为80%，逐渐降低至2016年的65%（2012年为75%）。

为了针对每一个子模块构建置信区间，则针对总失业率的估算上限值和下限值采用子模块失业率与总失业率之间的比率。

经济活动下降和上升情景

在最新的《世界经济展望》（WEO）[2] 中，国际货币基金组织（IMF）发现，自2011年中期以来，经济活动下降风险大幅增加，认为“全球经济增长低于2%的可能性远远大于2011年4月份《世界经济展望》对经济的预期”。根据国际货币基金组织对经济活动下降情景的预估，国际劳工组织对国内生产总值的增长进行了估算，基于此，国际劳工组织生成了全球失业情况的下降和上升情景。此情景的依据是六个地区的“全球经济模型”（GEM），且模型经过校准，以使之具有美国、日本、欧元区、亚洲新兴国家、拉丁美洲和世界其他地区的代表性。经济活动减缓的情景假定了对欧元区（主要通过银行资本，体现在所持有公共债务遭受的损失以及因宏观经济的余波而导致的贷款亏损）、美国（通过潜在的产出增长减缓及抵押贷款组合亏损的日益增加）及亚洲新兴国家（通过不良贷款的亏损）的负面影响。这种情景通过诸如商品价格的大幅下降——这给商品

1 其基本假设为，总失业率和国内生产总值增长之间的关系比子类别工作者和国内生产总值增长之间的关系更易于理解。

2 参见国际货币基金组织，《世界经济展望：增长减缓，风险增加》（华盛顿特区，2011年9月）；http://www.imf.org/external/pubs/ft/weo/2011/02/pdf/text.pdf。

的出口商造成了不利影响，对其他地区产生了进一步的连锁效应。

通过引入国内生产总值年增长率的相应变化以及按照上述方法运行GET模型的扩展，这种情景得以在GET模型中实施。为了根据下降情景对国家层面的国内生产总值增长率进行调整，计算时采用了一个指数，该指数在2011年时等于100。例如，WEO对欧元区2012年的经济增长率预测为1.1%，2013年的经济增长率为1.5%，2014—2016年的增长率为1.7%。根据WEO的这些预测数据，可推算出至2016年的指数值。根据这种情景的预测数据，欧元区将再次陷入经济衰退，2012年的产出比WEO的预测数据低至少3%。对于2013年，经济下降情景预测的国内生产总值数据比WEO的预测低至少3%，而对于2014年和2015年，它预测的国内生产总值数据比WEO的预测低不到3%，对于2016年，国内生产总值预测数据比WEO的预测数据低不到2%。因此，通过利用上述指数并根据上述预测数据，可预测出欧元区国内生产总值下降的指数。利用后一指数，计算出欧元区2012年呈下降趋势的国内生产总值增长率为2.6%，2013年为1.9%，2014年为2.3%，而2015年和2016年均为2.2%。因此，对于欧元区国家而言，GET模型中用到的WEO对2012年国内生产总值增长率的预测数据减去3.6个百分点，2013年的增长率加上0.3个百分点，2014年的加上0.6个百分点，2015年和2016年均加上0.4个百分点。对于其他地区和WEO的图1.16中所显示的国家，采用同样的方法。此外，对于同一地区的其他国家，国内生产总值增长率的变化幅度是这个地区增长率变化幅度的一半。例如，对于非欧元区的其他欧洲经济体，2012年的国内生产总值增长率减去1.8个百分点。其中的例外情况包括加拿大（对其采用和美国一样的调整方法）和中东、北非、撒哈拉以南非洲和以色列，对于这些地区，2012年的国内生产总值增长率受到的影响为1个百分点，2013年的增长率通过增加0.5个百分点来加以修正，以便体现出2009年经济下滑期间所观测到的国内生产总值增长受到约50%的影响。

经济上升情景根据国际货币基金组织2011年4月的WEO预测数据对2012—2016年的国内生长总值增长率进行假定，此WEO体现了2011年晚些时候发生的经济恶化之前的宏观经济情况。因此，如上所述，通过对GET模型进行扩展，可获得失业率和就业率的上升情景，在其他条件保持不变的情况下，用国际货币基金组织2011年4月WEO对预测期内的增长率预测数据替换国家层面的国内生长总值增长率。